家庭教育与子女健康成长研究

张永泽◎主编

燕山大学出版社

·秦皇岛·

图书在版编目（CIP）数据

家庭教育与子女健康成长研究 / 张永泽主编.—秦皇岛：燕山大学出版社，2021.7
ISBN 978-7-5761-0217-8

Ⅰ. ①家… Ⅱ. ①张… Ⅲ. ①家庭教育－研究 Ⅳ.①G78

中国版本图书馆 CIP 数据核字（2021）第 154538 号

家庭教育与子女健康成长研究
张永泽　主编

出 版 人：陈　玉
责任编辑：王　宁
封面设计：方志强
出版发行：燕山大学出版社 YANSHAN UNIVERSITY PRESS
地　　址：河北省秦皇岛市河北大街西段 438 号
邮政编码：066004
电　　话：0335-8387555
印　　刷：英格拉姆印刷(固安)有限公司
经　　销：全国新华书店

开　　本：700mm×1000mm　1/16　　印　　张：18.75　　字　　数：299 千字
版　　次：2021 年 7 月第 1 版　　印　　次：2021 年 7 月第 1 次印刷
书　　号：ISBN 978-7-5761-0217-8
定　　价：76.00 元

编　委　会

序　言

近年来，随着素质教育的不断深化，实施素质教育应当贯穿于学校教育、家庭教育和社会教育等各个方面，而家庭教育则是全面推进素质教育不可缺少的重要方面，因此越来越引起人们的重视。目前，随着我国计划生育政策的改革，国家提倡适龄婚育、优生优育，一对夫妻可以生育三个子女，家庭教育中出现的问题也不断增多，其中最大的问题是只以学习成绩的高低来评价子女的优劣，从而忽视了对子女综合素质的培养。现代社会，在许多家庭的教育中存在着多种形式的误区，这种误区在不同程度上阻碍着家庭功能的发挥，影响着孩子的身心健康和正常发展。所以，家庭教育是一门科学，也是一门艺术。

俗话说："三岁看大，七岁看老。"这句话的意思是看孩子小时候的行为就知道他长大后的成就，虽然不是很绝对，但也多少能说明一些问题。这也说明父母对孩子小时候一言一行的教育对他一生的影响非常关键，因此家庭教育很重要。父母的知识素养、文化素养、个性和人格素养无不关系到孩子的身心健康成长。父母是引导孩子走向成才与成人的第一支精神支柱，父母是孩子的抚慰者、激励者、导向者。家庭教育的目标是把子女培养成身体健康、心理健康、道德健康和适应社会发展趋势、对社会有用的或优秀的人才。当今的家庭教育中存在着一些误区：溺爱型家庭教育、粗暴型家庭教育、放任型家庭教育、矛盾型家庭教育、腐蚀教唆型家庭教育等。针对此类情况，如何做好家庭教育工作？建议要营造一个温馨和谐的家庭氛围，努力创造一个学习型的家庭，处处树立父母的榜样作用，与孩子建立起平等交流的朋友关系，要坦诚交流，及时疏通，正确引导。要建立民主型家庭教育模式，即全新的、民主式的、和谐的家庭教育模式，以促进孩子轻松愉快地走向成长之路。

总之，家庭教育是一个振兴民族、和睦家庭、促进人才发展的永恒话题。在孩子一生的教育中，家庭教育最为重要，父母不仅是孩子的第一任老师，更是孩子终身的老师。在家庭教育中，不仅是孩子需要成长，家长也需要与孩子共同成长。因此家长需要不断地学习，掌握家庭教育的科学理念和方法，不断提高自身素质，增强家庭教育本领，从而从各方面帮助孩子走好人生第一步。

张永泽

2021 年 6 月

前　言

家庭是指以婚姻关系和血缘关系（拟制血亲）为纽带建立起来的社会生产和生活的单位，是社会的基本细胞。人生下来就属于某一家庭，家庭是人生无法选择的第一生活环境，父母和其他家庭成员的言行对人的一生会产生重大影响。而我们把家庭尤其父母有意识地对自己子女的说教及其无意识的言行对子女产生的影响统称为家庭教育。在家庭中，父母与子女之间天然的亲情使得孩子自然而然受到影响和熏陶，家庭教育也收到事半功倍的效果。因此，家长应充分利用这个优势，引导子女健康成长。

在家庭生活中，父母对自己的孩子基本上都是个别教育，更容易及时发现孩子的优点和缺点，进而进行有针对性的教育和引导。家长还可以利用与孩子共处的时机，了解孩子的思想动态、学习情况和行为表现，持之以恒，潜移默化地对孩子进行教育、培养。家长的教育观念直接决定家长的教育方式，影响家庭教育效果。目前，家长的教育观念中一个比较关键的问题就是人才观。首先要认识到不是只有上个好大学，拿到高学历，成为各行各业的专家、学者或高级人才，才算是成才。其实，国家需要的人才是多层次的、现代的、全面的，应该是社会需要的任何职业的出类拔萃者。其次，要明确父母与子女的关系是民主的、平等的。孩子不是父母的附庸，他们和父母一样是有着主见的独立个体，父母应当尊重孩子。孩子只有感到被尊重、被爱护，才能发自内心地去听从父母的要求，接受父母提出的批评或建议。

父母是孩子人生旅途中的第一任教师，在生活中无时无刻不在给孩子做着示范和榜样，这种榜样作用在很大程度上影响着孩子的思想品格、人生理想和文明行为。如果家长处处以身作则，其一言一行就会成为子女的表率，这不仅可以树立和提高家长在子女心目中的威信，而且可以使家长牢牢地把握教育管理子女的主动权。家庭教育是一门科学，只有认真学习有关方面的理论和知识，我们才能提高对家庭教育的认识，增强家庭教育的自觉性，减少盲目性。要用科学、有效的方法促进青少年的心理健康发展，使青少年的身心得到全面发展，素质得到全面提高，从而促进子女的健康成长。

目　　录

第一章

家庭教育概述

第一节　家庭教育的界定

一、家庭教育的概念

现代社会的家庭教育，强调家庭成员的平等关系，无论是狭义的家庭教育还是广义的家庭教育，都是在尊重家庭成员独立人格的基础上进行的。狭义的家庭教育，是从未成年人成长的特点出发，强调家庭中的长者主要是父母对他们的教育和影响，家庭教育的对象主要是孩子。广义的家庭教育，是将所有家庭成员都作为家庭教育的对象，不仅父母对子女、年长者对年幼者实施教育，年幼者向年长者学习，而且子女对父母、年幼者对年长者、成年人之间、未成年人之间同样实施教育，家庭成员的这种相互教育贯穿人的一生。界定家庭教育对象，既要考虑未成年人在人生的初始阶段接受父母教育和影响的重要性，将在家庭中父母对子女的教育作为家庭教育的重点，同时也要特别重视子女在接受父母教育过程中对父母的影响及对父母教育的反馈过程。也就是说，家庭教育是家庭中主要以亲子互动为中心的教育活动，在父母作为教育的主体，按照一定的期望和目标，以一定的方式教育和影响孩子的同时，也把自己作为受教育的客体，从孩子的言语行为中获得影响和教育。在现代社会，越发明显地体现出家庭教育的这一互动特征。

纵观以往的研究成果，关于家庭教育的界定还有许多，其表述丰富多彩。而且，随着社会的不断发展，在广泛的社会实践和对家庭教育的深入研究中，家庭教育被不断赋予新的内涵。然而，由于不同学者的研究角度和侧重点不同，对家庭教育的界定呈现出一定的差异。

综上所述，家庭教育是指在家庭生活中，家庭成员之间持续不断的、自觉或非自觉的教育和影响。在对家庭教育狭义或广义的界定中，大部分是针对家庭教育对象而言的。即狭义是指父母等成年人对子女，尤其是对未成年子女的教育；广义是指对包括父母在内的家庭所有成员的教育。本书对家庭教育问题探讨的侧重点是使用广义上家庭教育的概念，即家庭教育的对象既包括未成年子女，也包括家长。

二、家庭教育的特点

家庭教育作为一种特殊的社会活动，和其他社会活动一样，由其特定的相关要素组成。家庭教育中的核心三要素包括：人（父母、孩子）、互动作用模式（教养方式、沟通模式）、环境（家庭结构的完整或残缺、和谐或紧张）。这三个要素构成一个有机整体，共同影响着家庭教育结果。

家庭教育作为一种特殊的教育形式，与社会其他教育有着明显的差异和独特之处。探索家庭教育的特点，有助于更好地认识家庭教育的内涵和价值。

（一）启蒙性

家庭教育是人生最初、最早接受的一种教育。据史料记载，我国自周代开始就有了胎教的思想和具体措施。在现代社会中，胎教的科学性已逐步得到实验和实践的证明，也为越来越多的人所承认和接受，并构成优生优育工作的重要组成部分。从新生命诞生的那一刻起，双亲便对其进行抚养和教育，并在家庭生活中教会他（她）做人最起码的基本技能和基本知识，这是一个最普遍的事实。正是通过家庭教育，才使初离母体的生物个体（自然人）逐步向社会人转化。

（二）情感性

家庭教育是在家庭范围内、在父母和子女之间进行的。家庭中的教育者和受教育者之间的关系不同于学校中的教育者和受教育者，他们之间不仅存在着一定程度的不可离异性，而且有着十分亲密的感情上的联系。家庭是成员之间关系最亲密的社会团体，父母与子女的关系尤为如此，这种天然的感情是无可比拟的。这种以血缘为纽带的情感关系使得父母在促使子女社会化的过程中，发挥着一种特殊的权威性影响，这种权威性影响又常常为浓厚的情感所强化。于是，家庭就以其独特的地位和方式，影响着个体基本的生活习惯、生活态度和行为方式的形成，从而奠定个体社会化的基础。

童年时期，儿童对父母有一种强烈的情感依赖性。这种情绪依赖性的产生，一方面是由于父母能够满足儿童获得抚爱、关心和赞扬的需要；另一方面，就父母而言，他们也有一种抚育儿童的情感需要。正是这样的相互依赖，使儿童的社会发展在与父母相处的经验影响下逐渐成形。

（三）持久性

家庭群体关系在时间上最为持久。家庭是一个小社会，而且是幼龄儿童全部的社会，儿童从出生到两三岁，往往完全是在家庭中度过的。入学以后，一般而言，除去在学校的 8 小时以外，儿童仍在家庭中度过大部分时光。如果将学龄儿童的时间分配计算一下，则更明显。一年共 52 周，一周入学 5 天，每天 8 小时，一年为 2080 小时，余下校外的则是每天 16 小时及 52 个周末，总计起来学校教育时间仅占家庭教育的四分之一，其中还没有扣除学校每年寒暑假的两三个月时间。

教育的过程，从某种意义上来说，是一个培养习惯的过程。要形成某种习惯，即形成稳定的行为方式，必须经过连续的反复训练，不断重复，不断强化。如果教育和训练工作不能持之以恒，一曝十寒，或是要求不一，前后脱节，就会大大削弱教育的作用。而家庭教育有条件保持教育和训练的连续性，便是其实现预期教育效果的重要保证。每一个人身上所形成的各种习惯、观点、生活方式、品质、性格、兴趣、爱好、特长等，都和自身所受的连续的家庭教育和家庭影响有着极为密切的关系。

（四）针对性

人们常说："知子莫如父。"子女从一生下来，就进入家庭生活，同父母生活在一起，朝夕相处，形影不离。父母对子女深切而真挚的爱和望子成龙的迫切感、责任心，促使父母每时每刻都在关注着子女的一言一行，洞察子女瞬间的情绪、情感变化。子女的优点、长处，在家庭生活中表现得最充分，缺点、短处也暴露无遗。子女在父母面前的坦率、直爽，使得父母有可能比

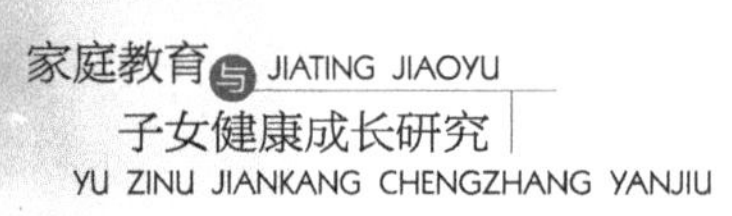

其他任何人更加真实、深刻、全面地了解和掌握他们本质的思想面貌与个性特征。

父母对子女情况全面、深刻而系统的了解，使家庭教育能比较容易地做到从孩子的实际出发，因材施教，“对症下药”，从而进行有针对性的教育。家庭教育针对性的优势体现在：在孩子出现问题时，能抓得准，抓得及时，可以马上采取有效的预防措施，防微杜渐，在萌芽状态之中处理问题。

（五）灵活性

家庭教育不像学校教育那样，一般没有什么固定的程式，也不受时间、地点、场合、条件的种种限制，随时随地进行。遇物则诲，相机而教。在休息、娱乐、闲谈、家务劳动等各种活动中，都可以进行教育。还有不少家长很有教育意识，在孩子走亲、访友、逛商店、参观、旅游等活动中，也能利用一切可能利用的条件和机会，对孩子进行教育。由于教育内容丰富多彩，家庭教育的具体方式比较容易做到具体形象、机动灵活，适合儿童、青少年的心理特点，易于为子女所接受。这与学校教育相比，在方式方法上更灵活多样。

需要指出的是，以上所阐述的这些家庭教育优势非自然而然的优势，它们是潜在的优势，只有通过父母科学的家庭教育，这些潜在的优势才能转化为现实。常见的情况往往是父母尽管与孩子朝夕相处，但有时并不真正了解子女；家庭教育的方式很多，但父母未必熟悉并能有意识地运用。

三、家庭教育的价值

每一个人从“自然人”实现向“社会人”的转变，都是通过家庭教育打下基础的，而家庭教育是一个自然、缓慢、系统的过程，在这个过程中，每个“自然人”向“社会人”的转变过程，都会或多或少地打上原生家庭的痕迹或烙印。

（一）家庭是与生俱来的教育场所

家庭对儿童意味着不可选择的遗传素质和最为深刻持久的生长环境。

相对学校来说，家庭对儿童成长的意义更大。父母给予子女的遗传素质，在个体的身心发展过程中有着相当重要的作用，这已经是不争的事实。正是父母的遗传素质，奠定了儿童身心发展的基础。

在纷繁的社会环境因素中，对个体心理发展影响最直接、最深刻、最持久的就是家庭环境。家庭是人们出生的地方，是个体接触和生活的第一个环境。正如马卡连柯所说："家庭是最重要的地方，在家庭里，人初次向社会生活迈进。"刚刚出生的孩子像一张白纸，极容易受周围环境的影响。家庭生活对个体早期发展的影响是非常深刻的。

（二）家庭教育是教育系统的根基

家庭教育最基本、最重要的功能在于帮助个体逐步完成社会化过程和塑造人格，后续的学校教育永远不可能替代家庭教育的影响。

家庭教育是教育的源头。家庭作为人出生后第一个归属的社会群体，帮助未成年个体初步掌握母语，形成生活习惯，自然地接受爱与主动地爱，从而奠定人格与个体社会化的初步基础。家庭是个体最初接触到的社会生活组织形式，在此接受着最初的影响和教育，这种影响和教育又将成为个体继续接受各种形式教育的基础，并将持续终身。

教育研究者对家庭教育在教育中的地位作了许多科学论证。家庭给予儿童的非正规教育，比之后正规教育制度对儿童发展所产生的影响还要大。如果一个家庭在孩子生活的早年向他提供基础稳固的启蒙教育，那么他将可能从之后的正规学校教育中得到最大的收益。

在家庭教育过程中，双亲及其他年长者教给年幼者以广泛的知识和技能。而这一知识、经验、技能的传授与获得，具有一种先入为主的定势作用，影响着个体在以后生活和教育中知识的掌握与观念的形成。家庭教育在个体幼年时期给其传授的知识经验是个体终身发展的参照系，在个体人格的形成上起着极其重要的作用。因而，家庭教育自然地成为个体继续接受教育的起点和基础。

同时，在个体独立地进入学校接受教育，或成年以后继续接受社会教育时，家庭教育就像是一个过滤器，对个体在家庭以外接受的影响进行过滤、净化，并有选择地强化或淡化外界的影响，规范着个体发展的方向、速度和水平。

家庭教育不仅是基础的，而且是主导的。家庭教育对孩子的影响及其精髓之处，学校教育永远也代替不了。因而，家庭教育是教育系统大厦的基石，是教育系统的重要组成部分。这一基础工程的质量，直接关系着整个教育系统的质量。

（三）家庭教育的影响效应极其深远

混沌理论认为，在混沌系统中，初始条件十分微小的变化，经过不断放大，对其未来状态都会造成极其巨大的影响。对此，可以用在西方世界流传的一首民谣加以形象地说明。

丢失一颗钉子，坏了一只蹄铁；坏了一只蹄铁，折了一匹战马；折了一匹战马，伤了一位骑士；伤了一位骑士，输了一场战斗；输了一场战斗，亡了一个帝国。

爱德华 1963 年在一篇提交纽约科学院的论文中分析了这个效应："一个气象学家提及，如果这个理论被证明正确，一个海鸥扇动翅膀足以永远改变天气变化。"在以后的演讲和论文中，他用了更加有诗意的蝴蝶。对于这个效应最常见的阐述是："一只蝴蝶在巴西轻拍翅膀，可以导致一个月后得克萨斯州的一场龙卷风。"这就是军事和政治领域中所谓的"蝴蝶效应"。"蝴蝶效应"在社会学界用来说明：一个坏的微小的机制，如果不加以及时地引导、调节，会给社会带来非常大的危害，戏称为"龙卷风"或"风暴"；一个好的微小的机制，只要正确指引，经过一段时间的努力，将会产生轰动效应，或称为"革命"。这种理论在家庭教育中同样具有现实意义，即要求人们关注人类初始状态及其生长发育的环境条件。

四、家庭教育与学校教育、社会教育的关系

（一）家庭教育与学校教育的关系

学校教育和家庭教育在整个教育大系统中，是居于基础地位的。二者最

终都要落实到学生个人身上，并通过学生的发展来体现。如果学校与家庭间缺少必要的沟通与合作，教育的作用力常常会产生分歧，导致教育效应降低甚至消解，对学生的发展产生负面影响。因此，校家同创，共同构建教育合力，就成为一个亟待解决的现实问题。

与学校教育相比，家庭教育具有独特个性，具体表现在：家庭教育是以血缘亲情为纽带，在家庭日常生活氛围中，通过实际间的沟通进行的，具有较强的情景性和渗透性，尤其是能够较为充分地考虑学生的差异与特点。

学校教育作为一种有意识、有目的、有计划地对学生施行影响的活动，虽具有不可替代的独特作用，但也存在诸多局限：难以全面了解每一个学生，教学很难适应学生间的个体差异；班级教学大都是一个标准、一种课程、一本教材、一个老师去面对各具个性与特色的学生，施行的是整齐划一的非个性化教育。因此，学校教育应主动与家庭教育进行沟通、合作，共同为孩子的成长服务。

从教师教学的角度看，在构建家校教育合力上，具体从以下几方面考虑。

1. 与家长联系沟通，全面深入地了解学生

每一个学生都是一个独特的个体，学生间的个体差异恰恰是教育教学的宝贵资源。教师要改变观念，确立资源意识，尊重并珍视个性，在此基础上开展教学活动。师生关系是一种特殊的人际关系，教学过程中，学生会有意无意地隐蔽一些个性的东西，而家庭生活却是孩子个性自然形成和展示的空间。同时，孩子在与父母长期交往的过程中，其智力的优劣会有较为充分的表现，父母因其特殊的身份和情感，对孩子会有更深入、细致的了解。了解学生，是因材施教的前提，学校教育与家庭教育的合作、沟通则为此提供了丰富的资源与现实的可能。

2. 学校教学的不足可以在与家庭教育的结合中得到弥补

教育教学的家校联合互动意味着校内外、课内外的沟通，学校教育的非情景化可以通过家庭教育中的生活化得以弥补。具体来说，一方面，学校教学要善于吸收学生在家庭教育中的积累，使之成为学生进一步学习的起点和智慧资源；另一方面，教师在教学中要鼓励、提倡学生把课堂所学运用于生活实践，使书本上死的知识在生活的活水中涌动起来。

3. 家校间在对孩子的要求上要保持一致

这里对学生的要求，广义是指成为什么样的人，狭义的则是具体学科学习的目标。在这一方面，理解的角度有所差别，常常会出现彼此脱节，甚至矛盾、冲突的情况。家校结合使得教师和家长在对学生的了解上达成共识，为对学生提出一致性的要求提供了前提保证。这就有利于孩子明确目标、方向，专心学业与发展本身，从而减少心理内耗，健康、顺利地成长。

（二）家庭教育与社会教育的关系

一般来说，社会教育是一个比较抽象的概念。如果从家庭和学校教育的范畴去理解，可以说它是家庭和学校教育外的教育。这个解释是针对教育环境而言的。家庭、学校和社会教育，抛开教育内容不同，实质上是在三种不同环境中的教育。那么，社会教育如何配合家庭教育呢？当务之急是解决好以下两个问题。

1. 全社会都应该关心家庭教育

社会上很多人认为家庭教育是“私”事，所以得出社会教育管不了“私”事的结论。家庭是社会的细胞，如果家庭这个细胞出了问题，社会这个肌体不就唇亡齿寒了吗？

2. 社会教育配合家庭教育不能是盲目的

近年来，国家先后颁布了一些相关文件，对社会如何重视家庭教育作了明确规定。社会支持家庭教育是一种责任，因为家庭是社会的细胞。保护家庭这个细胞，就等于社会在保护自己的健康肌体。

社会教育是学校和家庭教育的继续延伸与发展。马克思主义认为，人的本质是一切社会关系的综合。社会教育无处不在，它对孩子思想的影响极为广泛，社会教育既是多方面的，也是终生的。凡是社会生活的一切领域和人际关系等，都会对孩子浸透着许许多多的影响。尤其是家庭情感危机、重利观念浸染、安全诚信缺失、不良文化因素等，均对孩子构成了严重的冲击和危害，所以，要积极引导孩子对不同的社会信息进行反馈，使孩子在复杂多变的社会环境中不断增强分析能力和应变能力。孩子要接触到社会的大课堂，体验各种不同的社会角色，学习社会规范，扩大社会交往，养成现代素质。

学校面向社会，社会参与教育。只有把学校教育与社会教育结合好，才能使教育适应市场经济和现代科技的需要，也才能使人的智慧、潜能得到充分发展。

综上所述，社会教育、家庭教育和学校教育的有效衔接，是保证青少年健康成长的重要举措。要抓好这一环，需要政府、学校、社会的共同努力，社区、学校和家庭携手共建育人大课堂，使青少年在全社会的关怀下，接受良好的教育，成为建设祖国的栋梁之材。

第二节　家庭教育的内容

"生活即教育、家庭即学校"，这句话用在家庭教育上十分贴切。凡是与人、与人生有关的一切知识，从学吃饭、学说话、学走路、学穿衣，到人生哲理、社会知识，再到各种自然知识、劳动技能等，人们都能从家庭教育中学习。对每个人来说，每个家庭都可以说是一所知识丰富、完整、实际的"综合性学校"。但这并不是说只要孩子在家庭中生活，就可以自然获得个人发展所需要的全部知识。成功的家庭教育需要家长根据家庭教育的特点和孩子身心发展的特征，以及社会发展的需要，有针对性地对家庭教育的内容进行选择、加工、安排和组织。

一、良好的家庭情感与家庭品质教育

人们常常将家庭比喻成生活的"港湾"、事业的"栖息地"、心灵的"安顿所"，讲的就是家庭本身所具有的功能和作用。和谐幸福的家庭不但对人的事业发展具有重要的推动作用，而且对个人和家庭成员的健康成长具有重要的影响。从这个意义上讲，在家庭教育中，应该把教育孩子过幸福、和谐、美好的家庭生活作为一项重要的内容。

（一）以"家庭爱"为核心的家庭情感培育

"家庭爱"是一种以婚姻为基础、以血缘为纽带的"爱"，是不同于一般经济、政治和文化共同体成员之间的爱，是一种超越利益、功利的无私的爱。正是由于家庭之爱的存在，才使得家庭成为人们所赞美的那样——家庭是生活的避风港和事业的加油站。正是由于家庭之爱的存在，人们才渴望家庭、向往家庭和赞美家庭。同时，正是由于有些家庭没有培育好这种无私的家庭之爱，没有体会到这种家庭之爱的温暖和幸福，才使得他们缺失了对家庭的积极情感体验，失去了对培育家庭之爱的积极参与，从而逃避家庭、远离家庭。家庭之爱也是一种理性之爱，是相对扭曲之爱和溺爱而言的。扭曲的家庭之爱不但不能起到应有的感染和影响作用，反而走向了这一愿望的反面。无论是无私的家庭之爱，还是理性的家庭之爱，都需要在健康活泼的亲子关系中加以培养。

1.“家庭爱”的基本特征与影响因素

亲子关系是最基本的家庭关系之一，亲子之爱与夫妻之爱共同构成家庭中最重要的家庭爱。亲子之爱有着天然的、无可选择的生物血缘关系，这是其生物属性。这一本质属性也决定了家庭之爱既不同于师生之爱，不同于其他共同体成员之爱，又不同于家庭其他人际之爱。亲子之爱是最为普通的人际之爱，在任何时代、任何民族、任何地区、任何家庭成员身上都是普遍存在着的。如果说家庭之爱是一种非功利之爱，那么亲子之爱就表现为一种无私之爱、奉献之爱、无目的之爱，也就是为爱而爱，彼此之间的关爱本身就是目的。这使得家庭之爱成为人与人之间最温暖、最祥和、最和谐的亲情之爱。

家庭之爱同其他社会关系之爱一样，既有不变的、稳定的和普遍的特性，也受诸多因素的制约，并在不同的社会制度、文化背景和家庭条件下表现出较大的差异。这些因素大致可归纳为三类：一是社会因素，包括民族文化、社会形态、社会阶层、宗教、社区；二是家庭因素，包括家庭的一般气氛、父母的夫妇关系、父母的育儿态度等；三是父母、子女的个人因素，包括父母的年龄、受教育程度、性格、生活经验、从自己的父母那里受到的育儿方式的影响、对子女的期望，子女的性别、年龄、排行位置、健康程度、智能、性格等。其中，社会因素是决定性因素。社会形态不同，民族文化背景不同，亲子双方的角色地位、权利、义务等都有相当大的差异。

2. 在理智施爱的过程中，培养孩子的积极情感

任何一个孩子都有得到爱的心理需要。父母的爱，使孩子感受到温暖与幸福，获得安全感，增强自信心；而生活在缺乏父爱或母爱家庭中的孩子，往往是有心理缺陷的孩子。因此，父爱或母爱是教育的前提和基础，又是教育的有力手段，没有爱就没有教育。

爱能促进孩子健康成长，但爱之不当又可能会害了孩子。不当之爱又称为非理性的爱，其不是建立在促进孩子成长、发展的立场上去施加的父母的爱，而是为爱而爱，或者虽然是站在孩子成长发展的立场上，但由于家长对孩子发展的动机过强、期望过高，在施爱的过程中，表现出方法的非理性。主要表现如下：一是溺爱，超过正常限度的爱。溺爱，容易使子女的个性发展受阻，情感发展有障碍，缺乏自我控制能力；还可能导致子女以自我为中心，与周围不协调，缺乏独立性和责任感，经常期待他人的帮助。二是偏爱。对男孩子、女孩子，对大孩子、小孩子的态度不一样，这是多子女的父母容易出现的问题。偏爱一方面会给受宠的孩子带来因溺爱可能出现的不良后果；另一方面，被忽视的孩子可能身心发展退化、停滞，对父母产生不满情绪，出现粗暴、攻击、反抗、报复等不良行为。我国自实行计划生育政策以来，独生子女逐年增多，传统的偏爱现象随之减少。但在升学压力、考试压力的影响下，很多父母的关注点都在孩子的智能上，对孩子的品德、情感等方面却关心不够，甚至对孩子的不良行为也听之任之，这可以看成偏爱的一种新型表现。三是单向的爱。父母只是把自己的爱倾注于子女身上，却忽视了教育子女爱父母、敬长辈。其结果，难免会导致孩子只知受爱，不知爱人，甚至对父母的爱表示反感。四是扭曲的爱。父母将子女视为私有财产，让孩子在父母预先设定的框架中生活，沿着已铺设的轨道发展。强烈的占有欲和过高的期望，让子女在优越的物质条件和巨大的心理压力下生活，不利于儿童心理的健康发展。

父母对子女真正的爱，不但是充满亲情的爱，而且应该是理智的、恰当的、艺术的和健康的爱，这就要求做到以下四点。

一是要寓爱于严格要求之中。如果说爱是家庭画卷的底色，那么，严格要求应该是这部画卷的主线条。“爱之深，责之切。”儿童处于生命发展的奠基时期，要养成一系列人生发展需要的生活、交往知识。这些知识必须在严格的要求下才能形成。“严”也是有一定分寸的，严格不等于粗暴和霸道。真正的严格必须做到：严而有理，即合情合理；严于律己，要求孩子做到的，自己首先努力做到。反过来，对孩子提出的要求，合理又可能办到的，父母要尽量给予满足；不合理或者虽然合理但一时不能办到的，要耐心说服，不为孩子的眼泪、撒娇、任性所动摇。父母“寓爱于严”“严中有爱”，表面看似无情，但从孩子个体发展来看，却是一种真正的爱。

二是爱要适度。马卡连柯曾经要求家长们对爱的程度作这样的理解：“正如食物一样，爱是要求有一定分量的。”当然，分量要因人而异，超过一定分量，便成了溺爱。婴儿时期，孩子没有自我照顾、自我保护的能力，必须给孩子无微不至的照顾与关怀。随着其生理、心理发展，就应该在生活上逐步培养他们的自主能力，锻炼他们的自理能力，避免因家长“关心过度”使得孩子缺少自我料理能力。

三是要形成家庭之爱的双向互动。爱，是人的一种天性，可以给人以温暖、信心和力量。不但孩子需要爱，家长也需要爱。从一定意义上讲，正是爱的双向互动才强化了一方对另一方爱的投入。虽然在家庭中，父母乐意付出自己单向的爱，也没有要求回报，但子女对父母爱的回应和回报往往让父母感到更加温暖、更加幸福，从而强化了父母对孩子爱的施予。同时，子女对父母爱的回报意识和回报能力的提高，也是培养健康儿童的重要方面。通过引导儿童养成对家长之爱的回报习惯，可以培养他们积极的情感体验，帮助他们形成分享别人快乐、分担别人烦恼、奉献自己爱心的良好品质。

四是将爱孩子与爱自己结合起来。很多父母爱孩子以牺牲自我为前提，把时间、精力放在孩子身上，还把自己的希望甚至是无法实现的愿望也寄托在孩子身上。孩子生活在父母的影子下，不但压力大，而且自主发展能力不强。父母未了的心愿完全可以由父母自己完成，父母没必要为了孩子放弃一切。如果想让孩子拥有快乐的人生，父母首先要拥有快乐的人生，让孩子从父母的成就中看到美好的人生。家长要通过不断提高素质、完善自我、关心自我的方式，激励孩子，熏陶孩子，为孩子提供良好的人生榜样，与孩子并肩前进、共同提高。

（二）以“责任感”为核心的科学的性、恋爱、婚姻知识教育

家庭教育一般经历从婴幼儿到青年阶段的较长时间，在这个过程中，受

教育者逐步接触性、恋爱、婚姻等有关方面的知识。在现代社会，通过家庭教育对青少年逐步进行科学的性、恋爱和婚姻知识教育，有益于青少年身心健康成长，形成健康科学的生活态度，构建幸福健康的婚姻家庭生活。

1. 对孩子进行科学的性知识教育

性，是与人的终生都密切相连的生理、心理的综合现象，是人类生活的永恒话题。性是与生俱来的生物特性，而性别是需要后天加以学习的社会现象。关于性的知识，在我国的封建社会及此后很长的时间内，对未婚的青少年一直采取封锁、回避的态度，这种做法已导致许多恶果。在媒体和网络快速普及的现代社会，健康的性知识不及时普及，各种消极的性知识就会乘虚而入。家长应该革除陈旧的性封锁的封建意识，根据现代文明和科学进步的要求，适时地对子女特别是对处于青春期的子女进行科学的性知识教育，关心其生理、心理的健康发展。这样做，有利于孩子的身心健康，能帮助其顺利地度过青春性骚动期，减少青少年犯罪。此外，正确的性教育还可以帮助孩子形成正确的性观念，为其人生历程打好基础。

2. 对子女进行科学的恋爱知识教育和指导

恋爱，是男女双方培养爱情的过程或在爱情的基础上进行的社会交往活动。进入青春期的男女青年，在性欲望的驱使下，一般都开始萌生与异性交往的欲望。为了帮助青少年一代树立正确的恋爱观，正确处理恋爱与学习的关系，在家庭教育中及早对孩子进行科学的恋爱知识教育，端正其恋爱态度，增强其道德意识，是十分必要的。

3. 对子女进行有关婚姻知识的教育

婚姻和家庭是恋爱的结果，也是恋爱在内容和形式上的升华。青年男女们经过恋爱，选择并确定了自己的知音，必然走向婚姻，建立自己的新家庭。以孩子们结婚、建立新家庭为标志，狭义的家庭教育便基本结束，这是一个长达 20 多年的漫长的社会生活过程。为了孩子们的婚姻幸福，在孩子结婚前后，家长还应该对其进行有关婚姻家庭知识的教育，其主要内容是关于如何对待和处理婚姻所带来的新的人际关系，如婆媳关系、翁婿关系等，更重要的则是夫妻关系的调适问题。同时，还要教育已结婚的儿女们处理好婚姻与学习、工作的关系等，帮助他们在婚姻家庭中形成尊老爱幼、男女平等、夫妻和睦、勤俭持家、邻里团结等生活规范。总之，对于儿女们的婚姻，家长们有责任、有义务进行教育和指导，以使他们适应新生活、迈向新生活。

二、基本社会伦理与行为规范教育

孩子不但要在家庭中度过自己的青少年期，更要在广阔的社会舞台上施展才华，实现人生的价值和抱负。不同的职业、不同的岗位、不同的社会环境都是人类生活的共同体。在这些组织中，需要交往、合作和竞争，更需要规则、规范和纪律。在家庭教育中开展基本社会伦理与行为规范教育，既是孩子未来社会生活所必需的，也是家庭为社会和谐有序运行所应当承担的基本责任。

（一）社会伦理道德教育

社会伦理道德是靠人们的心理和社会舆论的力量来调节人的行为的社会规范。在任何社会中，它都是社会经济、政治、文化的表现和反映。每个时代、民族都有着为当时、当地的人们所共同承认和接受的社会伦理道德规范，一旦违背，就会受到社会舆论的谴责，甚至要受到制裁。数千年来，中国就是一个重伦理道德的国家。在现代社会，社会主义的伦理道德规范是社会主义精神文明建设的重要组成部分，是每个社会公民都应该自觉遵守的规范。因此，在家庭教育中，对孩子进行社会伦理道德规范的教育，使其自幼养成遵守社会伦理道德规范的品德、习惯和情操，不仅对其本人适应社会生活、成为一名合格的社会成员是必要的，而且对社会稳定、提高精神文明程度、构建社会主义和谐社会都是十分必要的。在家庭教育中进行社会伦理道德规范教育，应该着重注意下列方面。

1. 家庭伦理道德教育

孩子在家庭中生活，首先就应该懂得家庭伦理道德。在封建社会，我国的家庭伦理道德规范十分严密，也很烦琐，它体现了封建的家长制、等级制及男尊女卑的伦理关系。新中国成立后，随着封建社会制度的瓦解，家庭中封建的伦理道德关系已被废除。在当代中国的家庭教育中，应该用高尚的家庭伦理道德原则来教育和要求新一代。要让孩子懂得，在家庭中，人人都应该尊老爱幼，否则是违背现代社会家庭伦理道德的。在家庭中应该人人平等、互助互爱，彼此关心体贴；男女老幼都应该尊重彼此的独立人格和基本权利，不允许存在压迫现象；处理家庭中的重大事务，既要尊重家庭中主要成员的意见，又要坚持民主的原则；重大事情要经家庭民主而广泛的讨论，充分听取家庭中各个成员的意见；家庭成员中个人的私事，应主要尊重其本人的意愿，如孩子选择恋爱对象、建立家庭等，就应该既听取家长的指导性意见，又尊重当事人的意见，等等。在家庭教育中，应该用这些新的、平等的现代家庭伦理道德原则来教育和要求孩子。

2. 学校伦理道德教育

引导青少年过有意义、愉快、和谐、进步的校园生活，对于青少年发展和成长具有重要意义。尊师爱生、团结同学、诚实待人，是学校中的基本伦理道德原则。对于已在学校学习的孩子，家长应该通过多种形式，让儿童确立起基本的交往伦理，并内化为自己的自觉行动，形成积极的学校伦理体验。还要用学校伦理道德来要求和规范孩子的言行，发现违背这些原则的，应该在弄清具体情况的前提下，对孩子进行批评、教育、劝导。绝不能允许孩子在学校中出现不尊重老师、不团结同学、不接受教育、说谎或打架骂人、称王称霸等不良行为。独生子女家庭尤其应注意教育孩子遵守学校中的伦理道德规范及学校纪律。

3. 社会公共道德和职业道德教育

公共生活是相对于私人生活而言的。在公共生活中，一个人的行为必定与他人发生直接或间接的关系，这就需要人们遵守公共生活道德要求，以维护和建立平等、互助、协调的公共生活秩序。在我国，社会公共道德规范包括多方面的内容，但其基本内容则是：尊老爱幼、爱护公共财产、助人为乐、救人危难、尊重他人、不损人利己等。在家庭教育中，为了使孩子成为社会的合格成员，使其言行不违背公共道德，不损害家庭形象，不损害国家、集体和他人利益，也使孩子在社会上受到应有的尊重，就应该用社会的公共道德来教育和要求孩子。

职业活动是人类社会生活中最普遍、最基本的活动类型。职业道德是为了调节和约束从业人员的职业活动而形成的道德规范，是我国社会伦理道德的重要组成部分。各行各业既有统一的规范和要求，又有各自具体的形式和内容，但爱岗敬业、诚实守信、办事公道、服务公众、奉献社会等，应该成为各个行业普遍遵守的基本准则。在孩子走上工作岗位前，父母要通过自己的言行让孩子确立爱岗敬业的职业意识，形成敬业乐群的职业观念。当孩子走上工作岗位后，在家庭中就更应该通过多种形式教育孩子遵守职业道德，引导孩子成为一名敬业乐群的岗位工作人员。

（二）社会法规制度教育

一个国家所制定的政治、经济、文化、社会诸方面的制度和法律法规，是国家用来对社会进行管理、保证社会有序和谐的。对社会公民来说，违背社会伦理道德规范是不允许的，违背社会的法律、法规和制度就更为不可。在家庭教育中，父母不但应教育子女遵守社会伦理道德规范，更应该教育子女自觉地遵守社会法律、法规和制度。在建立法制与民主国家的进程中，教育子女自觉遵守社会的法律、法规和制度等强制性的规范，促使其增强法制观念，增强法治意识，做一个遵纪守法的合格公民，这对家庭、社会、国家及其个人都是十分必要的。

1. 我国基本社会制度和基本法律的教育

我国的根本大法是《中华人民共和国宪法》。家庭在对子女进行法制教育时，特别是在对已进入青年年龄段，即已取得了国家公民权利的子女进行法制教育时，应该加强关于我国的基本社会制度和基本法律的教育。对于有阅读能力的子女，应该让其通过各种形式阅读与法律法规有关的文字、图文资料，使其掌握或了解我国的基本政治、经济、文化和社会制度。

2. 与青少年健康成长有关的法律法规教育

针对青少年初生牛犊不怕虎、法制观念淡薄的特点，为了有利于子女健康成长，减少青少年犯罪，在家庭教育中尤其应该重视对子女进行有关青少年健康成长的法律法规教育。如有关交通法规的教育、《未成年人保护法》教育、《社会治安条例》教育等。这有利于保护青少年的人身安全，促使孩子用法律保护自己，减少青少年越轨犯罪，对青少年一代的健康成长极为有利。

三、基本的生活知识和技能教育

基本生活知识和生存知识是人发展的前提，是个体参与社会交往和社会实践的基础性条件。对孩子进行基本生活能力的培养和教育，是一切家庭教育的基本内容之一。要把孩子培养成人、成才，培养成未来社会的栋梁，不仅要使其具备基本的生活能力，还要使其具备社会交往所必需的基本知识和技能，这对任何孩子来说都是十分必要的。

（一）基本生存知识和生活知识教育

1. 基本生存能力的培养

对新生儿的教化培养，首先应该是基本生存能力的培养。最基础的内容便是要教会孩子吃奶、吃饭、喝水、走路、穿衣、说话等。在此基础上，家长还要教给孩子有关环境的知识，帮助孩子从认识周围的人与环境开始，掌握自然、社会环境的知识。

在家庭教育中，对新生儿基本生存能力的培养，虽然烦琐、复杂，有时又显得厌烦、无味，但绝不能忽视，因为它是对孩子最初的启蒙教育，直接关系着孩子今后的成长。

2. 生活自理能力的培养

自理、自立能力，就是人的生存、生活能力，是每个人都应该具有的最基本的能力。现在一些独生子女家庭中，父母为了显示其对“心肝宝贝”的“爱”，孩子已经七八岁了，还要帮其穿衣、洗脸，甚至吃饭时还要去喂；这从表面上看是在疼爱孩子，实际上，是剥夺了孩子自我成长的机会。在孩子开始具备自理的生理、心理条件时，就应该注意对其进行自理、自立能力的培养和锻炼，如让孩子干些力所能及的家务活。这不仅是为了让其为大人分忧，培养其家庭意识和责任感，而且是锻炼、培养其自理、自立能力的需要。

3. 与人合作能力的培养

任何人都不能脱离社会独立生活，在社会中生活，就涉及合作的问题、为人处事的问题，这是人的基本生活能力之一。为人处事能力强，人生就可能有大作为；反之，就难以立足。联合国教科文组织将合作作为一项重要能力加以强调，人的合作能力是在实践中锻炼、培养出来的，这与家庭教育有着密切的关系。

（二）基本社会知识的教育

人，作为一切社会关系的总和，生存于广泛的社会交往中，生活于广阔的社会环境中。人的生存和发展，既要具备基本生活的能力，又要具备较广泛的社会生活知识。在家庭教育中，在重视培养孩子生活能力的同时，还要对其进行广泛的社会生活知识教育。社会生活需要什么知识，就应该对孩子进行什么样的知识教育。正如陶行知所说的那样，过什么样的社会生活，就需要什么样的教育。对孩子进行社会生活知识教育，应重点围绕以下几个方面进行。

1. 适应环境的知识教育

环境是围绕着人的自然和社会的总体。人生活在世界上，必定处于一定的环境包围之中。要使孩子能够适应环境，并能有所作为，在家庭教育中对孩子进行适应环境的教育是必不可少的。

首先，是适应自然环境的教育。任何人都不能脱离一定的自然环境和社会环境而存在。人要生存和生活，就要既能适应自然环境，又能适应社会环境。环境教育应该从婴儿做起，可遵循由近及远、由简单到复杂、由局部到整体的顺序，并随着孩子年龄的增长而逐步深化和完善。在孩子较小的时候，应首先对孩子进行居住地的地理位置、地理特点和方位、气候变化等知识的教育；随之可逐步进行当地物产、动植物的种类及生长情况的教育，以及更远的山川河流、地球、太阳、星辰、云雨等知识教育，使其逐步认识自然、适应自然、亲近自然。

在家庭教育中，对孩子进行适应自然环境的教育，不但必要而且可行。家庭是接近自然、了解自然、亲近自然的最好社会单元，这种教育既可以在日常生活中潜移默化地进行，也需要家长刻意地安排和设计，如家庭的郊游、旅游、娱乐等活动，都是对孩子进行自然环境教育的最好途径。

其次，是适应周围人际关系的教育。人生来就处在一定的人际关系之中，孩子在未懂事前，就被一定的人际关系包围着，关系最亲近、打交道最多的人，一般就是他的父母，再就是其祖父母、兄弟姐妹、外祖父母、周围邻居等。最初，孩子们并不懂得这些关系的含义，随着年龄的增长，逐渐认识了人伦关系，才能逐步理解这些人际关系。随着孩子活动范围的逐步扩大，其周围的人际关系不断复杂，也逐步形成了自己的社会活动范围和人际圈子。家庭教育是帮助孩子定位自我“社会身份”和形成交往群属的有效方式，总之，孩子主要是靠接受家庭教育和实际的社会生活来认识与适应周围人际关系的。因此，周围人际关系的教育，应该成为家庭教育的重要内容。

最后，是适应社会关系知识的教育。作为社会中的人都处在复杂的社会关系之中。要让孩子知道，在人生中，除了自己的亲人和熟人外，还将不断地形成新的生人关系和熟人关系。人必须不断地适应、利用、改善这种人际关系，这正是生命的题中应有之意。为了使孩子适应社会生活，在家庭教育的过程中，不仅要使他们弄清楚他与周围人的人际关系，还应使其逐步认识他在整个社会中的位置及角色，认识他与整个社会的关系、与社会上其他人的社会关系，如领导与被领导关系、师生关系、同学关系等。帮助孩子获得这些知识，应该成为家庭教育的重要内容。

2. 基本的社会知识教育

在家庭教育中，还应该根据孩子的年龄特征、接受能力，及时、适当地进行一般的社会知识、历史知识及生活知识的教育，帮助孩子获得初步的社会政治、经济、文化等方面的知识，确立起自己的发展定位。

首先，要使孩子了解国家、民族及社会组织等方面的知识，当孩子懂事后，就要通过家庭教育让孩子知道，他是一个中国人，中国在世界上的位置，中国的历史、地理等基本状况，他的民族隶属，社会的基本组织状况等。待孩子上学后，要配合学校，使他们对这些知识了解得更加丰富、更加深刻。

其次，是让孩子掌握我国现在所处的社会发展阶段方面的知识，要通过家庭教育与学校教育、社会教育的配合，使孩子逐步知道，我国现在正处在社会主义初级阶段。要通过通俗的语言、形象的讲解等方式，让孩子获得这些抽象的知识。

最后，还要对孩子进行社会风俗知识的教育。我国地域广阔、民族多、民俗复杂。要使孩子们熟悉并能适应社会生活，就要在家庭教育中对孩子进行本民族、本地域的社会文化及习俗知识的教育。还要通过各种方式让孩子了解其他民族、地区的风俗知识，让他们能够尊重民族习俗和文化的多样性。

四、良好的身体和心理素质教育

身心健康是个体发展的重要方面，也是个体其他各方面发展的基础，还是个体服务社会、造福社会的前提。家庭教育应将保障儿童青少年身心健康列为重要的内容。

健康，是父母养育未成年子女的首要目标。但什么是健康？什么样的人才是健康的？人们可能会有不同的回答。在今天，身体和心理的健康已经成为一个共识的概念。世界卫生组织对人类的健康下了一个历史性的定义："健康不仅是没有疾病和虚弱，而且是有健全的身体，有良好的社会活动能力。"这一定义告诉我们：现代健康包含躯体无病、心理正常和社会适应良好三层含义。所谓躯体无病，就是身体发育正常，身强力壮，各器官如脑、心、肺、肝、胃、生殖器官等无缺陷和病变，生理功能完整，这是生物基础；心理正常，是指人的知、情、意和个性心理特征协调而统一，没有人格障碍；社会适应良好，是指能面对现实和适应环境，积极向上，有与别人建立和谐关系的能力。其中，后两者都属于心理范畴。

（一）家庭身体保健与教育

胎儿从离开母体到长大成人，都要经历生育、养育、教育的过程。对孩子进行生理保健方面的教育训练，以确保子女身体健康，是为人父母者首要的也是经常性的任务。在家庭中进行健康教育，还具有特殊的意蕴和价值。那就是为孩子终身发展奠定良好的身体素质，形成科学的生活方式。

1. 身体保护与疾病防治

家庭健康教育应该从婴儿抓起。婴儿教育不但包括营养等基本方面的内容，还包括安全等方面的内容。随着婴儿逐渐长大，有些危险也会跟着增加。为了避免意外事故的发生，父母不但要主动消除隐患，防患于未然，还要针对孩子在不同时期的年龄特点和生活实际进行安全教育，使他们学会自我保护。

2. **重视饮食与营养**

孩子出生后，身体不断生长发育，机体中的细胞和组织时刻在更新。儿童青少年处在发育的旺盛时期，他们需要各种营养素，尤其是对蛋白质、钙、碘、铁及各种维生素的需求最为突出。要根据孩子不同发育期的需要，合理搭配膳食，还要结合孩子的实际，在日常生活中对孩子进行良好饮食习惯的培养，如教育孩子进食时要细嚼慢咽，要吃各种食品、不挑食等。

3. **建立正常的生活规律和卫生习惯**

神经系统是人体生命活动的重要调节机制，在人体各系统中居于主导地位，在它的统一调节下，各器官系统进行着井然有序的生理活动。而大脑皮层是神经系统调节人体活动的最高中枢，其活动是有规律的，让孩子生活作息有规律，能保证大脑皮层兴奋和有规律地轮换、劳逸结合，保持较长时间的工作能力。

讲究卫生，养成良好的卫生习惯，以预防常见病和多发病，促进身体健康发育也是家庭健康教育的重要内容。良好的卫生习惯，主要是养成讲究个人卫生、家庭卫生和公共卫生的习惯。个人卫生习惯包括身体各器官部位和皮肤的卫生。从小养成早晚刷牙、饭后漱口、饭前便后洗手等习惯，对于预防疾病具有积极意义。

4. **重视体育锻炼**

体育锻炼对于增强体质、促进发育、加强机体免疫力、防御各种疾病有着重要意义，体育锻炼可以从小开始，但应考虑孩子的实际，在不同年龄提出不同的要求。孩子入学后，除继续幼时的游戏和更多地做户外活动外，还应该培养孩子形成对某几种具体体育锻炼项目的爱好，养成良好的自我锻炼习惯。

（二）家庭心理教育

心理教育是维护心理健康的措施和各种活动的总和。家庭心理教育的内容包括以下几个方面。

1. **提供良好的心理环境**

良好的心理环境又称心理营养。儿童青少年发育成长，既需要物质上的营养，还需要精神上的营养或者说心理营养。对于未成年人，尤其是婴幼儿和儿童来说，最重要的心理营养是父母及其他家属成员的爱和信任。每个婴幼儿都需要成人爱的关怀。而父母抚养孩子，无私地施予爱，孩子会作出满意的反应，这种反应又给了父母一种幸福感，使父母心中更加充满爱意。这就是亲子之爱的良性循环。

在良性循环下，孩子从小有充足的心理营养，不但能爱父母、家庭，而且能渐渐地推而广之。如果孩子从小得不到心理营养，长大后，就可能会变得冷漠、无责任感、缺乏自信，不懂得如何利用自己的智力、技能和天赋等品质，在遇到困难、冲突和挫折时，心理就可能会出现障碍，甚至出现心理畸形。

2. 培养有益的兴趣和爱好

求知是人的天性，儿童天生就有“求知”“探究”的欲望。早在婴儿时期，他们就会目不转睛地盯着一样东西，情不自禁地想拿到它或触摸它、摆弄它，到后来，他们会把东西翻过来倒过去，或放到嘴里尝尝，用鼻子嗅嗅，对什么都感到新鲜。在整个幼儿期以至以后的童年期、少年期、青年期，好奇一直在驱使着孩子去认识多种事物。只不过随着年龄的增长，其发展水平有所不同、兴趣爱好有所不同而已。

心理学研究结果表明，儿童青少年兴趣的发展可分为三级水平：一是有趣，即对新异事物马上表现出来的直接兴趣，这是低水平的兴趣；二是乐趣，这时的兴趣已不只停留在事物的表面现象，而是探索事物发生、发展的原因、结果，探讨事物的内在联系；三是志趣，它表现在对事物本质规律探讨的兴趣上。这时，他们已在广泛兴趣的背景下，形成以自己个性为中心的兴趣。这种兴趣是和一个人的理想、信念紧紧联系在一起的。

心理学研究结果还表明，人的兴趣具有倾向性，不同追求的人兴趣倾向性有所不同。儿童自发的兴趣和由此而进行的各种活动，是学习的桥梁，也是心理健康的重要方面。家庭必须给予鼓励、尊重和引导，使兴趣朝着积极的、有益于身心健康的方向发展。

3. 发展正确的自我意识

自我意识是指一个人对自己的思想水平、情感态度、行为习惯、个性特点及自己和周围事物关系的认识、感受、评价与调控。在少年阶段，随着自我意识的增强，孩子与成人世界之间，在价值观念、行为方式及评价标准等方面具有明显的差距。青春期的孩子常常试图限制成人的权威，保持自己的独立性，使自己的权利、个性得到尊重，获得与成人平等的地位。但不当的自我意识及身心发展存在的不平衡，又有可能使他们因过多的挫折和沮丧体验而产生逆反心理，甚至发生出走、吸毒、自杀等极端的消极对抗行为。尊重孩子，引导和帮助孩子发展正确的自我意识，是家庭教育的重要责任。

自少年期以后，自我意识的发展集中体现为人际交往意识的增强。一方面，独立意识的发展，使得他们产生强烈的摆脱父母束缚的心理需求，产生了与父母在心理上的断乳；另一方面，开始转向同龄伙伴，企盼在同辈群体中寻找支持与帮助。同龄人群体交往的扩大对青少年心理的发展具有重要的意义。同龄人群体的性质不同，与同龄人之间关系密切程度不同，对少年心理的影响也就不同。父母必须在建立良好亲子关系的同时，了解孩子与同龄人的交往情况，帮助其增进良好的人际交往，引导他们学会悦纳别人，同时又能够以正确的方式让别人接受自己。其中，包括帮助孩子学会与异性交往，懂得以最适当的即社会普遍认可的方式接受异性并被异性接受，帮助孩子正确地对待“早恋”现象。

4. 独立个性的培养与意志力培养

任何领域的人才、名人、专家，往往都有着与本专业有关的特有素质及个性特征，而特有素质的形成又需要艰苦的意志力磨炼。古人云：“自古雄才多磨难，从来纨绔少伟男。”要育子女成才，不仅应发现孩子的天资，为其发挥天资尽力创造条件，还应该努力培养孩子独特的个性，并在艰苦的环境中磨炼其意志。

首先，注意孩子独立个性的培养。所谓独立个性，主要是指成为某一方面的专门人才所应该具有的某些基本品质、情操和个性特点。在现代社会，不同行业和职业对人才个性特征的要求也不相同。在家庭教育中，家长要根据孩子的个性特征和性情倾向，有针对性地对孩子加以引导，还要放手让孩子到其能施展才华的场所去经风雨、见世面，在实践中增长才干。

其次，注意加强对孩子意志的磨炼。要成就任何事业，没有坚强的意志，都是难以成功的。要通过家庭教育造就人才，就要注意对孩子的意志进行艰苦的磨炼，要肯让孩子吃苦，要使孩子经受得住成功与失败的考验，特别是失败的考验。在逆境中成长起来的人，一般意志都比较坚强。在我国历史上，匡衡家贫如洗，凿壁偷光，后来成就事业；范仲淹 2 岁丧父，母贫改嫁，他住破庙读书成才。这不是说凡成大器者须幼年家贫，或家庭残缺、备受磨难，而是说，困难、失败、磨难的确是一位严正无比的老师，它能教会人们许多东西，能使人的意志得到磨炼。

进行良好个性与意志力培养，还应重视对孩子进行拼搏精神的教育。任何事业的成功，都不是轻易得到的。事业越伟大、越艰巨，付出的代价也必然会越大。在家庭教育中，要教育子女成才，就要教育子女甘愿为事业、为理想、为目标付出巨大的牺牲，去努力拼搏。

第三节　家庭教育的地位

从古至今，无数杰出人物和优秀人才的成功都与良好的家庭教育有关，家庭教育在整个教育和人的一生成长中，都具有其他教育不能替代的特殊地位。家庭工作开展的如何，关系到孩子的终身发展，关系到千家万户的利益，关系到国家和民族的未来。

一、家庭教育是人生的奠基性教育

从孩子呱呱落地的那天起，父母就成了孩子的第一任教师，肩负起对孩子教育的重任。父母的一言一行、一举一动直接影响着孩子。俗话说："有其父，必有其子。"这种承袭关系具有两个重要因素：一是先天遗传因素，二是后天教育影响因素。有的人声音和长相简直就是父母年轻时的翻版，还包括走路的姿势和喜好。这其中除了有遗传外，主要是耳濡目染的结果。父母的生活作风、劳动或工作作风、兴趣、爱好、习惯等个性特征，都将给孩子留下极其深刻的影响，有的甚至成为孩子终生效仿的榜样。尤其是父母的人生观、是非观和思想意识，道德行为和道德标准、处世方法和处世原则，一旦被孩子认可和接受，是很难改变的。家庭教育往往能够影响其子女一生的成长。

每个做父母的都希望教子成才，但是如何对孩子施行家庭教育却知之甚少、方法不多，急需提高其作为家庭教育施教者的综合素质与教育能力。

二、家庭教育是长久性教育

在人的一生所接受的教育中，家庭教育是长久性教育。家庭教育先于学校教育，并且在学校教育的整个阶段内，一般都自始至终地伴有家庭教育。学校教育结束后，家庭教育仍在继续，甚至影响终身。有的父母对家庭教育的长期性认识不足，以为父母的任务主要是管好孩子入学前的一段，孩子入学后，把一切都交给了老师，虽然充分体现了家长对学校及教师的高度信任，但是这种想法也会导致家庭教育的松懈，对充分发挥校内外整体教育的有效性是极其不利的。

几乎所有的家长都反映孩子从上幼儿园到上学期间，老师的话就好比“圣旨”，孩子们愿意听老师的话，不愿听父母的话。孩子入学后，对父母的依赖性逐渐减弱，因为他们到了一个新的环境里，一切都感到那么新鲜、新奇，而集体生活又给他们带来了无穷的乐趣，还有课堂上学到的各科文化知识，让他们眼界顿开。孩子们从父母那种过多的、琐碎的呵护甚至约束之中解脱出来，开阔了视野，扩大了交际，增长了知识，对群体和社会有了更深广的理解与体验。这个时候，他们很可能对家庭的某些负面影响产生朦胧的否定意识。如家庭天地的狭小、生活的单调、父母知识的匮乏、不良的家庭生活习惯、家庭教育的不当等。他们觉得老师的知识很多，甚至以为老师什么都知道，是天下最有知识的人，老师的话总是对的。孩子们这种“向师性”，是从入学开始逐渐形成的，随着他们年龄和知识的增长，“向师性”也逐渐减弱。家长了解和认识到这种规律后，不能放松而是更应抓好家庭教育。

在家庭教育中，培养孩子良好的学习习惯和健康心理是一项长久的教育行为。良好心理素质的培养主要包括以下四个方面。

一是自信心。自信心需要从小培养。而树立自信心很重要的一种手段是夸奖。孩子需要夸奖、需要鼓励，夸奖孩子，不仅表明了父母的信心，同时也坚定了孩子的信心。家庭教育的一个重要内容就是鼓励孩子去相信自己，有自信才能进步，有自信才能出成就，自信是孩子发展的基石。

二是责任心。责任，是一种优秀的心理品质，是对分内事情的一种内心感受，要让孩子具有责任意识，学会对自己负责、对自己的生活及健康负责，做一个对他人、集体、国家和社会能够尽职尽责的人，只有从小打好这种个体内在品质的坚实基础，他们将来不管到哪里和从事何种工作，才能真正做到“责在人先，利居人后”。

三是自我控制力。对孩子自我控制能力的培养必须从小开始，而且越小越好，培养孩子从小能经得起表扬、成功，受得了批评、挫折和失败，有自知之明，能自控、自律自己的情绪，能够自我约束，遇到不顺心的事时，能够迅速调整自己的情绪和心态。

四是独立性。很多专家提出培养孩子的独立性应从幼儿开始，从让他们独自睡觉开始，到培养孩子独立生活能力、独立思考能力，有独立见解，能独立做事，也就是说，自己能做的事尽量让他自己去做，家长千万不要代办、包办。让孩子做到自主、自立，不依赖别人。

三、家庭教育是与学校教育同等重要的教育

学校教育是在家庭教育的基础上进行的。经过家庭有意或无意的教育和影响，孩子在品质、习惯、兴趣、爱好等许多方面，已经能够表现出明显的个性特征。他们可能有好的品质和习惯，也可能有不好的品质和习惯，但不管怎样，一旦孩子进入学校，学校都要以它特有的模式，按照既定目标，去进行有计划的、统一的再造性“加工”。有的顺理成章，显得较为容易；有的则需要经过许多艰难曲折，才能有所成就。

有的孩子在家里已养成自私、任性、粗鲁、骄横、好吃懒做等坏习惯和不良品质，入学以后，由于教育适时、得法，外加受到集体的影响和约束，他们原来的不良习惯和品质会得到改造或抑制。如果积习不深，有些毛病是能够在集体中自然“融化”的。但有些孩子的不良品质和习惯却是很难矫正的。其最初表现是：常常随意破坏纪律；与别人交往时，总想以自我为中心；按照自己的好恶，在群体中只团结少数人等一系列不良倾向。这时，如果家长不配合学校做好工作，或者采取偏袒、放纵的态度，不仅会给学校教育带来困难，而且极容易挫伤老师施教的积极性。

作为教师，没有谁希望自己教的学生是品学皆劣的；作为家长，也没有谁希望自己的孩子是“不可雕琢”的。就这一点来说，学校、教师和家长对孩子们的期望与教育方向是一致的。但是，如果家长在对子女的期望中还掺有个人主义观念，或者是“主观为自己，客观为他人”的功利观念，学校教育成效必将受到阻滞和削弱。另外，有些家长只重视孩子的学习成绩、名次，

至于其他的，却很少关心，不利于孩子的全面发展与整体素质的提高。当然，教育后代的任务只靠学校是不行的，需要全社会的共同努力。实践也证明：学校教育如果没有家庭教育的密切配合，其教育效果是很难巩固和发展的。

家庭教育作为学校教育的有力助手和必要补充，不仅是培养目标的客观需要，同时也是教育内部规律的客观要求。学校教育很难顾及每个学生在思想水平、道德素质、身心特点等方面的差异。家长不仅熟悉自己子女的行为习惯、思想品德状况，而且熟悉自己子女的兴趣爱好和性格特征。可以说，每位家长不仅具有对其子女进行有效教育的优越条件，同时也应负担起教育子女不可推卸的责任和义务。也只有将学校教育和家庭教育二者紧密地有机结合起来，才能有效地对青少年的成长与成才进行成功的教育。

四、家庭教育的作用

（一）家庭教育对个体发展的作用

1. 教导子女掌握基本的生活技能

呱呱坠地的婴儿，有温饱需求但无获取衣食的本领，因此，他们需要家庭给予多方面的照料。当他们逐渐长大后，仍需要父母教导其衣、食、住、行的基本技能，使其能适应生活和环境。即使上了中学，其生活、社会等方面的适应能力仍相对贫乏，也需要得到家庭多方面的照顾、指导，并从中获得基本生活技能。

在我国漫长的封建社会中，家庭不仅是生活单位，也是生产单位。小农经济决定了家庭教育不仅是对儿童、青少年进行生活教育的主要形式，还是对他们进行生产劳动和职业教育的主要形式。在科学技术日新月异的现代社会，人们的生活内容大为丰富，基本生活技能的内容也随之复杂多样，而家庭在基本生活技能的教导上则处于主要的、不可替代的地位。离开家庭，一些最初的生活技能、自我服务技能就无从培养。

2. 教导子女掌握社会规范，形成道德情操

儿童、青少年作为社会的独立个体，必须具备一定的社会价值观念，遵守一定的社会行为规范和道德准则。但这些观念、规范、准则不是在自然状态中萌生的。子女在家庭中与双亲、祖辈及同辈间发生的生活关系和道德关系、家庭行为规范等，成为子女最初接触的社会规范。在家庭生活中，子女最初总以双亲的言行为榜样，以双亲的需求、情感情操为认同对象，通过同化作用，逐渐形成自己的行为方式、习惯和道德信念体系，借以调节自己与他人的关系。

3. 指导子女形成生活目标、个人理想和志趣

个体的理想由兴趣、爱好引发。子女最初的兴趣爱好是在家庭生活中萌发的。家庭对子女倾注了莫大的期望，家庭教育的积极作用表现在：父母用自己全部的生活经验教育子女，发展子女的各种兴趣爱好，引导子女逐渐懂得生活的意义，帮助子女树立远大的抱负、理想，培育子女的进取心等，为子女在人生道路上作出有价值的选择奠定基础。

4. 培养子女的社会角色

角色是由个体所处的社会地位决定并为社会所期望的行为模式。明确的角色意识能使个体认识到自己的社会地位、作用和承担的义务、责任，并产生一定的角色期望。子女的社会角色最早是在家庭的影响下产生的。首先，家庭最早为子女复制文化传统所要求的性别角色及行为；其次，家庭通过影响子女的兴趣爱好、目标理想、职业选择等，使他们逐步学会如何选择和充当一定的社会角色；最后，父母在家庭中承担的多种角色能对子女将来在社会上扮演不同的角色产生启蒙作用。

5. 形成子女性格和社会适应能力

一方面，家庭成员的素质、教养、人格、言谈、举止、生活方式、教育态度等，时刻都在有意或无意地影响着子女的成长。耳濡目染、潜移默化，对子女道德观念、行为准则及良好习惯的形成都有重要影响。另一方面，子女的个性特征、道德品质、学习态度、兴趣爱好、生活习惯、行为方式等，在家庭中表现得最充分、最自然。家长对子女的表现极为关注和敏感，所以，在时间上，家长有条件了解子女各方面的情况，并从其实际出发，对子女进行相应的指导和培养。

（二）家庭教育对社会发展的作用

1. 家庭教育是履行社会职能的载体

家庭是社会的基本单位，是社会的细胞。物质资料的生产是改造自然、创造物质财富的生产；人类自身的生产是为社会提供人力资源的生产。这两种生产构成同一社会生产的两个不同的方面，它们相互联系、相互依存、相互制约，共同成为人类社会发展的基础。其中，通过人类自身生产延续生命，生儿育女、世代相传，是家庭独特的使命。而人类自身的生产，不仅仅是生产一个生物意义上的“自然人”，更重要的是通过家庭的养育、教育，培养具有社会性的“社会人”。可以说，家庭教育是人类再生产过程中必不可少的组成部分，是家庭和社会生活的基础要素。

2. 家庭教育是传递社会文明的主要方式

家庭是社会的基本单位，是保护人的价值、保持文化认同和传承信仰的基本场所。在社会不断发展、急剧变化的今天，家庭所发挥的传递社会文明的重要功能得到越来越充分的肯定。

联合国推行的“国际家庭年”，强调家庭在现代文明社会中要发挥其提供资源和承担责任的特殊功能，强调家庭对于养育、教育、培训下一代所起的重要作用。“国际家庭年”的指导思想及活动主题，是在世界各国关注家庭问题的基础上提出的，并得到了普遍的认同。在中国，一系列与家庭有关的法规也正在不断完善，使妇女、儿童、老年人的权益得到了应有的保护，为家庭的和谐美满提供了基本保证。事实表明，在全世界范围内，从西方到东方，无论是发达国家还是发展中国家，都认识到家庭与社会发展的相互联系，进而把家庭文明作为社会文明建设的基础。

3. 家庭教育是提高全民素质的重要途径

家庭教育是最具广泛性和基础性的教育，人们为优化家庭教育不断地寻找着最佳的方法和途径，也创造了有利于自身素质发展的环境和条件。

优化家庭教育意味着家庭环境的变化。营造适合孩子成长的家庭环境，是家庭教育的重要因素。家庭环境不仅仅是物质生活环境，也包括由良好的文化、心理、家庭成员的相互关系等所构成的家庭氛围。

优化家庭教育意味着家长自身素质的优化。从人发展的角度来看，家庭教育不仅是对孩子的早期教育，也包含着终身教育的意义。即在家庭教育中，父母不仅负有教育子女的责任，同时也在不断地进行自我教育，并在向孩子学习的过程中提高自己。家庭教育在很大程度上是潜移默化地进行的，对孩子的教育不仅仅是说教，更多的是通过父母的行为来影响教育孩子。而且，父母要教育好孩子，一个基本的前提是了解孩子，学习孩子身上那些家长不具备的符合时代特征的闪光点。父母教育孩子的过程，就是再现自己的过程，是教育和检验自己人格的过程。因此，父母作为教育者，应当“先受教育”，应当“以身作则”。

优化家庭教育意味着教育事业的整体优化，按照现代教育学的观点，为了全面造就社会主义事业的建设者和接班人，基础教育必须形成以学校为主体、以家庭教育为基础、以社会教育为依托的“三结合”的教育新格局。家庭教育具有基础性、广泛性、针对性、感染性等特点。优化家庭教育，可以与学校教育和社会教育形成优势互补，对于促进教育事业的整体优化，更好地培养“全面发展的社会主义事业的建设者和接班人”，有着不可估量的作用。

因此，家庭教育水平的高低、效果的优劣，不仅是某一个家庭的孩子是否成才的问题，更关系到全民族的素质和国家的未来。

第四节　家庭教育的原则

家庭教育原则是在长期实践中形成的，既是家庭教育实践的经验总结，也是家庭教育规律的反映。不同的学者在不同的教材中关于家庭教育的原则有着不同的表述，内容也各异，但是，一般认为，家庭教育的原则包括基本原则和具体原则。

一、家庭教育的基本原则

（一）“成人教育”与“成才教育”并重

在一些家长心目中，存在这样的教育误区，即普遍重视孩子的“成才教育”，忽视“成人教育”，认为学业成绩优秀就是“成才”，就是“成人”。在现实生活中，具体表现为：特别关注孩子知识的学习和学业成绩，忽视德育、体育、美育和生产劳动教育，忽视能力和心理素质的培养；特别关注孩子做作业，除完成学校作业外，还要求甚至强迫孩子参加各种辅导班、提高班，加重孩子的课业负担，妨碍孩子生动活泼地主动学习；以考试分数作为评价孩子的唯一标准，挫伤孩子学习的主动性、积极性和创造性，影响其全面素质的提高。这些都是应试教育的产物，与现代教育观、人才观相背离，与教育目标相背离。

因此，家长在进行家庭教育时，必须重视“成人教育”，将“成人教育”与“成才教育”并重。“成人教育”与“成才教育”并重是指不仅要培养孩子成为各行业的人才，更为重要的是把孩子培养成遵守社会规则和道德，且身心健康发展的全面的个体。一个孩子只有在“成人”的基础上才能“成才”，甚至“成人教育”在一定程度上比“成才教育”更为重要。

要做到“成人教育”与“成才教育”并重，就需要家长转变教育观念，充分认识到“有智无德”的人是“危险品”，绝不能只关注“成才”而忽略“成人”。家长要逐渐培育正确的家庭教育观，摆脱“学而优则仕”的官本位教育理念，形成注重培养普通快乐人的教育观念，同时，注意培养孩子的拼搏精神，既重视智力的发展，也关注孩子心理的健康发展。

（二）平等与规矩并重

“严父慈母”是理想型的家庭教育模式，但是，受西方平等家庭教育理念的影响，以及我国特定历史文化的熏陶，现代家庭呈现出“虎妈猫爸”的结构配合，这种模式严重地影响了平等与规矩并重的基本家庭教育原则。

平等与规矩并重原则认为，家庭教育既要对孩子严格要求，同时又要做到尊重孩子，做到在民主平等的情况下开展家庭教育。而在具体的社会实践中，家长往往只注意到对孩子严格要求，而忘记这个要求是以尊重孩子为前提的。平等与规矩并重原则是指家长在家庭教育过程中，应首先把孩子当作一个独立主体来对待，家长认识到孩子自出生后就是一个独立的个体，因而要尊重其主体人格，做到民主平等，以尊重、理解、平等的态度同孩子交流思想、沟通感情，进行必要的“说教”。在尊重孩子的基础上，提出一些适当的教育要求，并通过教育引导其逐步实现这些规矩。

虽然家长在教育孩子的过程中要尊重孩子，但也要适度，不能变为溺爱。“不以规矩，不能成方圆。”有规矩就是要严格要求。严格要求，是指家长为帮助孩子健康成长，对其提出的一些要求。这些规矩的提出意味着教育因素的加强，也是家庭教育的具体体现。

（三）理性施爱

在这方面常见的误区是，家长过分宠爱孩子，一味地迁就孩子，从不对孩子提要求或者不能坚持对孩子的要求。其原因就是没有正确的教育理念，殊不知，溺爱会导致孩子变得软弱无能。

理性施爱原则要求家长在实施家庭教育时，感情不应占上风，而应将感性和理性结合起来。基于现实中一些父母溺爱孩子，缺乏原则，为强调父母施教时的理性，在家庭教育中，家庭成员特别是家长，不但要以无私的亲人关系关爱孩子，更需要情感和理智相结合，坚持科学育人，使子女的身心得到健全发展。理性与感性相结合，家长要把握好“度”，防止出现过分保护或者过度教育。对子女要严格要求，不能一味地迁就，要从子女的长远利益出发，达到教育子女的动机和效果的统一。

（四）思想统一性与方法针对性

如果家长的教育理念不一致，会使得家长对孩子的要求和态度不一致，导致孩子无所适从，长期下去，甚至可能形成双面性格。例如家长对孩子的要求朝令夕改，或者对孩子的要求只实行一段时间，没有长期坚持下去；还有的家长发现孩子出现了问题，纠正几次之后还是反复出现，家长丧失了信心，放弃了对其继续教育。其原因就是没有考虑到孩子的一些习惯及个性的养成具有长期性和反复性的特点。因此，家长的教育思想要统一、言行要一致，而且家庭教育的前后也要统一、始终一致。在多子女家庭中，家长对所有孩子的要求应统一。此外，家庭教育、学校教育和社会教育要一致。家长对孩子的教育要持之以恒，做到保持连贯性。因为无论是孩子的良好习惯，还是健全人格，都需要长时间坚持才能形成。

教育方法的针对性原则是指家长对孩子施教时，要考虑孩子的个性特征及身心发展的阶段性，采取适当的方式和方法，选取合适的内容。同时，父母的教育理念、教育态度要保持一致性和连贯性。在这方面，常见的误区是，有的家长根本不考虑孩子的年龄和个性，而提出难度较高的要求，其原因就是没有考虑到情景的复杂性和孩子的差异性。要做到教育方法的针对性，就必须全面了解自己的孩子，了解他们的气质、性格等，明确他们的兴趣、能力等。同时，在了解孩子的基础上，要尊重子女的个性特点，尤其是多子女家庭中，不能因家长对孩子个性特点的喜恶而对其产生偏爱或厌弃。

二、家庭教育的具体原则

（一）以身作则原则

以身作则原则是指在家庭教育中，家长应用自己的实际行动、模范言行给孩子作出榜样，潜移默化地影响子女、教育子女。自古以来，人们特别重视以身作则的作用。早在2000多年前，我国古代大教育家孔子就认识到培养德行，言教不如身教。我国古代家庭教育十分强调家长要以身作则、以身示教，给孩子作表率。《礼记·典礼上》记载："幼子常视勿狂。"即幼小的子女在父母身边生活，常常习效家长的言行，家长要以身作则，不可作出不好的榜样。

家长自身的行为在家庭教育中具有决定意义。家长对自己的要求，家长对自己家庭的尊敬，家长对自己一举一动的规范，是首要的和最基本的教育方法。家长怎样穿衣服，怎样跟别人说话，怎样谈论其他人，怎样表示欢心和不快，怎样对待朋友和仇敌，所有这些对孩子都有深远的教育意义。因此，在家庭教育中，要求孩子言行端正、品德优良，家长必须先从自我做起。家长在生活方式、行为习惯、人格特征等方面，对孩子的影响将融化到其心灵深处与个人性格中。

家长以身作则，给孩子作出好榜样，这是无声的语言，是最有说服力的教育。要求孩子做到的，自己首先做到，家长的威信就高，就可以取得教育者的资格，掌握教育的主动权，教育工作就会很有效。如果要求孩子做到的，家长自己并不做或做不到，就没有教育的主动权，教育效果肯定不好。

身教与言传不能相互代替，它们是相互依存、相互促进、缺一不可的两种教育方式。因为孩子缺乏经验和知识，在家庭教育中，家长既要以自身言行的良好形象去感染、影响孩子，又要用孩子能够理解和接受的语言告诉孩子为什么这样做，怎样才能做得更好。这样，才能让孩子不只是机械地去模仿，而是创造性地去做。所以，把言传和身教结合起来，有利于教育效果的巩固与提高，而且会保持和提高家长在孩子心中的威信。中国古代"孟母断织教子"的故事流传至今，其中蕴含的言传与身教结合的寓意，尤其值得我们深思和学习。

（二）因材施教原则

因材施教原则是指家庭教育要针对教育对象的职业、个性特点等具体因素，采取和选择不同的教育方式方法，促进家庭成员，特别是孩子的个性发展。家长对孩子的教育，要从孩子的年龄、性格特征、生长发育状况等实际出发，根据孩子的个性差异和具体特点，有的放矢地实施不同方式的教育。因材施教始于中国古代大教育家孔子。贯彻因材施教原则必须把握以下几点。

一是全面深入地了解孩子。如果教育者希望从一切方面去教育人，那么就必须也先从一切方面去了解人。了解是教育的基础，家庭成员之间朝夕相处，家长对孩子知之甚深，容易进行有效的教育，收到良好的效果。父母对孩子的了解是全方位的：在时间上，孩子的过去和现在没有谁比家长更清楚；在空间上，既了解孩子在家中的情况，又清楚孩子在校内外的表现；在内容上，既了解孩子各个阶段在德、智、体、美、劳等诸方面的发展情况，又掌握其身心健康、生理变化和智力发展、兴趣爱好的情况；既了解孩子的进步、成绩、荣誉，又深知其挫折、失败、问题和教训；既了解他的言行举止，又对其内心情绪、思想变化一目了然；既能运用观察、谈话等多种方法，多渠道地对孩子进行了解，又能用爱的教育感化孩子。家长根据自己对孩子的全面了解，根据孩子的能力特征、个性差异和当前的思想实际，提出教育要求，确定教育内容，选用教育方法，实施家庭教育，可以为孩子的成才奠定良好的基础。

二是尊重个性特点，科学实施指导。个性是指一个人经常出现的、比较稳定的心理特征的总和。它包括个性倾向性（如需要、动机、兴趣、理想、信念和世界观等）与个性心理特征（如能力、气质和性格等）两大部分。每个人都有其独特的个性特点，家长应对孩子的个性给予正视和尊重，不能强制孩子服从自己的意愿，抹杀压制孩子的个性，遏制其健康快乐地成长。伽利略自幼喜爱数学，可他父亲却认为学习数学无论如何不能维持生计，迫切希望儿子当医生。伽利略 17 岁时按照父亲的愿望进入比萨大学学医，但他并不喜欢医学，根本学不进去。两年后，他毅然决定放弃学医而转攻数学，终

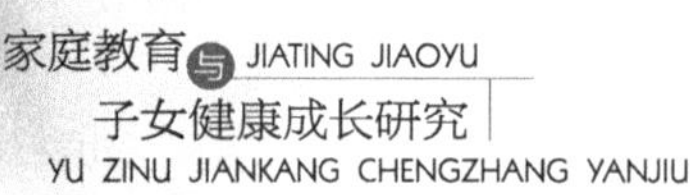

于成为世界近代实验科学的奠基人。

三是特殊孩子要特殊培养。对特殊人才进行特殊培养，这是因材施教的基本要求。必须考虑少数智力超常和智力低下者的教育问题，特别是他们的家庭教育，要根据他们的特点、特殊性进行，才能发挥他们的特长，继而把孩子培养成祖国所需要的人才。除了智力的个体差异外，在教育过程中，要关注有特殊需要的残障儿童，通过实施特殊教育，使他们得到发展。家长要在家庭环境中对他们实施爱的教育，进行有针对性的训练，帮助他们尽可能地健康成长。

第二章

家庭教育的原则和内容

第一节　家庭教育的基本原则

家庭如同小社会，社会是个大家庭。一个人受到的家庭教育，一般都能形成社会生活中为人处世的原则。当前，社会迅速发展，家庭教育应该更具远见，着眼于未来社会所需要的人才。

教育子女学会做人、走向成才是细致而复杂的过程，必须遵循育人规律，才会收到预期效果。春华秋实，掌握时机、注意科学耕耘，方可获丰收的喜悦，育人同样需要抓住时机、注重科学。

家庭施教必须遵循育人规律，这是处理好家庭教育中诸种矛盾和各方关系，实现教育目标的基本原则。

家庭教育的原则是根据青少年儿童身心发展的特点以及个性、品德形成的规律，并以我国教育方针和培养目标为依据；同时，注意继承我国家庭教育的优秀遗产，注意吸收国内外教育科研成果，总结现实生活中家庭教育的实践经验。这些教育原则是家庭教育本质和规律的反映，各原则之间相互关联和渗透，形成了完整的原则体系。理解并执行家庭教育原则必将增强教育的实效性。

一、正确导向原则

家庭教育中，家长应坚持以正确的价值观对子女的身心发展施加教育影响，使他们在正确的引导下，朝社会与家庭期望的目标成长。

家长的教育行为受多方面因素的影响，如社会地位、人生哲学、个人性格、榜样示范等。其中，父母对人生的看法，决定着教育子女的方向。每个家长都是按照个人理解的人生幸福与成功教育子女的。对人生目标及信仰的认知，以及据此在社会生活中确定的个人追求和选择，反映了一个人的价值观。家长的价值观受历史和社会所制约，并与其思想水平、社会生活环境、文化程度、职业特征、个性特点都有密切关系。在社会演变、科技发展的形势下，人们的价值取向往往存在新旧观念交替、矛盾与多变的特点。这些特点在家庭教育的培育目标、教育态度和方式的理解、选择和运用上都会有所反映。在现实生活中，可以看到，一些家长是以知识的多寡、技能的高低作为衡量人才、体现价值的标准，这些家长以追求高学历、高智能为家庭教育的导向，表现在对子女求学期望高、要求严；有些家长视品德、个性之优劣为人才的标准，他们注重对子女人格的塑造、道德的培养，表现在对子女行为品德的精雕细刻；也有些家长以功利主义为教育导向，表现在鼓励子女追求功利的满足；有些家庭则因家长之间价值观念的分歧，在家庭教育价值导向方面存在着目标不一、宽严无度、要求无常、矛盾的教育态度与方式。

家庭教育与学校教育的主要区别之一是家庭教育不像学校教育那样具有明确、自觉的培养方向和系统严格的教育要求。但不论家庭教育的导向是否明确与自觉，家长的思想言行对子女身心发展的影响是同样深远的。假如每个家长都重视自觉地以正确的教育价值观对子女施加积极的教育影响，必然能收到改善家庭教育、提高育人水平的成效。

家长的教养态度和方式是家庭教育价值导向的具体体现。只有当家长充分重视挖掘子女的潜能，促进其个性发展时，才能在家庭教育中坚持以现代化的价值取向为目标，尊重子女的人格，相信他们的前途是光明的，他们的某些缺点也将随社会的改革与发展得到克服，从而挣脱传统的世俗观念的束缚，与子女平等相处，关心他们的进步，注重情感交流，形成和谐、融洽的亲子关系。注重耐心说服，循循善诱，这种民主型的教养态度和方式，正是现代化价值导向在家庭教育中的具体反映。在现实生活中，许多家庭还受传统观念的影响，有的把子女视为私有财产，以功利主义的观念教育子女，无视子女的独立人格，限制子女的个性发展；也有的家长强调亲情，以情感处理伦理道德关系及日常生活，在家庭教育中缺乏理智因素，因而，对子女迁就纵容、过度保护、包办代替。上述情况正是专制型和溺爱型家庭教育中个人取向、情感取向的具体反映。有些家庭成员间的教育价值观念不同，有的甚至是矛盾的，这就决定了他们在子女教育态度与方式上的矛盾型特点。

当前，我国教育在现代化潮流中是以社会一个人为基本取向的。社会正面临摆脱愚昧落后、走向科学与进步的现代化改革；正在探索发展市场经济、繁荣社会的规律。为了实现我国社会现代化建设目标，需要数以亿计的各级各类建设人才，这是立国兴邦之本。家庭教养子女的目标是子女成才，促进现代社会的繁荣与发展，实现个人的志愿和幸福。这种基本取向，正是我国现代化动力的源泉，也是家庭幸福、个人发展的动力之源。

为了能够应对人类社会的严峻挑战，使千千万万个家庭都成为造就人才、造就社会栋梁之材的摇篮，应该提倡家庭教育的科学化，首要的问题就是要坚持正确导向，提高家庭教育在基本取向方面的自觉性。

二、理性施爱的原则

在家庭教育中，家长不但要以无私的亲情爱子女，更需要情感与理智相结合，坚持科学的教育。

爱是父母的天性，也是教育的基础。只有无私的爱，才能产生巨大的感化力量。由于家长对子女爱之深、知之切，他们能够细致入微地体察子女的喜、怒、哀、乐；能够理解孩子的思想和行为；能够对子女循循善诱，耐心教育。

家长爱孩子，尊重他们的人格，培养他们的自尊心、自信心，针对子女身心发展特点和能力水平进行教育，既不操之过急、拔苗助长，也不听之任之、任其自流。这种爱是受理智支配的爱。

当前，在家庭教育中，不少家长存在着单纯的主知主义或主情主义的倾向。主知主义认为，重在培养孩子的道德观念，以理智为施教的出发点和归宿。在这种认识下，对子女的教育往往从严、从难，强调说理，有时以家长的意志强加于子女。主情主义认为，情感是教育行为的动力，重在培养子女的道德感，以感情为施教的出发点和归宿。因此，他们往往因爱之过度、缺乏理智，而导致教育的失败。只有理智与情感结合，理智施爱，才能既保证家长在教育中持冷静、客观态度，采用科学育人的方式方法，又保证子女在道德意识发展的基础上，道德情感得到培养，做到知、情、意、行统一，促进子女的个性健全发展。

理性施爱要求家长在教育子女中，要做到晓之以理，动之以情，导之以行。首先，要教育子女理解和掌握道德评价的是非善恶标准及满足道德需要获得的道德体验，如自尊心、责任感、义务感、友谊感、集体荣誉感、民族自豪感和爱国主义情感等。儿童的道德观念、道德感的形成与发展经历着从直觉到自觉、从自我到社会的发展过程。年幼的孩子的认知和情感，往往是以由直接情境引起的、自觉性较低而又有迅速道德定向作用的道德体验为主；随着年龄的增长，孩子由于某种道德事物形象的联想激发的、比较自觉的情绪体验得到发展；随着子女身心的发展，那种伴有道德理论思维的、更加自觉的道德体验得到发展。一旦子女理解了某种行为或道德规范的意义，就会产生更加深刻而稳定的道德体验，并由此改善自身的道德状况，形成良好的品德行为。当这种道德行为准则在儿童头脑中形成了坚定而持久的观念时，便会更加自觉遵守，力求实现，并能在复杂多变、具有道德冲突的情境中克服外在和内在的困难和障碍，坚决执行。一般来说，儿童总是先有某种道德体验、道德认知和道德行为时才会逐步形成道德信念，这是一个潜移默化、复杂、长期的教育影响过程。家长在教育子女时坚持理性施爱，以情动之，以理教之，有助于子女将客观的道德规范内化为自我道德要求，形成良好品德行为，完善个性。

理性施爱表现在根据正确的教育目标，严格要求子女。严格要求只有在尊重信任的前提下才能实现，尊重和信任又是在热爱和理解子女的基础上产生的。作为家长，既要看到儿童身心不成熟、幼稚的一面，还要看到他们具有极大可塑性，可以接受培养教育的一面；更要理解孩子身心迅速发展，拥有巨大潜能，具有强烈的主观能动性的方面。因此，要贯彻理性施爱的原则，家长不仅要有正确的教育价值观，还要有正确的儿童观。

在现实的家庭生活中，特别是独生子女的家庭，家长往往单纯出于本能的爱来处理教育子女的问题。他们对子女过分保护，过度教育，迁就娇惯。在缺乏理性的溺爱中，子女形成了霸道、任性、懒惰、神经质等个性弱点和不良的行为习惯。当家长面对子女身心发展的问题时，往往感到束手无策，或操之过急，强行“拔苗助长”；或放任不管，任其自流，其结果往往是自食苦果。理性施爱的原则也包含着家长对待子女个性发展、品德行为的不良倾向要客观分析，冷静处理，及时找到原因，对症解决。

家庭教育的理性施爱原则要求家长既要有身为父母、热爱子女的亲情，又要有师长教育学生的师情，做到爱而不纵、严而不苛，教育有度、重在实效。

三、启发诱导原则

家庭教育中，作为家长要承认子女在学习成长中的主动地位和独立人格，注意调动他们活动的积极性、主动性和创造性，引导他们自觉地努力，形成和发展良好的个性品质。这就是启发诱导原则的意义所在。

在我国，启发一词源于古代教育家孔丘。孔子说：“不愤不启，不悱不发。举一隅不以三隅反，则不复也。”主张要在学生有学习需要的条件下进行启发。朱熹对此解释说：“愤者，必求通而未得之意，悱者，口欲言而未能之说，启谓开其意，发谓达其辞。”在孔子的道德教育思想中，主张让学生确立目的和理想，从而有明确的努力方向，以充分发挥学生的主观能动性；他提倡敏于行、慎于言，言行一致；强调在道德修养中的自我评价和自我约束。孔子的这一教育思想为后世各家所认同和发展，形成了我国教育史上的启发诱导原则。

欧洲古希腊思想家苏格拉底用“问答法”启发学生独立思考，探究真理；17 世纪捷克教育家夸美纽斯主张启发学生的“悟性”，说明了启发诱导作为教育原则由来已久。

家庭教育中，家长也应运用启发诱导原则，注意调动子女在教育过程中的积极性，使他们的内在动因与学习、行为的责任感结合起来，言和行一致，理论与实践相统一，使他们的个性得到充分发展。

启发诱导的重要手段，是运用精神奖励、物质奖励、信息诱因、恰当期望等激励因素，激发子女的行为动机和达成目标的意志行为。从我国家庭教育的现状看，许多家长都采用了各种激励手段对子女进行教育，有的偏于物质激励，有的偏于精神激励，有的注重学习成绩的激励，有的注重行为品德的激励。在激励过程中，有的家长期望值过高，施以高压强制性教育；有的激励无度，情绪无常；有的则与激励手段意向相悖，使子女无所适从。这些都是违背启发诱导原则的片面性手段，往往会导致教育的不良后果。

家长运用启发诱导原则，要注意家庭影响的整体性、适度性、有序性和动态性。整体性是指家庭要主动配合学校和社会教育，对子女施教一体化的教育影响。每个家庭成员、各方教育影响应该全面一致，前后贯通；适度性是指在启发诱导中，运用激励手段的刺激量要适当，考虑教育对象的年龄特征，如：他们的认知能力、兴趣、需要、情绪、性格等，掌握激励因素变量的适当分寸，则可望收到启发诱导的良好效果；有序性要求启发诱导的教育内容和要求应前后有序，否则不利于帮助子女维持稳定而持久的积极主动性；动态性要求家长在对子女进行教育时，启发诱导的激励方式和程度应充分考虑他们身心发展的动态过程，使家庭教育作为外部影响，同子女内部环境的矛盾运动同步适应，才有利于内心吸收，促进子女的身心健康。针对子女的发展水平，抓住适当时机，把握激励分寸，方法灵活多样，只要运用得当，就会产生调动子女积极性、主动性、创造性的良好教育效果。

四、要求适度的原则

没有要求就没有教育，严格的要求才是认真有效的教育。家长教育子女也应该坚持严格要求。但严格要求不等于过苛、过度不合理的要求，而是从教育目的出发，针对子女的发展实际，提出内容适当的教育要求。家长和子女双方对于教育要求的态度应同样是认真的，一经提出，坚持不懈，使教育要求转化为子女的思想行为，形成良好的品德。

不同的遗传素质、生活条件和教育影响形成了儿童千差万别的个性特征。家长要尊重子女的特点，理解他们的差异，从他们的实际出发，由浅入深、由简单到复杂，提出并深化教育要求，扩展教育内容。操之过急，要求过多过严，使子女难以做到，甚至损伤自尊心、自信心，不利于他们健康成长。

教育要求的合理适当，主要体现在要求的目的性、可行性、渐进性和实效性几方面。教育要求应从教育目标出发，有明确的教育目的，提出的教育要求有助于促进子女身心健康和个性的成熟完善；要求的可行性，是指家长所提的教育要求应符合子女的发展水平，使之稍作努力，便可获得成功；教育要求的渐进性，是指家长所提的教育要求符合从易到难、从简到繁的顺序，考虑到知、情、意、行的相互关系形成系列；教育要求的实效性，是指家庭教育中对子女的任何要求，不应徒有形式，而在于使教育要求为子女所接受，转化成为子女的观念和行为，有效地促进子女长大成人、发展成才。

当前，我国家庭教育在家长对子女的教育要求方面，存在过严或过宽两种偏向，在独生子女的家庭教育中，表现尤为突出。有些家长对子女期望过高，要求过严，他们按照个人愿望要求子女，施以高压和限制的专制型教育，这类家长不准子女逾越常规，稍有不服管教的表现，便横加指责，非打即骂，严厉惩罚。有研究资料指出：要求管教过严，子女的认识水平提高就慢，顺应性减弱，反社会的越轨行为也会增多。另一些家长则对子女很少提出教育要求，或即使有些要求，也不督促子女严格执行，听之任之。这类家长大都对子女娇惯溺爱，亲子关系超越了适宜的限度，对子女经常性地盲目称赞、过度保护和过分迁就，正如宋代朱熹所说："溺爱者不明"，家长溺爱子女，会促使子女形成幼稚、反抗、神经质、依赖、懒惰、懦弱等个性特征，有的甚至纵子从恶，造成悲剧。

家长对子女教育要求的适当合理，可以转化为子女的自身需求。比如，要求子女从事有趣的学习，要求他们注意力集中，态度认真，可以满足子女求知、自尊及获得成功的需求；要求子女遵守集体规则，与同龄伙伴友好相处，能够满足儿童社会交往的需求，使他们体验到共同游戏的愉快与和睦相处的乐趣。儿童的合理需求获得满足后带来的积极情绪，对启迪他们的聪明才智、培养热情开朗的性格和健全的个性品质有深远影响。

五、教育一致性原则

家庭教育应将来自各方的教育影响加以协调，使家庭成员的教育价值观、教育要求和手段、方法一致起来，前后贯通，从而保证子女的个性品质按照正确的培养方向发展。

随着社会改革，现代家庭呈现出变化加速、矛盾增多、要求提高、内容更新、关系互惠等特点。市场经济格局的形成，社会机构组织的重新组合，个人思想、观念、行为及生活方式的变化，使整个社会风气和习俗变迁的步伐加快；社会思想观念，科技、文化、教育在迅猛发展的潮流中，形成鲜明落差；由于知识激增，导致对智能要求的高标准，人们的社会参与意识提高，竞争意识加剧；人际关系之间力求平等，现实互惠……这些影响，使得家庭教育的各方影响存在着诸多矛盾。特别是在改革开放的形势下，家庭成员的社会交往频繁，生活范围扩大，书刊影视等信息量猛增，作为家长如何协调各方的教育影响力量，就显得格外重要。着眼点应放在形成教育影响的“合力”上。

家庭教育中，教育一致性的基本要求是：首先，家庭成员间的教育目标和教育要求要一致，及时互通情报，共同研究教育子女的问题，互相配合，彼此维护威信。父母和老人取得教育子女的一致见解，有分歧看法不可当着子女的面争论。家庭成员间的教育态度和方式也应基本一致，不可有的过严、有的过宽，使子女无所适从。其次，家长应主动创造对子女教育的良好环境，配合学校，加强对子女的学习辅导和生活指导。家长要特别重视儿童身心发展的关键期，及时开发智力、培养个性，要主动配合学校对青少年子女进行青春期教育。与此同时，家长要注意研究子女身心发展特点，做到教育前后连贯衔接。时松时紧、断断续续，不利于子女良好思想品德的形成。教育的前后一致，是指基本要求的一致。但随着儿童的成长与发展，要求应加深、提高。只有当家庭教育与学校教育、社会教育密切结合，正规教育和非正规教育相结合，才能对儿童形成强有力的教育影响空间。学校的计划教育与家庭、社会的“随机而教”“遇物而诲”形成整体，才能获得最佳的育人效应。

当前，我国家庭在价值取向、亲子关系及成员心理适应等方面的变化，为家庭教育提出了新课题。在强调家庭的社会功能的同时，越来越明显地看到家庭在促进个性健全发展方面的功能和意义；突出了改革对社会，对个人自我完善、自我发展的意义，以及家庭教育有助于帮助成员克服困难、谋求生存与发展，树立不断进取、不断成功的乐观态度。

总之，只有在家庭教育中认真遵循上述基本原则，坚持向子女进行德、智、体、美、劳全面发展教育，采用科学的教育方法，才能收到科学育人的成效。

根据全面发展的主要内容，下述各节将从家庭的健康教育、情感教育、智能教育及人生指导几个主要方面阐述家庭教育的具体内容。

第二节　家庭的健康教育

一、身心健康与身心卫生

人的健康包括身体健康和心理健康两方面。

身体健康是在先天遗传与后天习得的基础上表现出来的机体功能和形态上的良好状态。具体是指生长发育良好，形态无异常；各器官、各系统生理机能正常；身体无疾病等。生长发育是否正常，卫生保健部门可根据各年龄指标进行测定。身体健康还表现在身体的良好素质和运动能力水平上，即一个人在运动时表现在速度、耐力、力量、柔韧、协调等方面的素质和走、跑、跳、投掷、攀登、钻爬等基本动作的水平上。此外，健康的人对外界环境的适应性及对疾病的抵抗力很强，对周围社会生活及自然环境的变化有良好的适应，能保持机体与环境的平衡、和谐。

心理健康则表现在一个人内部心理状态的平衡和内部心理活动同外部世界的协调上。心理健康的人具有乐观开朗的性格、积极奋发的精神状态，他们能面对现实，具有平和稳定的情绪，情趣广泛；心理健康还表现在对社会生活的良好适应，诸如在入学、谋职、友谊、婚姻等问题上能随机应变、正确处理；心理健康还表现在精力充沛、求知欲旺盛、智力发展良好、具有创造精神；心理健康的人在面对生活中的困难与挫折时，态度积极，冷静沉着，试图运用有效方法解决问题，而不知难而退、气馁消沉；在与他人交往中，心理健康的人主动热情，尊重、信任、赞美等积极情绪多于畏惧、憎恶、嫉妒等消极情绪。

心理健康是以生理健康为基础，在人生各阶段逐步形成和发展的促进和增强心理健康需要的多方面活动内容。如：加强对人体脑神经系统保护及预防损伤的各种卫生保健服务；参与使心理需要获得满足、情绪困扰减少到最低限度的有益活动；改善社会环境、家庭环境，强化社会组织的心理卫生功能等。

心理健康是教育的目的，心理卫生保健是教育的手段。就家庭教育来说，加强对子女的生理和心理卫生工作，是促进其身心健康必要的教育内容。

（一）生理卫生保健

为了保证家庭正常和幸福的生活，每个成员都应做定期的健康检查。对正处于生长发育的子女，首先，家长应该全面细致地了解他们的健康状况，对照正常儿童身心发展指标特点，有针对性地做好卫生保健工作。其次，应针对子女不同年龄阶段生长发育、新陈代谢特点，了解他们对能量及营养素的需求，为他们提供合理膳食，并注意培养其良好的卫生习惯。再次，家长要注意疾病的防治工作，在定期、全面的体格检查中，及时发现各种病症的早期症状，采取必要的防治手段；同时，还要为子女制定合理的家庭生活制度，安排充实、健康的生活内容，鼓励子女参加有益健康的体育活动，注意活动中的安全卫生教育。最后，还要注意改善家庭生活条件，做好环境卫生；对于正处于青春发育期的少年子女，还必须进行适时的青春期卫生教育。

（二）家庭的心理卫生保健工作

心理卫生保健工作一般分三个层次：一为初级预防，这是积极的预防，指在家庭生活中不断充实和促进子女的心理健康条件；二级预防是指对子女心理异常的早期发现和治疗，防止其发展；三级预防则指预防曾患过心理疾病、目前已恢复健康的子女病情的复发，或减少和排除心理疾病可能引起的残障现象。作为家长，首先要加强对子女的初级预防，积极创设良好的生活条件，保持和谐、愉快的家庭气氛，丰富健康的生活内容等；对于二、三级预防更不能忽视，如发现子女有心理疾病的征兆，应及早求医，家长积极配合心理保健医生，做好心理卫生工作。

不同年龄阶段的心理卫生保健具有不同的内容和要求，一般应注意如下几方面工作。

1. **了解并满足子女的合理需求**

需求是激发动机、引导行动的源泉。需求的满足与否，能导致产生积极或消极的情绪，影响个性的形成与发展。人们的需求有生理的、心理的、社会方面的。在教育和环境的影响下，子女的需求内容与要求不断发展和变化，家庭教育应针对子女身心发展的程序特点，适时地以适当的内容和方法，满足他们的合理需求，提出明确的教育要求，从而促进子女的发展。例如，一岁左右的婴儿有明显的依恋感，需要爱抚，父母则应给予体贴入微的关怀、爱护和照顾，使他们产生平和而愉快的情绪和对父母的信任感、安全感，并在此基础上发展社会化行为。子女进入青春少年时期，他们的独立性得到发展，开始表现出闭锁性心理特点，他们不再需要依赖父母，而产生了建立同伴友谊的强烈需要。作为家长，应该理解少年子女的心理特征，创造子女与同龄伙伴交往的条件，指导活动的方式，发展他们的独立自主行为。满足子女这一合理需求，对促进青少年心理健康具有显著意义。

人的需要有合理与不合理之分，那些超越现实可能性，或有碍身心健康的需求，是不合理的。作为家长，对子女的合理需要，应积极创造条件予以满足；对那些不合理的需要，则应该给予解释和诱导，帮助子女理解并改变那些不合理的需要。当前，许多家长为了孩子高兴，对子女的需求不加分析，一切有求必应、迁就满足，由此促成子女任性、霸道、自私、嫉妒等不健康心理，这是家庭教育中应引起家长重视的问题。

一个人的需要是多方面的，欲望没有止境，随着年龄的增长，需要和欲望日益复杂化并会不断发展变化。家庭教育需要同学校、社会配合起来，才能有效地发展孩子的合理需求，抑制他们过分的欲望，促进子女的心理健康。

2. **注重开发子女的智慧潜能**

现代社会和未来世界需要高智能型人才，智能的高低是反映一个人心理健康的又一指标。在现代社会激烈竞争的环境中，人们需要有高度发展的智能。然而，人们对产生智能的大脑的使用还缺乏足够认识，人类的智慧潜能远未开掘。

人们的大脑，包括操纵语言、具有逻辑思维功能的左脑和具有非逻辑功能，产生直觉、形象、想象、思维的右脑。我国传统教育重在左脑的使用，而对创造力源泉的右脑使用不足，并且左脑的潜力也远未充分挖掘。因此，在家庭教育中，要注重全脑潜能的开发，并要特别注意开发右脑潜力。

目前，在家庭教育中，要求年幼子女不解其意地死记硬背古诗、辅导子女依照统一教科书选择正确答案、单纯训练抽象的心算能力等都是过分强调使用左脑的做法。随着脑生理学的揭秘，单纯的左脑开发显然无法适应高科技发展的现代社会。研究表明，幼儿时期已开始形成自己的用脑习惯。只有帮助子女认识到自己的用脑习惯，并积极锻炼使用右脑，使左右脑协调发展，才能使大脑潜能得到充分发挥。

对子女智能发展具有明显作用的影响力表现在：第一，家长的成就动机及升学期望。家长对子女的成就动机与期望成为挖掘子女智能潜力的重要动力。第二，注重子女形象思维能力的训练。人们的思维过程总是先由右脑产生形象，再运用左脑使其语言化，是左、右脑协调活动的结果。家长注意教育子女阅读文艺作品、观看文艺活动、参加有趣的体育比赛、开展游戏活动，都能达到激活右脑、促进左脑活动的目的。第三，鼓励子女的创造性活动。科学家爱因斯坦说："我思考问题时，不是用语言进行思考，而是用活跃的跳跃的形象进行思考。当这种思考完成之后，我要花很大力气把它们转换成语言。"他创造相对论的智能活动正是运用形象思维思考问题，并不断使用左脑修正形象，交替作用左右脑的结果。这是因为创造性活动是从想象开始的，先由右脑工作，继而由左脑引导，左右脑协同活动，直接转换为创造力。因此，家长鼓励子女自由联想，充分想象；为子女提供充分发挥独立性的机会；帮助孩子克服困难，获得成功，是充分开发智能潜力所必需的。第四，鼓励子女动手实践，加强左半身感觉训练。借助手指的运动神经，通过皮肤感觉，使掌管运动神经和感觉神经的右脑活跃起来；特别是左半身的感觉机能为右脑支配，多用左手、左脚、左耳、左视野，可以达到锻炼右脑、开发智能的目的。

3. 鼓励子女的正常交往活动

一个人出生便开始了他的社会生活，日益扩大与周围人们的交往。三四岁的幼儿有了与同龄伙伴交往玩耍的迫切需求。到了青少年期，儿童的交往范围越来越广，社会化情感和行为得到增强。社会交往可以互通信息，交流经验，体验行为准则，培养合作意识；增强性别、角色认同，加强自我意识。只有在正常的交往活动中，儿童的身心才能获得健康发展。

我国古代流传的“孟母择邻”的佳话，为家长提供了帮助子女择友的重要经验。青少年儿童在相互交往中，彼此模仿、认同，产生影响。“近朱者赤、近墨者黑”，说明了交往、择友对一个人成长的重要影响。然而在复杂的社会生活中，作为父母不能以防止不良影响为由，禁止子女与同伴的交往活动。有些家长，为了避免外界对子女的不良影响而限制子女的交往行动。长期的社会剥夺，将严重地影响子女的身心发展，形成智能低下、个性的非社会化倾向等不健康心理。

在家庭教育中，家长为子女创设社会交往的条件，鼓励他们与同龄子女开展有益身心的活动；了解子女在社会交往中的心态和问题，及时指导和帮助他们解决交往中遇到的难题，对促进子女的心理健康具有重要意义。

4. 关心子女性格的形成与发展

良好的性格是心理健康的标志，同时，又是促进身心健康的条件。性格是表现在人的态度和行为方面稳定的、起核心作用的个性特征，它贯穿于全部生活之中，影响着整个的精神生活。

儿童性格的形成和发展大体经过三个阶段：第一阶段是幼儿时期，他们的行为依从于具体的生活情境，并未形成巩固的态度和行为方式，他们的行为比较容易受到改造；第二阶段是学龄初期和学龄中期阶段，儿童正在形成比较稳固的行为习惯，性格的改造比较困难；第三阶段是青年期，行为受自觉的意识支配和制约，比较稳定的态度和行为习惯已经形成。这个阶段的性格改造就更加困难。因此，在家庭教育中，父母应重视子女早期性格的培养，为他们形成良好性格打下基础。

按国际通常对性格的五种分类看（A 型、B 型、C 型、D 型、E 型），具有 B 型和 D 型性格的人情绪稳定，社会适应性平衡，心理活动具有平衡性和外倾性特点；C 型性格情绪稳定，社会适应良好，心理活动具有内倾性特点；A 型与 E 型性格的人情绪表现不稳定，社会适应性较差，而心理活动的倾向，A 型是外倾性的，E 型是内倾性的。良好的性格是情绪稳定、社会适应性强、具有外倾性心理活动特征的性格。表现为乐观开朗，对现实生活的特征是关心集体、乐于助人、爱劳动、热情奔放、责任心强、自尊、自信等；其性格的意志特征表现为具有明确的目的性、自主性、有组织行为、勇敢、果断和坚定；其情绪特征表现为持久、强烈、能自我调节；其理智特征表现为勤于动脑、想象力丰富、思维活跃、创造力强。家长注意培养子女具有乐观开朗的性格特征，是家庭心理卫生保健的重要内容。

第三节　家庭的情感教育

家长的心愿在于培养子女学会做人，走向成才。为达成此目标，家庭教育亦应坚持面向现代化、面向世界、面向未来，促进子女身心健全发展，培养他们具有宽广的胸怀、健康的体魄、丰富的创造力；重视教育子女追求“真、善、美”，发展理性的、伦理的道德情感；培养他们对社会、对自然界美好事物的向往与追求等高尚的情操。

一、情感教育是家庭品德教育的核心内容

情感是受认识制约，推动人们有所追求和奋斗的心理驱力，是道德观念转化为道德行为的中介，是使儿童的道德意识升华为信念，形成道德情感，进而外化为道德行为，使知、情、意、行达到统一的心理动因。家庭的品德教育是紧紧围绕道德意识、道德情感、道德意志和道德行为习惯这四个方面进行的。作为父母，要使子女在家庭中形成精细的、温存的、敏感的、富有同情心的心灵。要教育子女不仅用头脑和理智，更重要的是学会用心灵去认识外部世界，处理现实生活中的问题。在知、情、意、行这一道德结构中，知是道德品质的理智特征，表现在道德判断和道德评价上，也表现在道德是非观念上，如对善恶、荣誉、幸福等的认识，它是道德行为的前提。而情，作为道德品质的情感特征，它具有强烈的驱动力，能激发人们追求真理，是克服困难的精神力量；它调节着个人言行，指导道德行为方向。只有借助情感教育，美化子女的心灵，才能使他们学会做人，正确地去追求人生价值。

一个人的高尚情操、良好品德，首先是童年时代在家庭中培养起来的。孩子们从小就开始思考好坏、善恶问题，多数是从父母那里去寻求答案。作为父

母，应该积极创造条件，使子女在家庭生活中获得健全的个性，发展积极的情感。随着年龄的增长，子女不仅从家庭中得到直觉的道德形象的情感体验，而且从父母及家庭成员的身上受到具有社会性内容的情感熏陶，从而形成了是非观念、善恶标准及爱国主义、集体主义、爱劳动、爱科学、责任心、义务感等。父母的职业、家庭的文化氛围、家长的期望，在对子女的情感教育中产生了强有力的潜移默化的影响作用。父母的文化水平、职业及对子女的期望，对幼儿形成积极情感和良好品德均达到显著水平。说明家庭的文化氛围、家长的职业及期望指向等因素，都会转化为对子女的日常要求，并始终反映和渗透在家长自己的行为、态度和习惯上，进而影响到子女的情感和个性。

二、家庭情感教育的主要内容

（一）促进儿童理智感的发展

理智感是人们在判断事物是否符合个人认定的真理标准时所产生的情感体验。如果符合个人认定的真理标准，感到道理讲得透彻，就会产生佩服之感或自愧不如。理智感是以理智信条为基础的。在家庭教育中，注意提高子女的知识水平和认知能力，发展他们的理智感，使之疾恶如仇，从善如流，才能维护真理，反对谬误。一个人具有高尚的理智感，才会成为为正义和真理奋斗的革命者和科学家。

理智感的发展是在与他人交往、学习他人经验、掌握社会行为准则中实现的。作为家长，要为子女提供交往活动的环境和条件，从而提高他们的社会化水平。父母和家庭是影响儿童社会化进程的第一个也是最重要的因素。在现实生活中，有些家长为了避免子女受到外界的不良影响，限制子女同他人交往，使孩子习惯于孤独地生活，其结果不但影响了子女个性社会化的进程，也影响了子女高尚理智感的形成。

儿童自我意识的发展，是直接影响情感教育效果及其道德品质发展水平的又一个重要因素。自我意识在儿童品德发展和个性形成中具有定向和调节控制作用。当他们意识到个人在社会生活某种道德环境中的地位和作用时，道德观念将随之提高，并促使他主动去掌握有关的社会经验和道德规范，调节自己的情感和行为。自我意识的发展，有利于道德判断独立性、原则性、批判性的培养，有助于道德情感和良好品德的形成。

（二）促进子女道德感的形成与发展

道德感是由别人或个人的行为是否符合自己相信的道德标准引起的，诸如对他人做了好事的敬慕感、自愧不如的惭愧感、个人做了好事的自慰感、做了错事的内疚感等。道德感取决于复杂的情感对象是否符合个人的道德信条。当人们满足儿童的心理需求和社会需求时，也就是说，他们的社交活动得到满足、自尊自信得到肯定、求知求美的心情得到理解时，便会产生积极奋进的情绪体验，由此影响他们的动机、目的、爱好、理想、信念、世界观的形成，影响他们对善恶、义务、良心、荣誉、幸福、节操、正直等道德情感的发展。一般说来，积极进取的心态，促使儿童的道德水准有所提高；消极的心态，会改变儿童原有的品德特征。

在儿童道德感的培养中，家长的情感具有至关重要的作用。温馨和睦的家庭气氛，有助于子女形成积极的生活目标、道德观念和道德情感。父母不和、分居离异对子女道德情感的形成会产生不良影响。研究材料表明：4～6岁离异家庭的儿童与同龄的完整家庭的儿童存在心理差异，亲子关系、同伴关系、控制能力、乐观情绪均差于完整家庭儿童，且他们所具有的“问题行为”多于完整家庭儿童。4～6岁是儿童个性的奠基阶段，此时造成的心理偏差会为日后的发展与教育带来很大困难。

（三）促进儿童美感的发展

美感教育是家庭美育的基本内容。美感是指周围的自然景物或社会生活中人的言论、行为、思想符合人美的需要产生的情感体验。美感是家庭情感教育的基本内容之一。我国近代教育家蔡元培先生说过：“人人都有感情，而并非都有伟大而高尚的行为，这是由于感情推动力的薄弱。要转弱为强，转薄为厚，有待于陶养。”陶养的工具为美的对象，陶养的作用叫作“美育”，而陶养的内容就是美感。

美感教育有陶冶情操、塑造心灵的功能。儿童美感的发展是开发智力、启迪创造才能、培养意志、净化灵魂、愉悦精神、增进健康的钥匙。

美的情感教育是以认知为基础，通过想象自由扩展和抒发，与理解的深度密切相关。由此可见，家庭以美感为内容的情感教育与理智感、道德感的发展相联系，包括思想美、品德美、情操美、性格美、习惯美、语言美、行为美、风度美、仪表美等多方面的内容。家庭情感教育在促进上述各方面的美感教育中，应着重培养儿童的审美感受力、鉴赏美的能力、创造美的能力、表达美的能力及丰富的审美情趣等。

家庭情感教育中的美育，应针对儿童不同年龄阶段的特点进行。婴幼儿时期，以引导他们到大自然、艺术世界中培养对美的兴趣和爱好为重点，使之注意欣赏周围生活中的美好事物和现象，并利用游戏活动促进美感的发展，在丰富生活印象中，培养创造美的能力。对童年期的儿童，则应以对审美对象的形式、结构、形态的直观感受能力、审美想象力，加强对儿童情感的理性调节等方面为重点。少年期的儿童，以审美的理解力，广泛的审美情趣、审美的表现力和创造力方面为重点。青年期则应以培养青年按照美的规律提高审美理解力、表现力和创造力，培养高尚审美情感、正确审美观教育为重点。

（四）促进儿童实践感的发展

人们在各种丰富多样的实践活动中所形成的情绪体验是家庭情感教育的又一内容。儿童在劳动、学习、运动、游戏等实践活动中，或因对活动本身的兴趣，或因掌握了某种技能技巧，也可能通过努力探索取得了满意成果，都会带来积极的愉快的情绪。而枯燥单调、消耗精力、过度疲劳、紧张或毫无成果和收获，都会引起消极的情绪反应。实践感的范围、内容、强度有所差别，家庭的情感教育应以促进积极的、强烈的高级情感为重点。

劳动是人类生存的基础，也是促进儿童身心健全发展的实践活动，当前在独生子女教育中，劳动实践在情感教育中占有重要地位。作为家长，要教育子女把劳动体验作为人生必要的活动，体验为克服困难焕发朝气的源泉，体验为顺利完成任务的快乐感受，使子女不仅对劳动过程而且对劳动成果产生愉快和珍惜的情感。为了培养子女热爱劳动的情感，家长必须摒弃包办代替、过度教育的错误态度，树立“人才自古多艰难”的教育观念，对子女适当施以必要的劣性刺激（艰苦的、困难的、劳心劳力的），从而收到促进儿童身心健康发展的效果。

在实践感范围内，还有一种与创造性劳动有关的情感形态，即创造感。社会需要创造性人才，应在早期的家庭教育中重视创造感的培养。为子女创造条件，使他们有机会在动手创造新的事物形象中，体验到欢欣鼓舞；在探索创造性活动的过程中，情绪高涨；在遇到失败时，体验到情绪的不安和失望；在正确解决困难获得成功时，体验到快慰等。

马克思指出：“生产劳动给每个人提供了全面发展和表现自己全部，即体力和脑力的能力的机会。”在当前高科技迅猛发展的现代社会，以电脑为标志的自动化生产，开辟了人类的新纪元，由此，人们摆脱了繁重的体力劳动，从直接的物质生产中解放出来，更多地从事某种欢快的、产生美感的、体脑结合的创造性劳动。从这个角度出发，家庭教育中，鼓励子女动手、动脑，从事力所能及的劳动技术活动，是培养他们具有高尚情操及完美个性的不可忽视的内容。

三、家长期望在家庭情感教育中的作用

家长对子女的期望，是家庭情感教育中的隐性内容，对子女身心健康发展有明显的导向作用，并能产生罗森塔尔效应。家长的期望是家庭教育目标的具体反映，受家长的教育价值观的制约。家长对子女的期望，通常以暗示、提问、辅导等方式表现出来。子女获得了父母的期望信息，进一步加深了亲子情，增强了信任感，以积极的行为回答父母的期望。而家长也会以深切的感情和期望投向子女，喜爱子女，并由此激起子女积极向上的热情。罗森塔尔效应是以学生理解并经过努力能够实现教师期望为前提的，期望值过高，使学生屡遭挫折，导致只能产生与教师期望相反的消极效果。研究资料指出：父母的文化程度、职业、家庭结构和是否是独生子女，均是家长对子女期望的影响因素。这些影响因素，有的通过影响家长的教育观念而发生作用，有

的通过影响家长的学习辅导能力而发生作用，有的通过影响对子女的教育投入而发生作用……可以肯定，家长的文化程度、社会经济地位、是否是独生子女，都会影响对子女的期望大小，并进而影响子女的身心发展。而使全国为之震惊的家庭教育惨剧“夏斐之死”，则是家长的过高期望导致消极恶果的典型。因此，在家庭情感教育中，及时调整或矫正家长的期望心理，是一项必要而有效的内容。

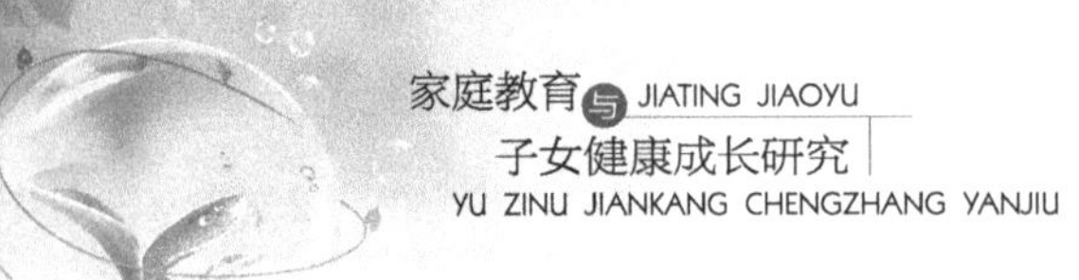

第四节　家庭的智能教育

家庭智能教育的主要内容包括：帮助子女扩大知识领域、发展智力才能、培养技能技巧等方面。

一、扩大知识领域

儿童的智力才能的发展，是在掌握知识过程中实现的。为了发展子女的聪明才智，注意不断扩大他们的知识领域，具有重要意义。陈鹤琴先生说过："教儿童直接与大自然大社会相接触，发现环境中的新事物，认识周围的世界。"陶行知先生也说过："我们要解放小孩子的空间，让他们去接触大自然中的花草、树木、青山、绿水、日月、星辰以及大社会中之士、农、工、商，三教九流，自由地对宇宙发问，与万物为友，并且向中外古今三百六十行学习。"从古至今，周围世界、大自然、大社会是人类智慧取之不尽的源泉，而好奇心则是打开知识大门的门径。因此，家长要重视以生活为扩展知识的教材，以培养好奇、求知的愿望为手段，对子女进行启迪智慧的教育。

二、发展智力才能，培养智力品质

在人的智力结构中，观察力、注意力、记忆力、思维力、想象力、创造力都是基本因素。培养子女全面、正确、深入、细致观察事物的能力；专心致志、精神集中，稳定持久的注意力，及时、准确、敏捷、巩固的记忆力；广阔、深刻、独立、灵活、逻辑、创新的思维能力；丰富联想、自由创造的想象力，是发展其智力才能的必要品质。其中，创造力的培养是智力才能发展的核心因素。

富有创造力的儿童的特征，有以下几个方面：常常专心地倾听别人的讲话；说话和作文时常常使用类比和推断；能较好地掌握阅读、书写和描绘事物的技能；喜欢对权威性的观点提出疑问；爱寻根究底，弄清事物的来龙去脉；爱好细致地观看东西；非常希望把自己发现的东西告诉别人；即便在干扰严重的嘈杂环境中，仍埋头于自己的研究；不太注意时间；常常能从乍看起来不相干的事物中找出相互联系；即使走在街上或回到家里，仍然喜欢思考课堂上的东西；有较强的好奇心；常常自觉不自觉地运用实验手段进行研究；喜欢对事情的结果进行预测，并努力去证明自己预测的准确性；很少有心不在焉的时候；常常将已知的事物和学到的理论重新进行概括总结；喜欢自己决定学习和研究的课题；喜欢寻找所有的可能性……因此，家长在发展子女的智力才能中，要注意培养他们的独立性、疑问性、好奇性、创新性、目的性、坚持性、自制性和兴趣性等方面的心理素质。

三、培养必要的技能技巧和解决问题的能力

技能技巧是聪明才智的重要表现，将心智技能和动作技能运用于问题情境中，则是智力操作的解决问题的过程。家庭教育中，家长要创造条件，使子女有既动脑又动手的机会，并督促子女加强练习，使之在心智与动作的协调下，逐步形成迅速、准确、自动化的熟练技巧。家长可以帮助子女由音乐、舞蹈、绘画、美工、体育运动、弹琴、书法、劳动等途径，练习掌握动作的技能技巧；也可以结合子女解代数、证几何等，从数学计算及语言学习中，培养他们的心智技能技巧，这是培养子女聪明才智的重要途径。

为了培养子女的技能技巧及解决问题的能力，还要注意使他们保持积极的精神状态。当子女产生强烈的学习动机，情绪稳定、兴趣浓厚、高度专注之时，掌握心智技能和运动技能，解决问题就会比较顺利。因此，在家庭的智能教育中，应该同时加强对子女非智力因素的培养。

智力才能、技能技巧的掌握，不仅依靠左脑，更重要的是依靠右脑的积极活动。传统的教育主要重在左脑机能的开发，根据现代科学左、右脑分工

的理论，要提高儿童的图形、空间、形象等方面的认知能力，发展儿童的观察力、判断力、创造力、自主力及社会适应力，则需要重视对儿童右脑潜能的开发，真正做到人体潜能的全面发挥。这是关系到提高人的智能素质，造就现代化人才，使国家昌盛、民族兴旺、社会和谐、家庭幸福的大事情。

作为家长，关心右脑开发这一新的领域，并在家庭生活中注意对右脑的实际训练，如：加强对左手、左脚的训练，直观图形、音乐、绘画的训练，构思遐想、创造形象的训练等，都能为儿童提高右脑的活动能力和大脑的敏锐程度提供良好条件。

第五节　家庭教育中的人生指导

蔡元培先生指出："家庭者，人生最初之学校也。""一个人的思想的发展，知识的丰富，品德及良好习惯的养成，家庭教育实应负完全的责任。"子女从出生到长大成人，家庭教育贯穿其中，为人父母始终担负着对子女人生指导的责任。

家长对子女人生观的形成以及学习、谋职、交友、婚姻等方面给予关心和帮助，是结合人生具体的重大问题、实施全面发展综合教育的过程。

一、人生观指导

随着社会的发展和进步，人们在现实生活中面临许多选择，其中包含着对人生正确和错误的看法，即好与坏、是与非的判定。涉及人类生活问题的选择，反映了一个人的价值观、人生观。家庭应该教会子女面对人生，作出各种正确的选择。

中国教育家杨贤江主张对青少年实施"全人生指导"，着重提出了育人过程中培养"勤勉、执着、奋斗"三种人生品质。

在家庭教育中，父母也应注意培养子女的勤勉精神。勤勉精神源于劳动，在人生观指导中，家长应帮助子女树立正确的劳动观。幸福来源于劳动，价值依靠创造。家长要教育子女懂得劳动创造幸福生活的道理，体验与他人分享劳动成果的快乐。同时，还应教育子女懂得劳动离不开集体，离不开社会，否则个人价值无从体现。在劳动中，儿童经过实践，自我意识得到发展，自我中心观念逐步得到克服，理解个人、集体、社会的正常关系，从而学会调节和约束自己的行为，服从集体和社会的需要。

人生指导从早期幼儿开始，要培养他们执着追求和勇于奋斗的品质，最重要的是培养幼儿对生活充满情趣。兴趣是智慧的钥匙，也是理想追求的源泉。利用游戏指导幼儿体味人生的情趣和快乐，是卓有成效的手段。

对少年儿童来说，家长为了帮助他们逐步树立正确人生观，要着眼于解决好独立性与依赖性、反抗与服从、闭锁性与开放性的心理矛盾；帮助他们发展健康友谊，培养良好的兴趣和志向，使他们顺利度过“危险期”。

青年时期是确立人生观的重要阶段。理想是人生观的精神支柱，是人生观的重要组成部分。家庭教育应注意帮助青年子女树立正确的生活理想、职业理想和社会理想，从选择生活道路、确立生活目标开始，帮助他们选择未来职业，并逐步明确做人标准，树立崇高的社会理想。能否正确处理公与私、劳与逸、荣与辱的关系，影响着人生观的树立。对青年进行人生观的指导，要从培养他们心中有他人、有集体、有国家做起，并以帮助他人、服务集体、报效国家为荣，以追求个人安逸、损害他人、影响集体和国家利益为耻。

二、学习指导

学习是青少年儿童的主要活动形式和任务，教会子女学会学习，是家庭教育人生指导的重要内容。家庭的学习指导，指对子女的自学辅导，提高子女自学的积极性，教会子女掌握自学方法，培养他们具有良好的学习习惯。

由于家长的文化层次不同，在学习指导方面，会有不同的效果。然而作为家长，都应该关心子女的学习，并尽个人的努力给予力所能及的指导。

学习的目的是学会生存并获得发展，使子女掌握文化科学知识、技术以服务社会、造福人类。有了明确的学习目的，才能激励子女产生勤学的动机和善学的动力。家长在子女学习目的导向上，应破除光宗耀祖、追名逐利的狭隘观念；要脚踏实地，不可要求过高。有条件的家长还可以在学习方法上给予子女必要的指导。第一，要帮助子女在学习中掌握疲劳度。疲劳包括生理疲劳和心理疲劳，疲劳达到一定程度，学习效率就会下降。为此，家长要引导子女学会分配时间，掌握劳逸，使他们的大脑能够积极紧张又有弹性地工作，从而提高学习效率。第二，要帮助子女选择适当的学习内容，不可一味追求数量不顾质量，因负担过重而厌学；注意学习内容的少而精，并引导子女发展举一反三、触类旁通的创造性思维的能力。第三，家长指导子女学习方法要多样，运用多种形式的听、说、读、写、练，提高他们的学习兴趣。第四，要为子女创造整洁、安静、有条理的学习环境，保证他们有足够的自学空间与时间。

家庭的学习指导在引导子女完成学校学习任务外，还要鼓励他们课外学习，这是一种自由选择学习内容、方法灵活多样的自学。可以帮助子女加深理解教材内容，扩大知识领域，培养兴趣、爱好和自学能力。家长注意帮助子女选好课外读物，创造条件与他人交流、讨论，达到开阔眼界、启发思考的目的。

三、职业指导

我国是男女平权的社会主义国家，人民具有根据个人特长与志愿选择专业和谋职的自由。但是每个青少年儿童在成长过程中，如何选择最适合个人特点的职业目标，并为此作好各方面准备？家长应担负起职业指导的责任。

一个人的价值观、周围环境、心理因素、教育影响、文化水平都会影响其职业选择。家庭中，儿童的早期经验与其谋职的态度也会对职业选择产生影响。

职业选择的理论指出个人职业选择的四个阶段：幻想期：11 岁以前的儿童，根据自己的需要和兴趣，幻想自己想做的事；试验期：11 ～ 17 岁，根据个人的价值观和能力，作试验性选择；现实期：18 ～ 20 岁，根据现实因素（如教育机会、职业需要等），作实际考虑；具体化阶段：20 岁以后，确定个人所从事的职业，并就此制订定向的奋斗计划。从我国的教育实际看，大中城市学生高中后分流确定职业定向；广大农村多数在初中后分流，确定升学与就业的专业定向选择。作为家长，应在分流之前，根据子女的身心发展特点以及子女的兴趣、志愿，帮助他们进行职业选择指导。

职业指导中，家长可根据子女的早期家庭经验，帮助子女选择职业。研究证明，儿童的早期经验与择业倾向有某种联系：如受到家长关心爱护与教育要求严格的孩子，倾向于选择与人关系密切的职业；被排斥、忽视的孩子，倾向于选择与人不产生关系的职业；过度保护、过度教育的孩子，基于防御性，也可能选择与人不产生直接关系的职业；有些在家中受到排斥的孩子，为了情感上的补偿，也可能选择与人有关的职业。这种“职业选择早期决定论”认为，家庭氛围不同，将直接影响子女的择业态度、兴趣和能力。从这个意义上说，家庭教育的职业指导具有超越具体的职业指导的宽广含义。

我国当前的家庭教育存在着家长依据个人的价值观，强制子女早期职业定向，或将家长的意志强加于子女的现象。由于忽视了子女的心理素质、生活环境以及其他因素对职业选择方面的影响，家长对子女的职业指导往往是失败的。

四、交友指导

儿童从三四岁开始，便产生了与同龄伙伴交往、玩耍的要求，随着年龄的增长，他们的交往要求日益强烈，并不断扩大交往范围。但是，学龄初期儿童在交往中，情感表现脆弱而不稳定，并无深刻友情。进入少年期，在自发性合群心理和兴趣倾向的支配下，儿童有了比较稳定的交往范围，与三五个知心朋友开展小群体活动，密切了伙伴朋友的依存关系和友谊交往。同时，在少年性萌发期，对异性伙伴产生了好奇、害羞、喜欢接近的友情。到了青年期，子女的横向交往范围扩大，他们突破了封闭型交往圈，交往活动面向社会，结交志趣相近，需求、利益一致的朋友，社交内容丰富，交往方式也更加多样化。

家长对子女的交友指导，应着重做好下述几方面工作：第一，教育子女正确认识交往中的角色关系，使子女理解不同的交往关系具有不同的行为准则，交往中要分寸适度；第二，教育子女在交往中做到自尊、自重和关心他人，使交往关系正常协调；第三，以科学态度对待青少年阶段的异性交往问题，引导子女正确处理友谊、恋爱与学业的关系以及爱情与道德的关系，预防早恋，尊重社会习俗。

五、对青少年儿童越轨行为的指导

在青少年儿童身心发展的过程中，内外环境的迅速变化，社会与家庭对子女的高期望与家庭教育中违反科学的现象之间的矛盾，都会导致子女出现某种违背社会规范（法律及习惯规范）的反常行为。对此，家长有责任配合学校与社会，对子女进行必要的教育指导。首先，与学校合作，充实教育课程，加强教育的针对性；其次，要注意培养子女的自尊心，创造丰富生动的、子女乐于接受的家庭教育环境；再次，加强对子女情绪的指导，培养他们经受挫折的耐受力；最后，正确采用鼓励与批评的方式，帮助子女矫正越轨行为。

家长对子女的人生指导是贯穿在家庭生活之中的，同时，必须同学校教育、社会生活密切配合，方能卓有成效。

指导子女正确面对人生，是健康成长、完善个性的一个重要内容，包括对他们进行伦理道德教育，这是当前我国家庭教育中必须予以充分重视的教育问题。

家庭伦理道德教育的主要内容：教育子女理解并遵守人与人相互关系的道德准则。

第一，尊老、养老，善待父母，注重孝道。我国是具有优良传统的礼仪之邦，尊老、养老是社会公德。现代社会也应注重孝道。作为子女，对于父母、岳父母、公婆、祖父母、外祖父母以至养父母等长辈，都应尊敬，并承担赡养义务，使老人在正常的伦理关系中愉快生活，欢度晚年。

尊老主要指尊重老人的人格、生活习惯、兴趣爱好和意见，尊重他们的生活经验，遇事共同研究，寻找解决办法。养老指要保证老人物质和精神生活的基本需求，在老人年迈体衰、卧床养病的时候，子女能够细心照料，耐心服侍。

自尊心、孤独感、智力退化、怀旧是老年人普遍的心态，作为子女，应理解老年人心理，善待他们。

现代社会是高度发展的文明社会，发扬优良传统、提倡孝道是社会生活的正常需求。但新社会提倡的孝道，具有新的内涵，要做到合情、合理、合

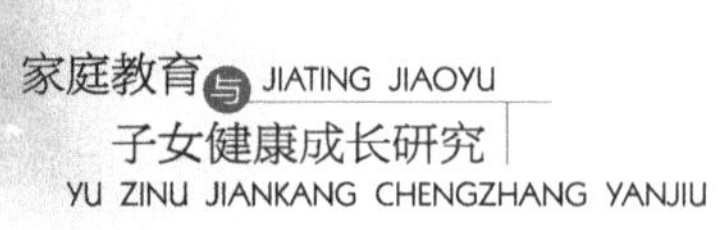

法：对待家中老人应以爱心为本，给予关怀照顾；子女尽孝应有理智，不可置老人于不顾，也不可走入极端；子女尽孝应以遵守社会法律为原则，不因亲情行违法之事。

第二，抚养教育未成年子女，形成正常的亲子关系。父母抚养子女是天职，也是社会义务。父母对子女的抚育不仅表现为体贴入微的生活照顾以及基本物质需求的满足，而且体现在关心子女的心理健康以及满足必要的精神需求方面。

父母对子女不仅负有养育责任，也有教育子女学会做人、培养成才的义务。从德、智、体诸方面精心培育，促其全面发展。

作为家长，还应正确对待子女犯错或失足犯罪，应主动弄清原因，热情帮助，耐心引导，帮助他们改过自新。

总之，父母子女之间是平等、民主及长幼有序的伦理关系。只有相互信任和尊重，才能在愉快幸福的家庭气氛中使子女健康成长。

第三，与亲友的良好关系。亲友之间的良好关系对子女来说是良好的人生教材。平时的书信往来、相互拜访，遇到困难时彼此相助，婚丧、年节时的礼仪相待等，不仅是增强家庭成员之间向心力的因素，也是教育子女学会处理人际伦理关系的契机。

现代社会打破了传统的封锁型交往囿于左邻右舍、三亲六故的狭小天地，开阔了青少年儿童的视野，使其开展意趣相投的社交。纵向有老师、师傅、长辈、领导等，横向有伙伴、同学、朋友、同事等，具有丰富的社会交往内容。尊师敬长、同志友谊、邻里友好都是家庭伦理教育的具体内容。

第三章

教育心理与学习心理

第一节　关键年龄概述

一、发现是教育的前提

发现是教育的前提。首先要发现每一个生命成长过程的关键点和关键环节，要做到心里有数，这个数在我们心里可以作为教育的依据。孩子的每一个年龄段我们应注意什么？我们该怎么做？这些数，主要是了解孩子。了解孩子不是我们的终极目的，终极目的是家长该以什么样的姿态面对孩子在这些年龄段的关键点和关键环节。

二、什么是关键年龄

什么是关键年龄呢？心理发展有一个从量变到质变的过程，有一个由许多小的质变构成一个大的质变和飞跃的过程。教育是渐变的过程，积累到一定程度就会表现为一个转变的时机或者转变的年龄特征，这个特征我们以年龄来认知它，但是更主要的认知是背后从小质变积累到大质变飞跃的这个过程。

三、重视过程的积累

认识关键年龄，知道它的存在，但更重视的应该是过程的积累。过程的积累就在于每一天，在于每一个时间点上带给孩子的影响，家长自身的状态带给孩子内心的积累的过程。认识关键年龄的目的：一是知道关键年龄的存在以及它的形成；二是重视人们平时过程的积累，过程的积累比知道这个关

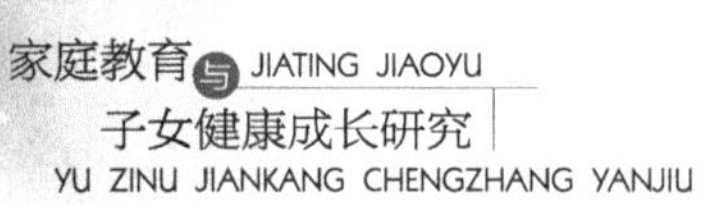

键年龄段的存在还要意义重大；三是知道关键年龄的存在，知道孩子每一个心理品质的飞跃、转变，都要求教育者以不同的姿态去面对。

家长应该以什么样的姿态去面对孩子不同的年龄转折？年龄转折指的是心理发展的转折。本来这个过程是没有关键年龄段的，为了认识更方便，便于家长自身作调整，更便于家长注意孩子每一个年龄段并积累、实施不同的教育内容，所以才人为地分了年龄段。

第二节　年龄特征与心理发展的关系

孩子的成长分为几个年龄段，主要依据是孩子的心理发展特点。

第一，0 ～ 1 岁是长骨髓的，是骨子里面的东西。0 ～ 1 岁这个关键阶段，最重要的教育是母亲的陪伴，如果这个年龄段母亲的陪伴缺失，孩子 7 岁以后会表现出明显的行为能力上的不足。

第二，1 ～ 3 岁是长骨头的，这一年龄段是孩子人格和心理结构形成的时期。心理学研究指出，如果把人在 17 岁时测得的智商定为 100%，那么有 50% 是在 3 岁之前发生。一个孩子出生后头三年的经历对其基本人格的形成有着不可替代的影响。这个阶段的孩子跟随什么样的人，接受什么样的教育，就会形成相应的性格。和孩子朝夕相处的成人所说的每一句话，所做的每一个动作，都可能会深深地烙印在孩子的心灵深处。

第三，3 ～ 7 岁这一年龄段的孩子长神经系统。孩子长大以后，兴趣发展的广度以及对外界反应的灵敏度和兴奋度，是由 3 ～ 7 岁之间家长给他的自由度的大小及家长对他生活空间的丰富程度决定的。

第四，学龄前、童年期，然后是少年期、青年初期，这些认知很简单，最重要的是要理解下面这一段话。

孩子关键年龄段每一步的发展都是以前一步的发展作为基础的，是有区别的。这个区别要求家长要调整状态去回应孩子，尤其是表情不善变的家长，其实教育孩子的过程，18 岁之前很丰富，所以做教育的享受就在这个地方，观察别人的生命，看待自己的生命，生命如此美丽多彩。

所以自己身边的孩子也好，周围的人也好，包括自己的生命，其自觉地、自然地发生一种变化的时候，作为教育者，我们能做多少事情，我们怎么样去做，就有了很充分的依据。

另外，每一个阶段都不能超越，也不能倒退，这就是生命的伟大。教育的重要性在于不可重复，不可逆转，只有这一次。所以对家长，尤其是对孩子心理发展影响比较大的家长来讲，只有一次，没有试验。

要求家长们在孩子 3 岁的时候要积累能教育 6 岁孩子的教育能量，在孩子 6 岁的时候要积累到能教育 12 岁孩子的教育能量。而这样的要求只是刚刚及格。这样塑造的人才是一个完整的人，否则培养的永远是一个孩子，是一个长不大的孩子。孩子长不大，家长的心就放不开，家长的手更放不开，面对孩子的诸多问题就束手无策。

第三节　小学阶段与中学阶段

一、小学三年级

人们常说，孩子要主动学习，在小学三年级之前不要谈这个话题：小学三年级这一年，孩子用一年的时间来实现学习主动性意识的确立。这一年，家长该干什么？首先，不谈作业，不谈学习，主要启蒙孩子去了解知识里面哪怕是一丁点儿让人兴奋的东西，或者是知识空间里让孩子感兴趣的东西。

另外，孩子的品德在这个时候开始萌发，也就是一个孩子的品德结构在这个时候慢慢确立，慢慢地往外长出大致的结构。在这一年里我们放得过野的话，孩子就不好收，这一年大概是 9 岁。

二、小学四年级

小学四年级是孩子从具体形象思维向逻辑思维发展的一个转折期，此时孩子的思维具有逻辑性，可以推理，可以算，可以琢磨。这也是小学四年级以后，五年级的数学题接近于初中数学题的一个理论依据。现在小学四年级的题目，尤其是数学题，逻辑性比较强，依据的就是人的年龄发展特点。入学早的孩子，可能在四年级的时候会遇到一个坎。可以让孩子上学的时候稍微慢半拍，比如正常孩子 6 岁上学，而推迟到 6 岁半上，宁晚不要早。

在这个年龄段家长要注意启发，让孩子以逻辑性的推理判断进行交流，做游戏，以及引导孩子注意生活中的一些细节。比如小学四年级之前，问孩子这道菜怎么做出来的，孩子可能会说是妈妈炒出来的。但是过了小学四年级他会说，先买菜，花多少钱，然后回来择菜洗菜切菜，怎么炒，放什么料，最后才端到桌子上去，他会有这样的判断。孩子到了这个年龄段，家长跟孩子交流事情的时候，也慢慢地走向这样具体的、具有推理性的状态。

三、初中二年级

初中二年级是孩子思维发展过程中的重要时期，孩子初中一年级与小学高年级的思维类型差不多，而到了初中二年级则是逻辑抽象思维的新起点，从这个时期开始，逻辑抽象思维开始从经验型初步向理论型发展。

中学阶段强调初中二年级，初中二年级关键在什么地方？第一个是学生的思维变化。培养初中学生学习能力的时候，提出一个更具体的、可操作的概念，即初中学生最重要的能力是概括能力。概括能力就是把具体的东西抽象化的能力：他们的思维特点已经发展到这一步了。刚进入初中一年级的孩子，如果概括能力、抽象能力比较强，他就能非常适应初中的学习，而且初中的知识会学起来很简单。

初中二年级的孩子，思维的质变既与生理有关，又与学习有关，而品德发展的飞跃却更多地与教育的地位和作用密切联系。

初中二年级是孩子品德发展的一个关键期，也就是孩子在 14 岁的时候，他的品德发展比启蒙思维的转变难度更大。因为 14 岁是孩子逆反最厉害的年龄段，这个时候要给他束缚的话，难度最大。孩子在小学三年级的时候是品德意识开始萌发、开始发展的阶段，到初中二年级，孩子就有了一定的高度、有了一定的判断、有了一定的标准、有了一定的道德自律能力。如果没有相应品质、品德的发展，从小学四年级到初中二年级还没有发展起来，他的逆反就完全可以把他的思维发展冲散，导致他完成这个思维品质转变的过程很漫长。这样的孩子我们叫学习的时候不入门，光下死功夫不提分，光上课外辅导班不长成绩。

不管是孩子品质的飞跃还是思维品质的转折，都与家长的定力以及对孩子的判断和内在教育状态的提升有直接的关系。

初中二年级是孩子的分水岭，教育 14 岁的孩子难度很大，没有经过积累的家长很难有能力去帮助孩子平稳地走过这一年。如果孩子逆反，与家长产生矛盾，首先是家长立不住，然后孩子拖延两个转折的过程，长不大，成绩也跟不上，家长干着急，一家人都进入到死胡同，进入到无奈的局面。无奈的时候就会盲目地去选择，有病乱投医。

因此，要求家长要具备良好的教育状态，只有这样才能帮孩子渡过这关键的一年，才能为孩子的顺利转变提供有效保障。

第四节　正确对待孩子的关键成熟期

一、孩子心理的定型期

孩子有一个关键期就是成熟期，高中一年级的期末或高中二年级的前半学期，这个时候孩子的思维品质、心理品质基本趋于定型。要说转折点，这个才是真正的转折点，因为从这个点上开始转向孩子和社会的对接，决定了孩子和社会的对接点。但是在这之前，在高中一年级甚至高中二年级之前，孩子出现的所有问题，我们都有时间去改变、去调整，而且改变的难度不大，到了成熟期，每个孩子的心理过程和个性特点基本上定型而且相对稳定。

二、孩子心理发展成熟的前后差异

在孩子的性格、心理成熟之前已经给家长留出来了修正的时间。如果家长了解了每一个年龄段孩子的特点，并且知道每一两年家长该做的事情，做完对比之后会发现欠缺的东西。如孩子心理发展成熟之后，可塑性就小了，需要我们花精力去实现孩子的思维品质、心理特点、性格结构和将来大学的专业、社会以及生活空间的对接。如果孩子某些心理特点再往下发展会给他后面的路带来很大影响，包括孩子的一些性格发展趋向，那就要在孩子十六七岁之前拿出时间和精力来给孩子作修正。

三、关键年龄没有绝对化

当然，也不能将关键年龄绝对化。关键年龄往往来自教育，所以，夸大关键年龄的作用是没有必要的。

关键年龄段因人而异，不要绝对化，有的孩子早半年，有的孩子晚半年，甚至晚一年。因为现在孩子的心理年龄普遍滞后，正常发展是这样一个规律，如果孩子稍微滞后一点，别着急，家长调整自己的状态，促使孩子的生理年龄和心理年龄平衡发展，发展到一致的时候，再看每一个年龄段该以什么样的姿态去对应他的成长。

只要用心去感应孩子，那么在每一个点上，都能自觉地感觉到孩子的变化。

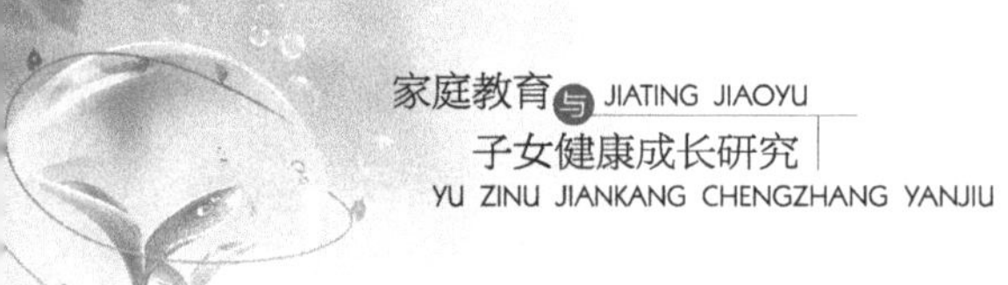

第五节　孩子能力与非智力心理发展的关键期

一、孩子数学能力萌发的关键点

2 岁半左右是孩子数学能力萌发的关键点。这个时候带着孩子走路随便喊一二一，数一数路边的树，他数对数错都没关系，而是让他知道这个世界是可以数字化的。比如数他的手指头，他可以随便数，他知道有数字，知道一二三四五就行。在孩子数学能力的萌发阶段，需要家长有意识地作这样的回应，但不能晚上睡觉的时候讲故事讲的是《数学思想史》这样的东西，这时候绝对不行。

二、孩子树立自我意识、规则意识的关键点

3 岁左右的孩子开始学习自我约束，孩子人生的第一个逆反期出现在 2 岁半左右。这个时候女儿特别讨厌妈妈，而跟爸爸建立紧密关系；儿子比较讨厌爸爸，就从 2 岁到 2 岁半开始，如果爸爸不在家，他这一步就没有发展，就没有释放的空间。如果是女儿，妈妈不在她身边，她这一步也没有发展，如果孩子的这个逆反发展得不充分，到 3 岁左右的自我约束包括规则意识就很难树立。孩子在 3 岁左右开始树立自我意识和规则，这个时候家长跟孩子做游戏就要有意识地确立游戏规则，比如玩木头人，怎么样才算木头人呢？让孩子说了算。

三、孩子动手能力开始发展成熟的关键期

3 岁半左右是孩子的动手能力开始发展成熟的关键期。在孩子会站起来直

立行走之前，他爬行的时间要足够，然后动手能力在这个时候才能达到这样的一个关键期；如果孩子爬行的时间不够，甚至没有经过爬行的孩子，直接站起来走路，这个关键期要往后移一年左右。在孩子的成长过程中，从他站起来学走路，他就开始学习，但是前面要有 3 ～ 5 个月的爬行时间，爬行的时间越充分，孩子后面的发展节奏就越有规律。孩子会走路，早晚不重要，关键是爬行的时间要充分。引导孩子做一件事不难，关键是前面的铺垫要充分。

四、孩子独立性开始建立的关键期

3 岁半左右是孩子独立性开始建立的关键期，没办法和家长分床睡的孩子，在这个年龄段我们要多给他独立的机会，这个时候，成长是孩子的意识，他内心觉得我自己独立起来是正常的。如果这个时候我们没创造这样的条件，孩子的这个意识是模糊的，甚至会向相反的方向发展，形成对父母的心理依赖。

五、孩子注意力发展的关键期

3 岁半左右是孩子注意力发展的关键期，这个时期不管孩子干什么，比如看电视很专注，我们就给他足够的时间专注。因为这个能力这个意识一旦萌发起来，他后面的成长就会很自然，包括他对人们的注意力。能不能让孩子和大人之间形成很好的交流，注意力的发展在这一步也很关键，3 ～ 7 岁之间，要求家长做的事情很多，但是我们有很多家长在孩子 2 岁左右就将其送到幼儿园，在这个年龄段，幼儿园其实很难做到去引导孩子树立这两种意识，只有母亲和孩子之间这种自然的亲子关系才能去保护和启蒙他。所以说，真正启蒙孩子的第一个人是母亲，包括他的意识、能力以及一生的走向。

六、孩子音乐能力萌芽的关键期

3 ～ 5 岁是孩子的音乐能力萌芽的关键期，萌芽不是发展，所以这个时候千万不要让孩子去学音乐，先让这个小嫩芽长好了。7岁之前，是孩子的天性自然舒展的过程，家长不要参与。就像花开得漂亮绝对不是剪出来的，哪怕再普通的一片叶子，家长也绝对剪不出自然的状态来。

孩子音乐能力开始萌发，这个时候家长给孩子提供的音乐空间可以适当地多一些。在孩子3～5岁可以带他去看一些歌剧，听一些音乐会，他看不懂听不懂也没关系。

七、孩子初级观察能力开始形成的关键期

3～4岁是孩子初级观察能力形成的关键期，这个时候家长启蒙孩子的观察能力，主要采取的方式是绘画，用绘画表达。孩子小的家长要有读懂孩子表达的能力，也就是孩子发现的东西，他能以自己的一种特殊方式表达出来，家长要能读懂；不要以画得像与不像去指导孩子画画，这是很破坏孩子的观察能力的。

孩子在表达方面是家长的老师，他对一个事物的描述、他的观察，让家长从惊奇的角度去看待这个事物。人们常说小孩子发现的东西更接近于大学问，更接近于事情的本质，大人站得高了，看东西往往看得不清楚，孩子站得低，他更能接近于最真实的那一面。

八、孩子开始对知识、学习产生直接兴趣的关键期

4岁左右的孩子开始对知识产生兴趣，这个时候如果孩子对学习没兴趣，我们不要去给他讲，先不管这个对学习的兴趣，而要慢慢地介入孩子对知识的兴趣。

讲到兴趣，有两个教育心理学的概念，即直接兴趣和间接兴趣。家长要引导孩子对知识产生兴趣，前面还应该有一个间接兴趣。间接兴趣也就是一种转移的前提或不变的基础，想启蒙孩子任何一个兴趣都应是有依据的，都是以前面发展的其他兴趣为前提和基础，前面那个兴趣是后面这个兴趣的间接兴趣。

孩子在 4 岁之前不要给他带来强刺激，比如父母在孩子 3 岁的时候当着他的面打架，或者把孩子扔到门外边，说我不要你了这一类的话。这对于孩子来说就是强刺激，会令他感到恐惧。

产生直接兴趣就是要启发孩子的学习兴趣。在孩子 4 岁这一年，家长先把他玩的兴趣全面释放开，他动得足够了，就会静下来，给他一本小人书，他的学习兴趣就来了。

孩子 4 岁左右可以拿出一年的时间来奠定他一生对知识的兴趣，但是前面玩的时候一定要放开放足。

九、孩子掌握数学概念、进行抽象运算以及综合数学能力开始形成的关键期

什么是掌握数学概念？知道 5 比 3 大，这就叫数学概念。知道家里谁最厉害，谁不厉害，这也是数学概念。孩子的数学概念和大人不一样，因为这些概念在他头脑里分类、分层了。

5 岁是孩子抽象运算以及综合数学能力开始形成的关键期，这个综合数学能力是指他看待所有的事情，心里有一个数学的运算，自觉地去测量的一个过程。比如家里来三个客人，他就琢磨这三个客人，哪一个他最尊重，哪一个他可以忽略一下。

其实孩子的很多能力绝对不是家长讲道理给讲出来的，而是孩子自然就能长出来的，家长还教什么呢？孩子长出来的这些表现力非常强，而且永远不会消失，而家长讲的今天明白了，明天就忘了。

孩子在这个时候发展出来的能力都是本能，在这个时候释放得比较充分的孩子，将来他的数学能力会很强。想要知道孩子的学习能力，只需要看他的数学成绩。如果数学成绩一直很优秀，其他不行，那么这些不行的科目通过努力很快就能提起来。如果其他还凑合，数学能力最差，这就费劲了，要做的计划就长一些了。所以决定孩子数学学习能力和思维能力发展的这一年，我们怎么做是很关键的。

十、孩子抽象逻辑思维开始萌芽的关键期

5 岁半左右是孩子抽象逻辑思维开始萌芽的关键期。孩子在小学四年级逻辑思维能力的成长和表现，要看他在 5 岁半左右萌发得是否充分。如果孩子 5 岁半左右我们给他报一个班，让他没时间去长这个芽，到小学四年级的时候，他在这方面的能力就会低，反应就会慢。

十一、孩子掌握语法、理解抽象词汇、记忆综合语言能力开始形成的关键期

5 岁半左右是孩子语言表达能力开始形成的关键期。这种能力的基础就是在这个年龄段，包括在这之前，从他自言自语开始，家长就要努力地学会做一个倾听者，你能听多少，孩子就能表达多少。话比较碎的家长，就会把孩子各种能力的萌发给压下去。

理解抽象词汇，一个抽象的东西或者超出了他认知能力的一个概念，他会问那是什么意思，那是什么。他开始问，他开始探寻一种解释。孩子将来作文写得怎么样，他的表达能力怎么样，5 岁这一年很关键。

十二、孩子悟性开始萌芽的关键期

孩子的学习能力实际在 7 岁之前就已经确立了。悟性对一个人来讲很重要，有悟性的孩子实际上是内心有了路的人。悟性好的孩子永远有心路，内心有路，遇到任何一件事他都有自己的思路和策略。悟性高的孩子做事从来不直接碰事，他先绕个弯，先把影响他的人绕到一边去，再达到他的目的。

十三、孩子学习心态、学习习惯以及学习成功感开始产生的关键期

5 岁这一年决定了孩子初中二年级这一年整个品质的发展。初中二年级孩

子的自信度，在孩子 5 岁这个时候是基础，也是萌芽的时期。真正的大教育家是非常善于种种子的，善于在孩子萌芽状态时去施加影响。

苗木真正长成了再去修剪，估计一般的工匠都会做，真正厉害的是培养那些花苗的人，比培养花苗更厉害的是研发和培育种子的人。家长要努力，学会培育种子和培育嫩芽。

十四、孩子社会组织能力开始形成的关键期

6 岁左右是孩子的社会组织能力开始形成的关键期，这个时候开始让孩子去交朋友，甚至选择判断朋友。在这之前，如果孩子和别的小孩玩得不好，比如有的孩子不敢和大孩子玩，有的不愿和小孩子玩，都要作相应调整，调整到孩子的大部分朋友是同龄的，跟比他小的能玩，跟比他大的也能玩，但更多的是他的同龄朋友。

小学一年级是孩子社会组织能力开始形成的时期，这个时候不要在乎孩子的成绩，要让孩子交朋友。因为组织能力决定了孩子今后上学人际关系的处理能力和与人相处的能力，这个能力到了一定年龄段会高于他的学识、高于他的学习能力。

十五、孩子创造性开始成熟的关键期

6 岁左右是孩子创造性开始成熟的关键期，这个时候孩子可以创造出属于自己个性特点的东西，可以用这种创造能力来表达自我，也可以创造出完整成熟的系列作品。在这之前，孩子的创造性都在发展的过程中。

十六、孩子观察能力开始成熟的关键期

6 岁左右的孩子观察能力开始成熟，孩子有没有眼力见儿，眼睛里有没有活儿，能不能发现事情、判断事情、选择事情，在这个时候可以看出来。6 岁可以看出这个人长大后的基本形态是什么样子了。

十七、孩子超常能力结构开始建构并迅速发展的关键期

6岁左右是孩子超常能力开始建构并迅速发展的关键期。其实每一个孩子身上都有超常能力，但是世俗的、固定的教育认知把孩子的这些能力在还没长出来时就给压回去了。

做教育要宽容，家长能有多宽容就能容得下多大的孩子，包括情怀，情怀颠倒过来就是家长胸怀有多大，能承载多大的情感、情绪，决定了家长能给孩子留出多大的发展空间。有些孩子天生发展得不足，就是大人的情绪把他的发展空间给挤占了。

孩子7岁之前的教育，家长要尽可能地少干预，甚至不干预。不干预，从出生到7岁，如果大人能够真正放开的话，孩子自然的发展就能远远超越人为的教育。7岁之前，能够实现不人为地教育孩子，这样的人是很了不起的。

孩子的很多能力绝对不是人为就能够培养出来的，而是他生命本身往外释放、往外舒展的东西，是生命本身自带的。它要往外长，能不能让它往外长，就这么简单，不是家长去帮它长。

十八、孩子多路思维开始形成的关键期

7岁左右是孩子多路思维也就是立体思维开始形成的关键期。

小学生的思维方式是直线型思维，就像背乘法口诀一样，一直背到九九八十一，顺着这个线就往前走了。初中生的思维方式是平面思维，高中生的思维是立体思维；初中生的知识结构是平面结构，高中生的知识结构是立体结构。这些思维发展的一个基础点就是7岁左右，所以在9岁之前，包括小学阶段，尽可能地扩大孩子兴趣的广度。多一点兴趣，孩子的思路就多一条，将来孩子不仅平面思维空间发展得大，立体平面思维的空间也比别的孩子大。

十九、孩子操作能力开始形成的关键期

7岁左右是孩子操作能力开始形成的关键期，这个时候可以给孩子弄一些

组装玩具，可以让他试着制作一些有难度的东西，如让孩子自己动手去完成一件事，这与前面的动手能力不一样，这个是很完整甚至很有策略、很有程序性地去完成一件事的能力。

一定要理解关键期不是成熟期、不是发展期，要知道它的存在。

二十、孩子自学能力开始形成的关键期

8 岁左右，也就是小学二年级和三年级之间，这个时候是孩子自学能力开始形成的关键期。有的家长说孩子到了初中还需要家长辅导，这是因为孩子自学能力最初形成的关键期可能被忽略了，家长甚至没有意识到这个问题，所以导致孩子上初中还需辅导功课的结果。

二十一、孩子自我控制和坚持性开始成熟的关键期

8 岁左右是孩子自我控制和坚持性开始形成的关键期。孩子 8 岁左右是遇到小困难想努力坚持的时候，家长要让他坚持下去。比如玩，孩子玩得很尽兴的时候家长可以再让他玩一会儿，不要吝惜时间，在玩的过程中他的很多能力可以得到充分的发展。

二十二、孩子阅读能力和综合知识学习能力开始萌发的关键期

8 岁左右是孩子阅读能力和综合知识学习能力开始萌发的关键期，这个时候可以适当地给孩子买些课外读物，而且书的反差性要大：比如今天买一本天文书，明天买一本地理书；今天买一本战争书，明天买一本科幻书，反差大才能够刺激和提升孩子的综合能力。

二十三、孩子欣赏艺术和美感心态形成萌芽的关键期

8 岁左右是孩子开始欣赏艺术和美感心态形成的关键期。家里养女儿的家

长，这句话要在意。欣赏艺术，要让女儿有高贵的气质，这个关键期一定要抓住，这一点要抓住。一个女孩子将来长大，她的魅力也在于她做事的艺术性，不管她长相如何，她的言行能带给人一种美感，那就是她的力量。母亲要带给孩子这种美感上的解读，让孩子觉得你很美，孩子透过你会看到这个生活空间很多美的东西。

二十四、孩子初级哲学思维产生的关键期

9 岁左右是孩子初级哲学思维产生的关键期。初级哲学思维，也就是孩子可以两面看事情，多角度看，甚至孩子在这个时候问出来很多我们想象不到的问题，因为他站在他的角度去辩证思考，哲学地看待这些问题。男孩子在这个年龄段要特别注意。

第六节　关键转折期

一、第一个关键转折期

孩子从出生到成年大体经历 6 个转折期，第一个关键转折期是 0 ～ 1 个月左右。这个 0 ～ 1 个月不是指生出来后，而是指在母体里最初形成的 0 ～ 1 个月。怀上孩子的第一个月，妈妈的情绪不好，老生气，经常哭，会对孩子后面的性格造成影响，这就是所谓的胎教。真正的胎教就是，母亲怀孩子的这 10 个月里面，母亲的整个情绪状态、精神状态、自信度和所有情绪对胎儿的影响，这个时候的教育是一流的，因为胎儿这个时候完全是被动地接受，这个时候的教育是任何教育家都没法做的。在第一个月胎儿还没成形的时候，母体的很多东西都在决定着他整体的、后面的东西。

二、第二个关键转折期

第二个关键转折期是 1 岁左右，这是孩子脱离母体之后的第一年。孩子生出来，母亲和他之间的距离和对他的保护很重要。

三、第三个关键转折期

第三个关键转折期是 3 岁左右，这个年龄段的内容比较多，特别需要引起我们的注意，这是一个很重要的关键期。从发展心理学角度来看，3 岁和 7 岁恰好是孩子最关键的两个年龄段，因为 3 岁要进幼儿园，孩子第一次从父母身边离开，接受学前教育。孩子 3 岁左右遭遇的心理困扰或创伤，会让他的一生有抑郁或焦虑的情绪，像一种底色，影响着他的心态，挥之不去。

在跟 3 岁左右的孩子交流时，请关注四点：一是他开始思考抽象的问题；二是他想弄明白生与死的问题；三是他需要持续的安全感；四是制定规则不能超越他的道德水平。

四、第四个关键转折期

第四个关键转折期是 6 ～ 7 岁，可以看出来，在时间的跨度上，0 ～ 7 岁之间的内容很丰富，如果孩子还没过这个年龄段，就要好好调整状态，这个时候稍微作一点修正，对孩子的影响真的是一生的。孩子过了这个年龄段，只能是反思一下自己欠缺了哪些，后面如何去修正、如何去补救。

五、第五个关键转折期

第五个关键转折期是 11 ～ 12 岁，这是孩子自我意识开始表现得比较活跃的时期，如果这一时期家长能以稳定的状态支撑孩子成长的巨大变化，将有助于孩子顺利度过这段容易波动和逆反的时期。

六、第六个关键转折期

第六个关键转折期是 17 ～ 18 岁，孩子的性格和心理成熟之后要实现与社会的对接，要往外走，这个时候孩子不想待在家里。在西方国家，16 岁以上的孩子可以晚上不回家住，不管是男孩还是女孩。孩子在 17 ～ 18 岁这个点上是很痛苦的，走出去吧。

第七节 孩子的学习与视觉透视

一、孩子的学习

（一）建构主义学习观

建构主义理论的核心观点是学习者要想获得成功，就必须自己去发现和转换复杂的信息。这个学习观是笔者最早做教育的时候特别推崇的一种教育观念和学习观念。介入教育是以观念介入的，这种观念就是基于建构主义的学习观念。过去对教育的认知是有限的，现在对教育的认知也是有限的，因为它在发展，生命在发展，时代在发展，社会环境在发展。任何一个教育家所倡导的教育都只是教育的一部分，都是有局限性的，教育是一个发展的、变化的、有生命力的概念，人只有跟着它变，才能做出一流的教育来。但是变要有基础，前面讲的都是不变的东西，都是变的基础。如果心里什么都没有，就会越变越乱。

建构学习理论建构的是一个开放性的概念，是一个不断增加和不断筛选知识的过程。根据建构学习理论的观点，所有的人，包括家长，首先是一个学习者，然后才是一个教育者。自我建构也是所有的教育环境存在的目的，教育孩子也一样，终极目的是实现他的自我教育。

（二）建构主义的发展历程

1. 社会学习

众所周知，社会对人的教育是不自觉的，人们接收社会信息也是无意识的，这是搞广告宣传和研究广告学的人内心最清楚的。就像某些广告，每个人对它们都很熟悉，因为人们在不自觉地接收。这和孩子在家里的情况一样，在家里也在受着社会教育，这种社会教育就是社会学习，而家是这种社会学习的一个空间。

家是最基本的社会单位，所以家也是孩子接触的第一个社会，是最固定、最基础的社会单位。孩子在实现自我建构的过程中，家是原材料取得最多的地方。

2. 认知学徒

认知学徒是指学习者通过与某个专家的相互作用，逐渐获得知识经验的过程。在成长过程中可能会有这样的体验，就是一个人或这本书改变了一生。这个人往往不是在家里，甚至不是在日常生活空间里，但是能不能见到这个人，能不能和这个人建立关系，就看父母有没有能力引领孩子去到这个人面前。

3. 中介性学习

家庭为孩子实现自我构建提供学习支架和中介。学习支架就是父亲的精神高度，指父亲精神对孩子的引领；中介就是母亲的情绪。

（三）让孩子成为自我调节的学习者

建构主义学习理论的一个重要概念是将理想的学习者视为自我调节的学习者。自我调节的学习者拥有有效的学习策略，并知道如何以及何时应用这些学习策略。他们知道如何将复杂的问题分解为简单的几步或尝试其他不同的方案，知道如何略读或精读以达到深层理解，知道如何写作以说服他人，知道如何写作以提供信息等。自我调节的学习者还受学习活动本身所激励，而不受分数或他人赞赏所驱使。他们能够坚持一项长期工作，直至完成。

家长也要成为自我调节的学习者，学习的对象是孩子，孩子不管给家长出什么样的难题，都要通过自我调节，以相应的姿态去面对他，而真正要学习的东西是孩子生命中的发展细节。孩子学习可能面对的是具体的知识、具体的学科、具体的标准，学习好的孩子，他在任何时候都在学习，连走路都在学习，他不一定拿书，但他在自我调节中获取信息。有的孩子坐到课堂上，书摊到桌面上，他也不一定在学习。他的能力区别就在于情绪调整不到那种状态，所以接受知识的载体就不够去和老师交流。自我调节的学习者，就是具备这样能力的人。

具备有效学习策略的孩子，面对学习的任何问题，都有一个时间量，都有一个做事的时机，在这之前他都有铺垫。这样的孩子学习就像喝水一样自然，自己舒服，别人看着也舒服，成绩也令人满意。

不具备有效学习策略的孩子，写作业要家长提醒，包括上课时，老师敲着桌子让他拿出书。所以家长要引导孩子学习的话，首先要在学习策略上加强培养孩子这方面的能力。

（四）认识学习动机

心理学将动机定义为激发、引导和维持行为的内部过程。通俗地讲，动机就是使你开始行动，维持行动，并决定着你行动的方向。

动机有强度和方向性的变化，也就是动机有两个表现特征：一个是强度，想学习的强度和想玩的强度是不一样的；一个是方向性的变化，比如孩子小时候学习要一块糖，再大一点学习要一个玩具，再大一点要自我实现、证明自我，这是不一样的。家长了解了孩子的学习动机有这两个方面的特征和变化之后，就要注意调节对孩子总体的判断和能力的激发。家长把这个问题解决好了，其他问题就简单了。现在孩子学习差，不是差在外在的表现上，不是差在他起不来床、做作业慢这些问题上，而是他的动机强度不够、方向不明确。

（五）激发学习动机

1. 奖励和强化心理饥渴点

激发孩子的学习动机，第一要找到孩子的心理饥渴点，孩子最渴望什么，可以从这个方向来确立，满足一个饥渴点之后，他就会产生一个新的饥渴点。如果想直接把孩子引到向东的方向，很难，因为现在孩子正在朝西呢，怎么办？第一步，先让他朝西北，然后朝正北，东北，慢慢地靠近东，这个方向在不断地调整，孩子的心理饥渴点在不断地得到满足之后，又会不断地出现新的饥渴点：家长去奖励和强化孩子的这个点，也就是刺激他这一个点、发现他这一个点，以便于家长牵引和激发。

2. 确定诱因的价值

行为主义的学习理论将注意力放在刺激和反应上，对个体之所以进行某种行为的动机解释是因为该行为受到过强化。依据这一理论，如果想让孩子的某一行为能够反复出现，就要强化该行为。如做算术题，要做的就是找到一个能对做算术题起到强化作用的奖励，这一过程称为确定诱因的价值。例如，对于阅读行为的强化，设定奖励为看两集动画片，对于一个成年人和一个一年级小学生而言，其诱因价值是不一样的；对可以无限制地看动画片的小学生和被限制了一周不能看电视的小学生而言，其诱因价值也是不一样的。

3. 自我实现

什么叫自我实现？就是成为孩子自己想成为的人的一种需要。自我实现的特征就是接受自己和他人，自然、开放地与他人建立深厚而民主的关系，具有创造性、幽默感、独立性，从本质上讲就叫心理健康，而心理健康是家庭教育工作的重心与核心。“养心”，就是把孩子的心养得很健康。只有把孩子的心养健康了，孩子才能够接近于自我实现、自我教育，否则都是被别人管出来的、被别人要求出来的。就像很多孩子，为什么上学？别人都去，自己在家没意思，这样的孩子就很难实现自我发展。学习好的孩子都会有一个共性——自觉，这种自觉是不以外在环境的改变而改变的，而是自我实现内在动机产生作用的一种表现，是自我实现的一种需要。

（六）孩子的需要层次

1. 缺失需要

缺失需要，也就是家里要给孩子提供基础性的需要，包括生理需要，吃饭能吃得饱，吃得有味道，睡觉能睡着，不生气，不着急，不担心明天，这就是最基本的生理需要；安全需要，这种安全指的是心理安全，也就是通常讲的孩子的安全感；爱和尊重的需要，这种爱是要提供给孩子有充分被爱、被尊重、被接纳、被信任的感觉，这都是尊重的范畴。这是一个人、一个孩子、一个生命发展最基本的需要，如果这些需要在家里受到干扰，得不到满足甚至还存在缺失，就会直接伤及孩子的成长需要。

2. 成长需要

什么叫成长需要？就是求知和理解的需要。如果前面的需要家长不能够给孩子充分提供的话，孩子求知的欲望就会遭到破坏，孩子从家门口迈出的第一步就已经决定了他在学校的学习成绩。孩子从家门口迈第一步是被动出去的还是主动出去的，也就意味着他的学习是被动的还是主动的，他的求知欲望是消极的还是积极的，有没有求知和理解的需要。他的理解主要是在他的成长空间，也就是他的生活空间、学习空间、他的朋友、他的老师，他特别渴望老师多看他两眼，特别希望别的同学跟他好。审美的需要，人的其他方面得到一定程度的满足之后就想到审美，审美是很高的一个层次，如果孩子前面的需要得不到满足，后面的需要就会受到抑制和破坏。

（七）动机和归因

1. 归因理论

要善于归因，不善于归因的人，就谈不上对事情的判断能力，更谈不上对事情的解决能力和处理能力，原因就找错了，做事肯定糊里糊涂。每个人对成功和失败的解释有三个特征：原因是内部的还是外部的，原因是稳定的还是不稳定的，原因是可控的还是不可控的。

2. 对成功和失败的归因

解释做一件事成功或失败原因的时候，会讲到几点：第一点是能力，第二点是努力，第三点是任务的难度，第四点是运气。能力和努力是内部原因，难度和运气是外部原因。每个人成功背后都经历了个人能力的变化和努力的过程，没有平白无故的成功。难度和运气是外部原因，能力是相对稳定不易改变的，而努力是容易改变的。因此，家长要在可变的空间里去做教育，可变的教育空间也就是孩子的努力程度，家长身上大部分东西都固定下来了，但是还是有可变的空间。处理一件事，家长的努力程度给孩子的教育应该是向自己的方向努力地调节自我，努力地控制自我，努力地收敛自我，这一个努力程度是可以改变的。尽管其他方面可以不变，也很难改变，但是总有可变的部分。

3. 控制点和自我效能感

控制点中的“点”主要是指定位。一个将控制点定位于内部的个体会认为，成功或失败是由于自己的努力或能力造成的；而一个将控制点定位于外部的人则倾向于认为，运气、任务难度、他人的行为等因素造成了自己成功或失败。

控制点和自我效能感是对应的，一个人成功和失败的归因，看他是归到内部还是归到外部。归到内部的人，不管是成功还是失败都会带给他一种力量，都会带给他一种成就感，都会有一种自我效能感，自我能力得到发挥。不管起也好伏也好，对他来说都是一种收获，都是一种能量的内化。归因归到外部的人，把很多事情看得消极，这样的人容易走入一种被动。

（八）动机和目标方向

1. 成就动机

成就动机就是力求成功，并选择朝向于成功，这种方向性的定位是长时间的暗示积累或者固定情绪长期感染的结果。家长要提升孩子的成就动机，就要从改变家长对孩子的情绪暗示入手，这个情绪暗示主要来自家庭氛围。

成就动机高的孩子在学校里能争取更多的成功，这个成就动机最主要的推手是母亲。笔者一直强调母亲给孩子提供的是情感能量，情感能量直接作用的就是孩子的成就动机。这里面有一个争论：孩子是因为在学校的成功强化了他的成就动机，还是他很强的成就动机决定了他在学校的成功。但是不管怎么争论，父母看待孩子的眼光始终主导着孩子成就动机的发展方向，这一句话没有异议。但这也是家长内心的一个矛盾，有的家长说孩子因为学习不好所以没有自信，先让他成绩提起来，然后再提升他的自信。但要真正改变孩子，首先就要从家长看待孩子的眼光去改变。

2. 学习目标和表现目标

具有学习目标和表现目标的孩子，不管他学什么，不管他学得好还是不好，他都以实现自我内心的满足和能力的发展以及自我愉悦为目的，以实现内部的归因，他以个人的能力和努力程度这两个因素来作为评价标准，来决定他做事的方向、内容和难度。而表现目标是朝外的，是为了赢得别人的目光，老师的表扬、同学之间的关系、家长的面子。可以看出来这两种目标的区别，具有学习目标的孩子和没有学习目标的孩子在整体智力水平上差距不大，但是他们的学业成绩却有明显的不同，主要表现在：遇到困难的时候，目标朝外表现的孩子容易丧失信心。这类孩子学习的目标就是求得老师表扬，让大伙看得起，为了父母的面子，为了别人高兴，因此，当他的学习目标达不到他的期待时，就容易丧失信心。为什么呢？因为外因是容易变化的。因此孩子刚上学，不要让他太在乎外界的目光，而是要注意内在的发现、内在的满足和自我能力的发展，以及对他努力程度的肯定。为此，家长要作调整了，不要比。不管孩子现在怎么样，家长都要鼓励他：你的努力是很有价值的，在努力的过程中遭遇失败不倒，更体现了你的能力和毅力。要让孩子能够通过自我能力的实现和自我能力的发展来肯定自己的发展过程。

目标朝外表现的孩子是没有方向的，而且很脆弱，经不起事，这就要把外部环境给他创造得很到位、很充分，他才能重新站起来。

（九）家长如何提高孩子的内部动机

1. 激发兴趣

激发兴趣，怎么激发？趣味为重，目的为轻，甚至要求家长不要有目的，没有目的不是真正的没有目的，而是把所有的目的充分地实现。

2. 保持好奇心

对孩子的不良状态发展表现出足够的好奇，比如孩子做了一件不好的事，能把事情做到这种程度也不简单，永远是肯定和好奇。不要揪着这个事的对与错，在这个空间里去纠缠。

3. 使用大量有趣的表现方式

不管家里遇到什么困难，不管个人遇到什么困难，这个困难是很有意思的，所有摆在家长面前的困难都在挑战家长对它们的发现能力，在平淡和困境中发现趣味的存在，尤其是孩子小的家长，如果每天都能够发现孩子某一个细节的变化，就会有无穷的乐趣。

4. 帮助孩子确立目标方向

帮助孩子确立方向而不是树立目标，发现目标取向。在给孩子评价时，只要一个方向性的引领，不要说太具体的东西。

二、孩子的时间透视

（一）过去时间透视

过去时间透视是指人们对过去的意识、态度和相对注意，具体表现为对过去时间长短的觉知，对过去时间考虑的次数和频率，对过去的思考及思考的清晰程度。

如果你的孩子很小就对过去的东西想得比较多，那说明前面有东西挡着他，挡他的东西是什么？往往是我们的不良情绪堆得太多了，孩子看不到未来。

家长要了解孩子对过去的意识、态度和相对注意。稍微大一点的孩子，就经常翻自己小时候的照片，这是一个特征。

另外一个特征，孩子不应该回忆过去的时候却回忆了，很大的孩子一回到家，老想让妈妈抱抱，这也是在往过去走，因为他在提出来这个要求之前，他想了很多过去他和妈妈的关系，就说明现在母子之间的距离不恰当，他不舒服。家长跟孩子聊一聊，结合前面讲的关键年龄段的特征，结合孩子对时间透视的特点，来反观家长该做什么、孩子该做什么。

（二）现在时间透视

现在时间透视是指个体对现在的意识、态度和相对注意，具体表现为对现在时间长短的觉知，对现在时间考虑的次数和频率，以及思考现在的清晰程度。在现在时间透视维度上，与过去和未来时间透视相比，缺少指导性元素。

孩子对现在时间的透视特点，也就是孩子对现在时间考虑的清晰程度、思考的次数，通过这样一个特点，家长去发现孩子的动机方向以及动机强度。比如孩子今天学校发生了什么事，讲完了他肯定有他的判断、他的评价，从他的判断和评价里看看他内心的动机、他内心的发展方向以及他的动机强度。这个时候家长要引领孩子，比如对过去时间的透视，不要有语言，也不要有动作；对现在时间透视，家长要了解孩子的这个特点，对现在、当下发生的事的关注度，来决定引领孩子的方向以及下手的时机。

（三）未来时间透视

未来时间透视是指个体对未来时间的长度、密度、清晰度的预期和对未来的倾向性及态度。由于个体的生命历程随着年龄的增长而放慢，因而人们在不同的年龄阶段，其未来时间透视显示出不同的特点，即使在同一年龄阶段，由于人们的自身情况不同，未来时间透视的特点也可能不尽相同。

未来时间透视的特点，和前面几个年龄的关键点以及性格和心理成熟的过程有直接的关系。如果孩子上高二了还没确定自己将来干什么，还在幻想未来，这样的孩子是不成熟的。小孩子 9 岁之前，80% 的关注应该是在将来，越小的孩子在将来的空间越大。如果一个 3 岁的孩子就开始回忆自己幼儿时期的过程，七八岁的孩子开始回忆自己小时候的事，麻烦大了。

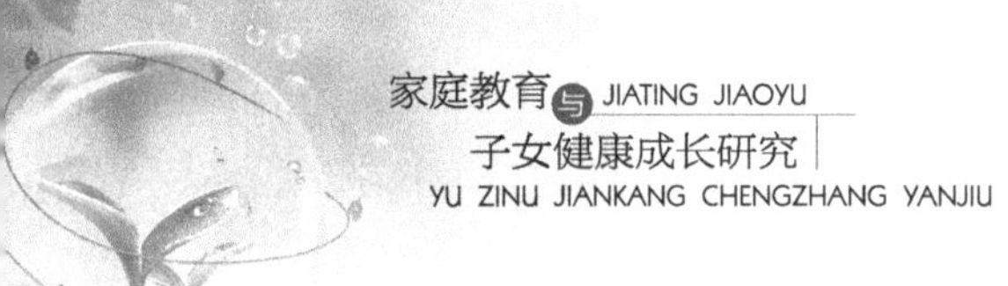

第八节　和实生物，同则不继

和实生物，同则不继，这是讲教育者和被教育者之间的关系。教育的意义、教育有趣的地方就在于孩子和家长不同的那一部分。家长了解做教育的心的目的就是希望我们同心，同心就是和气。

同心的力量有多大？二人同心，其利断金；同心之言，其臭如兰。什么叫同心之言？比如孩子在一起说话，谈的全是乌七八糟的东西，但他们之间觉得很舒服。

刚柔相推而生化，教育心理和学习心理放到一起、揉到一起，它们才能产生力量，才能产生结果。因为里面有阴有阳，有明有暗，有实有虚。

中国文化追求的是和合，首先是心和，家长的心态要跟孩子和到一起去，形成和气。一家人要努力地营造这种和气，孩子知道该干什么，孩子心里有你，他就会按照你的标准来决定自己行为的尺度；孩子心里没你，你嘴上说得再漂亮也没有用。

第九节　我们的目标

一、心灵回归于文化，在吸收和沉淀中自我建构

心灵回归于文化，强调的是回归，只有回归到一定的深度，家长对未来的把握才可能准确有力地使心灵回归于文化，用文化去建构家长的心灵。怎么建构？在吸收与沉淀中自我建构，这个过程很漫长，不是一蹴而就的。

二、思想回归于哲学，在感悟和实践中发现未来

思想回归于哲学，要把家长自己的思想、思考问题的习惯，放到努力地换角度、换高度这样一种空间里来实现我们对未来的判断，来实现对孩子的判断与发现。别盯着一个点不放，也不要盯着一时不放。在感悟和实践中去发现未来，吸收与沉淀是生活的常态，路边的一株小草都可以启发家长，都可以与家长进行对话，孩子日常的点点滴滴都可能让家长感悟到这种思想的存在。

三、行动回归于情感，在感应和回应中实现引领

家庭教育不在于怎么做，而在于用什么样的情感、什么样的心态去面对。在感应和回应中实现引领。感应和回应这两个词，暗合了教育过程的真实状态，教育的过程更多的是在无声中完成的，这种无声胜有声。胜在什么地方？就是感应得到位和回应得准确，在没有感应和回应的情况下，我们行为上的努力只是外来的声音，触碰不到内心，触碰不到我们讲的孩子的动机、

孩子的目标，这样的努力是徒劳的。

四、让父母成为孩子心灵的导师，让家成为文化的圣地

父母要成为孩子的心灵导师，这是对家长教育角色的要求，也是对家长的期待，家长不要成为孩子的教书老师，不要成为给孩子选择补习班的老师。父母永远是孩子的心灵导师，养心是家庭教育的核心内容。

孩子的心往哪儿走？回到家的温暖，让家成为文化的圣地，成为承载文化、传承文化的空间。守住文化之魂，在文化的空间里滋养心灵，修炼自己的教育状态，并将这种优秀的文化沉淀传递给孩子，这就是教育的根本。

第四章

特殊家庭教育

第一节　独生子女家庭教育

一、独生子女的定义

独生子女一是指夫妻双方只生养一个子女；二是指无子女的夫妻依法只收养一个子女或由社会福利机构抚养成人且没有兄弟姐妹的孩子；三是指只生育一个孩子的夫妻离异后，依法与父（母）共同生活的孩子。

二、独生子女在教育上的优势

（一）家庭经济条件相对优越

经济条件是家庭存在的物质基础，是家庭教育维持正常生活的前提，也是家庭教育得以正常运行、儿童身心正常发展的必要条件。首先，一般情况下，家庭中只有一个孩子，家长便舍得投资，尽可能地为孩子提供更为优越的物质生活条件；其次，家长也会尽量地满足儿童心理的发展需要，保证独生子女的智力开发用品，促进他们的身心健康发展；此外，家庭条件好，家长不为生活奔波劳碌，也就有培养教育孩子的情趣、积极性和精力，这一切都对独生子女的身心发展具有积极的作用。

（二）享有父母充分的爱

一位心理专家曾提出“爱比维生素还重要”，由此可见，父母的爱对孩子的重要性。在独生子女家庭中，幼儿是在父母充分的爱的阳光中成长的，这种爱会使孩子的心情舒畅、精神振奋、思想活跃，个性得到充分的发展。因此，多数幼儿容易形成活泼、开朗、大方、敢说、敢做的性格特点，有利于儿童智力和才能的发展。

（三）家长重视教育

只有一个孩子，父母有充分的时间和精力来关心子女的教育。每一位家长都望子成龙，望女成凤。随着早期教育知识的普及，家长逐渐认识了早期教育对于幼儿成长的重要性。因此，家长总是挤出时间带孩子参观、旅游、做游戏，教孩子学习，供给其智力开发的各种玩具，所以，现在独生子女的智力早熟，兴趣广泛，知识面也比较宽。这样能够很好地增强孩子的学习兴趣，有利于孩子将来的学习和成长。

三、独生子女教育易出现的偏差

独生子女家庭教育的优势是明显的，但这种家庭教育对独生子女也存在着一定的负面影响。

（一）错误的教养态度导致幼儿不良性格和行为的形成

家长过多的疼爱、过分的保护和照顾使幼儿过着衣来伸手、饭来张口的生活，逐渐养成了“一切以我为中心”的性格，形成专横、执拗的坏脾气和不良习惯，也容易使孩子形成孤僻、胆小、不合群的性格特点，缺乏待人处事的勇气和智慧，人际交往存在问题，社会适应能力差。许多家长望子成龙心切，又错误地认为孩子掌握的知识越多越聪明，又不懂得早期教育的方法，给孩子灌进许多“食而不化”的知识，当孩子会认几个字、会背几首诗歌时，在人前人后盲目地夸奖孩子，长此以往，养成了孩子高傲、盛气凌人、自以为是的个性。

（二）错误的养育方式导致独生子女身心发展失调

不少家长认为，要使孩子健康，就要多增加营养，于是，就给孩子购买各种营养品，让孩子增强体质，很少有家长会去劝说孩子多参加体育活动。

这样，有些孩子虽然长得白胖，可身体素质很差，动不动就伤风感冒，甚至由于营养过剩，导致大量“肥胖儿童”的出现，给孩子的正常生活带来了诸多不便。还有的家长只管孩子的学习，学习成绩的好坏与儿童的各个方面联系在一起，把学习成绩作为衡量孩子好坏的唯一可信标准，导致孩子用尽各种方法来提高学习成绩，其中包括很多不正当的方法，如考试作弊等。这样，就忽视了孩子品德的发展，容易养成爱占便宜、通过不正当途径达到目的的不良习惯。

（三）由于“独生”，导致孩子的交往障碍

独生子女没有兄弟姐妹共同生活，容易形成感情上的“自我中心”，养成不善于团结、不善于同情、不善于竞争、不善解人意、缺乏协作、不尊重人、缺少助人为乐的品质和行为。另外，缺乏在与同龄人相处过程中的逆境锻炼，同时在家庭中只能和大人交往，容易形成他们说大人话、做大人事的早熟倾向。事实上，他们成人化的行为，不论在和儿童还是成人的交往过程中，都会产生困难，从而不得不承受巨大的心理压力。

四、独生子女家庭教育建议

（一）改变观念，摆正家长与独生子女的关系

家长对独生子女的正确态度应该是爱而不宠、养而不娇。爱子女不但应体现在对孩子生活的照顾上，更应该体现在对孩子的教育和培养上，使孩子在德、智、体、美、劳各方面健康成长，为此，对孩子要严格管教，精心培养。在家庭中，千万不要把孩子置于家庭的特殊地位，不要让孩子在思想上形成“自我中心”的意识。尽量不要使孩子产生特殊感，要使孩子感到他和其他成员的地位是平等的，要做到这一点，从日常生活中的小事做起是关键。

（二）加强独生子女之间的友好往来

鼓励孩子到儿童社会中去，儿童社会性的发展是要通过他们之间相互的

交往而发展的。儿童良好的行为是从模仿开始的，而模仿最好的对象是儿童伙伴，这种作用是成人代替不了的。大多数孩子是喜爱集体生活的，特别是游戏，通过集体教育他们尊重他人，不执拗任性，与小朋友友好相处，互相商量、谦让。因此，家长要放心地让孩子到小伙伴中去锻炼，培养强烈的自主精神，这种能力将会随着他们的成长而迁移到他们未来的生活和学习中去。

（三）锻炼坚强的意志，培养健全的人格

独生子大多都很娇气，而克服娇气的办法是在实际生活中让孩子吃一点苦。因此，在物质方面，家长不要提供太好的条件；还应督促孩子多做一些家务，特别是孩子自己的事情，尽量让孩子自己去做，有时，家长也可以有意识地设置一些障碍和困难让孩子去锻炼。这样，孩子就容易形成自立、自强的性格，拥有坚定的信念、坚忍不拔的毅力和良好的心理素质，这样的孩子才会勇于面对生活带来的压力，才不会被困难击倒。一旦孩子形成自己的主体意识，具有批判思维能力，他们就会敢于承担责任、表现自己，形成认识自己、肯定自己、超越自己的良性循环。完善自由的个性、挺拔的人格，正是将来迎接挑战的根本。

（四）对独生子女的教育要有坚持性和一致性

成人对孩子的教育要使他们感到合理，才能收到良好的效果。家长对孩子的要求要有坚持性，从小要求到大，让幼儿形成一种习惯。此外，家庭成员之间对孩子的要求态度前后要一致，要有原则，做好孩子的榜样。这样，家长的威信才会高，教育的效果才会好。

综上所述，我国的独生子女是在特殊的家庭生活环境中成长的，这种特殊的环境对儿童、青少年的影响作用不是绝对的，也就是说，既可能是积极的，也可能是消极的，应尽可能地发挥其积极作用，抑制并克服其消极作用，扬长避短，才能更好地促进独生子女身心健康和谐发展。

第二节　单亲儿童家庭教育

一、单亲家庭的定义

单亲家庭是指丧偶、离异、分居或者组成家庭主体的成员不齐全的家庭，由母亲或者父亲单独抚养的孩子即为单亲家庭的子女。

二、单亲家庭教育易出现的偏差

（一）过度呵护

过度呵护是单亲家庭普遍存在的教育现象。为了抹平家庭破裂给孩子造成的创伤，把全部的情感都施加在孩子身上，什么事都依孩子，一切都任由孩子摆布，宁愿自己受苦受累，也不让孩子受一点“委屈”，对孩子的疼爱和关怀更是无微不至，吃、穿、玩、花等各方面无一不予以满足，只要孩子开口，父（母）亲没有不答应的。孩子则衣来伸手、饭来张口，不必为自己的生活安排和学业计划操心，一切自有爸爸或妈妈所替代。长此以往，容易养成孩子的过分依赖心理。在这种环境下成长起来的孩子比较脆弱，缺乏主见和独立意识，一旦离开了家长，便茫然不知所措，而且这样的孩子容易处处以“自我”为中心，变成自私、专横和任性的“小霸王”“小皇帝”，缺乏同情心和责任感，不懂得尊重他人，甚至瞧不起含辛茹苦养育他们的父母。古人说：“为人父母者不患不慈，患于知爱而不知教也！”这样的单亲家庭环境，实际上成了孩子犯罪的温床。孩子走上犯罪道路，其父（母）则成了实际的制造者、培植者。

（二）谁也不管

父母双方相互推卸教育孩子的职责，谁也不管子女，或者委托孩子的祖辈代为管教，自己却没有尽到义务，家长对孩子漠不关心、放任自流。放任自流的结果是，在其父母离婚时，孩子就已形成了“爸（妈）不要我了”的原始印象。如果对孩子不给予一定的关怀，那么，孩子又会产生“爸（妈）也不管我了”的错误直觉。这种“放羊”式的教育给孩子造成的将是更多的痛苦与创伤，孩子觉得有家无家一个样，回家与不回家没有多大关系。如此管教方式，给孩子离家出走创造了机会，有的孩子就钻进网吧、娱乐场所；有的与社会上的不法分子一起为非作歹，误入歧途，坠入犯罪深渊。

（三）孤注一掷

把孩子作为自己唯一的精神支柱，把自己全部的希望、梦想都寄托在孩子身上，特别是在学业上。于是，不少单亲家长将孩子作为自己的全部而孤注一掷，希望孩子的各方面都出类拔萃，处在这样厚望之下的孩子，往往有着过度的压力，心理负担沉重。有些心理素质不佳者承受不了这种压力，便索性走向了反面，不思进取，“破罐子破摔”，走向崩溃，其结果令人痛心疾首。

（四）粗暴教育

离异家长中有一部分人，特别是男方，性情粗暴，实施的是粗暴教育。对孩子要么不管，要么打骂。结果，孩子不服教育，形成逆反心理。粗暴教育使孩子整日生活在惊恐不安之中，个性发展遭受到严重的压抑，形成胆小、孤僻、倔强、缺乏自信心等性格。因害怕惩罚而回避家长，不愿回家，便到外面寻找“归宿”“温暖”“快乐”，容易被坏人拉下水而走上犯罪道路。

（五）能力不济

能力不济是指离异的一方想承担教育孩子的责任，但在方法上、精力上显得力不从心，不知道如何是好，特别是一些农村家庭和一些离异方为下岗职工者的，多属这一类。这类人由于能力欠缺，很容易放弃本来能做到的事情致使孩子长久得不到应有的关爱和教育。

（六）花钱无度

有的家长为了弥补孩子失去的父爱或母爱，为了让孩子适应周围的“金钱”环境，慷慨大方，毫不吝啬地将大把钞票塞给孩子，以满足孩子在用钱方面的需要。在经济上对小孩百依百顺、有求必应，结果使孩子养成好逸恶劳、挥金如土的不良习惯。父（母）亲的这种教育方式，严重地影响孩子正常的成长，最容易使孩子从小养成好逸恶劳、大吃大喝的不良习惯。

（七）忙于生计

有一部分家长由于各种原因，经济拮据，忙于生计，没有时间管教子女。他们忙于生产劳动、生意、工作等，早出晚归，对孩子的学习动态、思想变化一无所知，待问题严重时才恍然大悟。

（八）惩罚教育

有的家长由于长时间生活孤独、苦闷、烦恼，久而久之，便养成了懒惰的习惯，情绪不好，大发脾气，发泄到孩子身上。表现为让孩子从事更多的家务劳动，甚至变相惩罚。本来生活在单亲家庭里的孩子就缺少父（母）爱，精神上难以承受感情上的贫乏，身体上更加承担不了繁重的体力付出，很多学生因此放学或放假后不愿回家，在社会上游荡。生活在这种家庭环境中的学生，其身心将不可避免地受到摧残，有碍孩子的健康成长。

（九）性别缺失

没有父亲的男孩或没有母亲的女孩，在性别角色的学习中，缺乏最直接的模仿榜样。而有些家长意识不到这种问题的存在，缺少让孩子接触外界相关人员的意识，使孩子缺失模仿学习的机会。

（十）禁锢教育

禁锢教育指的是家长害怕孩子出现什么意外，而把孩子活动的场所严格地限制在一定的范围内，减少或断绝与周围人的交往、接触。有的单亲家庭干脆把孩子长期关在家里，不允许孩子与社区的同伴和同学交往，更不允许与已离异的父（母）亲来往。生活在单亲家庭中的孩子，本来就缺少父（母）爱，心中积淀着许多痛苦，需要与同伴交流、沟通，但却不能如愿。孩子不是父母的私有财产，这样做对孩子提高交往能力、开阔视野等都是非常有害的。

三、对单亲家庭教育的建议

（一）不要无原则地迁就、溺爱孩子

单亲家庭的孩子无辜遭遇了家庭的不幸，这些孩子的家长在丧偶或离异之后，往往更加怜悯孩子。疼爱孩子无可厚非，但应有度，无原则的迁就和溺爱只会给孩子带来未来的伤害。

（二）帮助孩子处理好同学关系

孩子的心理压力在很大程度上来自同学。平时注意观察孩子的言行，及时解开孩子的思想疙瘩。发现有异常的苗头，及时跟孩子谈心，了解情况之后，及时疏导。

（三）动之以情

单亲子女往往容易受到来自社会的歧视、偏见，因而在性格上容易变得内向、忧郁、自卑，甚至孤僻。家长要注意多和孩子进行交流与沟通，重视孩子情感方面的需要，多给孩子提供精神上的支持，教育孩子自尊、自强、自爱、自励。单亲家庭的孩子得到的是残缺的爱，此时的父母尤其要关心他们的生活，为其提供良好的学习环境，同时要在思想上多进行交流，鼓励孩子奋进，培养他们上进的信心和勇气。

（四）多与学校、老师联系

许多单亲家庭的父母由于要承担更多的经济负担，难免对孩子照顾不周，所以，家长要经常与老师取得联系，关心子女的在校学习生活，遇到问题及

时处理。另外，也可摆出家庭中的实际问题，把孩子在家中的一些表现向老师详细诉说，与老师共同研究、制订孩子的学习计划。

（五）注意性别角色教育

在孩子心理成长的过程中，性别角色的学习是一个重要的环节。所以，单亲家长应注意调动亲戚、朋友中的性别资源，给孩子带来适宜的影响，让其性别角色得到充分的表现和发展，培养健康高尚的人格，以适应社会生活的需要。

（六）简单粗暴不可取

失去配偶之后，许多家长便把孩子作为自己唯一的精神支柱，孩子稍不如意便万念俱灰。但如果期望值过高，势必导致孩子的心理负担过重。有的家长教育孩子的方法简单、粗暴，动不动就又打又骂，使孩子整日生活在惊恐不安之中，个性发展受到严重的压抑，因此，家长教育孩子时，切忌简单粗暴，要注意正确引导。家长还要转变孩子是唯一支柱的观念，让孩子经常接触其他长辈，接受多方面的教育影响。

（七）鼓励孩子参加多种活动

让孩子参与社会活动，培养孩子多方面的兴趣和爱好。鼓励孩子积极参加集体活动，尽可能地参与社会活动，不要逃避社会，要主动与人交往，培养健康、开朗、乐观的性格。

（八）重视赞美的力量

经常地表达赞美和激励，注意在生活中彼此赞美。培养孩子多元化的价值观、兴趣爱好和独立意识等。

第三节　留守儿童家庭教育

一、留守儿童的定义

随着我国经济发展和城镇化进程的加快，越来越多的农村青壮年进入城市，其中有相当一部分没有能力和条件将自己的子女安置在其所在的城市，只能将其留在农村，由夫妻中的一方留下照顾，夫妻均进城的家庭则将子女托付给老人或者亲人朋友照顾。由此，社会上便出现了一个特殊的青少年群体——留守儿童。

二、留守儿童教育的特点

（一）留守儿童教育主体的变更

由于父母外出，留守儿童家庭教育的主体变成了其他抚养者，其中绝大多数是祖辈，还有一部分是其他亲戚。老年人大多对孙辈较溺爱，加上疼惜孩子，因而对孩子更是有求必应，对其顽劣行径也舍不得严厉管教；再者，农村老年人大多文化程度较低，缺乏先进的教育理念和科学的教育方法，更不懂得少年儿童的心理特点和成长规律，加之年纪大了、精力有限，无论是在体力上还是智力上，都难以有效承担起对孙辈的家庭教育职能。而寄住在亲戚家的孩子，家庭教育则更加淡薄。因为站在亲戚的立场上，一般只管留守儿童的吃穿，不便或者不善于对孩子进行管理教育，孩子也很难在亲戚家中产生归属感，致使部分儿童养成任性、放纵、随意的性格，有的还形成了较为严重的不良习惯，例如迟到、早退、旷课、厌学、逃学；喜欢进网吧、游戏厅，吸烟、酗酒、撒谎等。

（二）家庭心理环境的缺失

家庭是个体成长的重要阵地，家长是孩子的第一任教师，良好的家庭环境和家庭文化将对个体产生终身的影响。儿童的成长需要稳定安全的环境，父母的爱构成了儿童成长过程中最为安全、温馨的环境，在爱的环境中成长是孩子基本的心理需要。但正常的家庭生活和亲子关系对于留守儿童来说无疑是一种奢望。留守家庭中，父亲外出导致父亲的家庭教育角色弱化；或者父母双方外出，使得留守儿童与父母缺乏正常的情感交流和亲子互动，儿童没有机会向父母表达自己的感受，父母也没有机会传达自己对子女的爱，长此以往，容易使父母与子女之间产生心理上的隔阂，使儿童丧失基本的心理归属和心理依恋。而代养人不科学、不理性的教养方式也在一定程度上催生了孩子的不良性格和行为习惯。

（三）父母与孩子在情感对接上的失衡

留守儿童的父母本身就是一个特殊的群体，他们希望通过到城镇“淘金”来改变家庭的生活状况，其饱受的艰辛是不言而喻的，他们本身就需要给予关爱，而社会在这方面做得还很不完善。他们的身心压力很大，得不到合理的宣泄，而孩子就成为他们的精神寄托，或者说更多的成分是情感迁移。两个特殊的群体，复杂的情感交织，构筑了留守儿童家庭的教育方式。他们一方面希望孩子有出息，努力学习，将来做“人上人”；另一方面又怕孩子吃苦，吃不好，穿不好，被人瞧不起，所以，拼命用金钱物质弥补愧疚，同时也能说明自己走出小山村的能耐，“走西口”“闯江湖”的体面。所以，这种过分的物质关爱中有很多补偿的炫耀成分。这种爱之不当，导致孩子大把花钱，比吃比穿，而处在这个年龄的儿童，生理心理都还很不成熟，容易受到外界不良环境的影响，手里过多的零花钱往往进一步助长了他们的不良习气。这种监护权的缺失和畸形补偿对孩子的人格发展、社会化和道德发展都会带来负面影响。

（四）父母错误价值观的影响

农村贫困文化及教育现实直接导致留守儿童父母的家庭教育意识淡薄，教育观念陈旧。进城务工改变了他们的职业和生活方式，从某种程度上说，也提高了他们的生活水平。因此，很多人的价值观也随之发生变化，认为辛辛苦苦读书到头来还是要打工，还不如早打工早赚钱。于是，对教育持有一种功利性的价值取向，进而将其演化为一种短视的实惠观，以家庭利益作为教育的根本出发点和归宿。有些父母甚至会在假期把孩子接到身边，让不谙世事的孩子从小就听多了父母所描述的，或者他们已经亲身体会过的外面的花花世界，致使这种“不上学可以省很多钱、不上学还可以挣很多钱”的观念在不知不觉中降低了孩子学习的积极性，严重地影响着孩子的身心健康。

（五）教育管理方式的异变

父母外出及老人亲戚代为监护不仅导致对留守儿童的教育管理时间严重不足，而且父母在外打工，远离孩子，如何实施遥控管理，不少家长方法贫乏。他们大多选择以金钱为诱饵、以打骂为主的方式，依据成绩单的绝对值来判定子女成长的优劣：成绩好则给予金钱和物质奖励，再不合理的要求也满足孩子；成绩差则一顿打骂，无视孩子成长的过程，摧毁孩子的自信心。这种简单粗暴的做法是教育管理方式异变的典型表现，也是导致留守儿童出现问题的一个重要原因。

（六）教育上过分依赖于学校，重智轻德，重身轻心

近年来，农村学校教育在国家的重视下有了较大改观。但是，农村学校教育的繁荣也助长了农村家庭教育的惰性，致使农村家长过分依赖学校，认为自身能力有限，只要把孩子交到学校就放心了，削弱甚至放弃自身应尽的教育职责。很多家长认为孩子身体好、学习好才是最重要的，忽视了从小培养孩子良好的德行，忽视了孩子的心理健康教育。在智育上，又过分关心分数。分数代表一切，忽视孩子智力开发和创造力的培养。这种不健全的教育观念更加使得留守儿童在成长中出现的心理、行为习惯等系列问题得不到及

时有效的解决。

三、留守儿童教育的建议

（一）选择好代养人，注重生活关爱的同时更要注重教育

父母外出打工之前，一定要为子女选择好代养人，应尽可能地找有帮扶能力和有较高教育水平的亲友做留守儿童的代养人，代养人精力和教育能力有限的还可同时委托合适的人负责对子女日常的教育与监护，依据子女的性格特点等，与代养人或其他监护人商讨好教育的策略与办法。同时引导子女融入代养人的家庭生活，努力为其营造近似完整结构家庭的心理氛围和教育环境，多和代养人或其他监护人沟通，了解子女的学习生活情况，适时回到孩子身边，让孩子感到父母在关爱他（她），协助代养人或其他监护人做好对子女的教育工作，做到既不放任自流也不娇宠溺爱，做到严与爱的结合，运用自己的情感和理智促使子女在父母不在身边的情况下也能健康成长。

（二）父母应转变用金钱弥补愧疚的心态，注重与子女的情感交流和心理沟通

除了提供必要的学习条件外，切忌过度的物质满足。有的家长总是以物质上的满足来弥补其无法亲自照顾子女的愧疚心理，殊不知，即使是再多的物质和经济补偿，也弥补不了子女见不到父母对其造成的心理“创伤”。相反，过度的物质满足和经济供给往往为子女的越轨行为制造了温床、提供了条件，使他们难以抵制外界的诱惑。所以，父母应转变心态，更多地注重与子女的情感交流和心理沟通，从精神上关心子女的发展。

（三）孩子留守，家长不能“溜守”

家长要与学校和老师保持经常性的联系，随时了解子女的学习和发展情况，并对其进行及时的引导和教育，防止其滋生消极的思想倾向。为子女选择适宜留守儿童的学习方式，如在条件允许的情况下，尽可能让子女在校寄

宿。随着学校、社会对留守儿童越来越关注，寄宿制成为目前解决农村留守儿童教育难题非常有效的措施之一。其优势在于寄宿对锻炼一个人的适应能力很有好处，能够帮助留守儿童改善生活，促进个性发展，提高学习成绩，改变辍学倾向，培养道德情感、社交技能，提高孩子的独立自主能力。另外，父母也可以在学校的科学指导下，加强与孩子的沟通，关注孩子的全面发展，提高自身教育子女的能力和水平。

（四）父母应善于利用自己在外打工的经历，以适当的方式对孩子进行教育

留守背后同样也蕴藏着一笔巨大的教育财富。外出打工的父母若能以自己在外的见闻及背井离乡生活的痛苦与磨难，各种吃苦耐劳、拼搏向上的先进事迹来教育自己的孩子，将对他们产生潜移默化的良好影响，有利于引导孩子提高勇气、树立信心，帮助他们树立远大的人生目标。从这个角度来讲，父母与子女间的联系不是减弱而是加强了。因此，以父母外出打工的种种正面经历为教育媒介，加强留守儿童与父母的沟通与交流，也可以成为留守儿童家庭教育的一个亮点。

（五）父母应善于创造条件，为子女提供社会实践的机会

父母还可以依据自己在外打工的实际情况，创造条件，为子女提供一个社会实践的机会，如利用假期，将孩子接到自己打工的城市，共同学习生活一段时间，使孩子们开阔眼界，同时也可以通过和父母待在一起来培养亲情。父母还可以用这段时间对他们进行思想教育，通过自己的言传身教，让孩子做好修身的第一课。

留守儿童的健康成长需要社会的共同关注，通过加强社会建设和农村教育环境的改善，可以让有条件的儿童尽快随父母进城学习生活，继续留守的儿童能够得到更好的教育。同时，留守儿童家庭自身也要增强意识、摆正思想，针对家庭和孩子的实际情况，提高家庭教育的水平，将留守儿童的教育劣势因素转化为优势因素，为孩子们及整个家庭乃至国家和民族创造一个美好的未来。

第四节　残疾儿童的家庭教育

一、残疾儿童的定义

残疾儿童是指生理、心理和精神状态异常或丧失，日常生活自理、学习和社会适应能力受阻的儿童。在生活中，他们经历着比常人更多的艰难和痛苦。这些孩子长大后的性格往往自卑、内向，有些甚至人格扭曲。残疾儿童的家长要承受比普通儿童的家长更为巨大的生理压力、心理压力和经济压力，在对残疾孩子的家庭教育上，往往较少采取积极有效的措施来解决实际问题。残疾儿童家长要走出残疾儿童家庭教育的误区，学习科学的特殊教育理论，树立正确的教育观念，用正确的方式、方法教育自己有残疾的孩子，使更多的残疾儿童能够接受符合其身心特点的家庭教育，使其缺陷能够得到最大限度的补偿。

二、残疾儿童家庭教育易出现的偏差

残疾儿童生理上或心理上的缺陷对绝大多数家长而言无疑是一个极大的压力，这种压力会对家长造成精神上、物质上的巨大负担。大量的金钱支出、长期的精神疲倦和体力透支，让家长无所适从，对残疾儿童的教育缺乏信心和科学的观念、计划和方法。

（一）教育观念上的偏差

在教育观上，大多数残疾儿童家长认为教育是没用的，他们过分夸大孩子的缺陷，认为即使对孩子进行教育也是于事无补，孩子的现状也不可能得到改变。他们将学校教育等同于全部教育。家长们认为教育孩子是学校的任务，以此来推卸自己教育特殊子女的责任。正是基于此种观念，很多家长在残疾子女的婴幼儿时期，要么只顾及他们的医疗问题，要么消极地等待他们长到入学年龄，将肩上的担子卸给学校。这样不仅忽视了教育残疾儿童是教师和家长共同的责任，而且耽误了残疾儿童的早期教育。

在人才观上，由于残疾儿童在学习上不但学得慢而且忘得快，有时候不论家长如何耐心、用心教，孩子也不见起色，因此，很多残疾儿童的家长在经历多次的否定后，认为孩子不可能成才。

在亲子观上，家长因孩子的残疾问题，容易产生强烈的失落感，从而产生一些错误的亲子观，如害怕别人知道家里有特殊儿童，让孩子待在家里，不与外界接触，更难以带他们出去感知丰富多彩的世界；或认为孩子是厄运之始，将自己所有不顺之事都归因于孩子的残疾；或认为自己有愧于孩子，因为觉得是自己给孩子带来了苦难而常常陷于自责当中。

（二）教育态度上的偏差

1. 对残疾儿童的态度

一是耐心不够，家长在教育孩子的过程中，往往表现出急躁的情绪，不能很好地体谅孩子的真实困难，导致在日常生活中经常不耐烦。二是信心不足，认为孩子将来很难有出息，导致家长在教育孩子的过程中，时常动摇正确的教育信念。三是爱心错位，家长对残疾孩子的爱心因强烈的内疚、负罪感而偏执，不能理智地关爱特殊孩子，而是溺爱、百般迁就，甚至是放任。

2. 对学校的态度

一是盲目尊崇学校、教师权威。家长视教师为权威，认为自己缺乏教育能力，配合不了教师的工作，所以，还不如让有专业知识的教师在学校教育子女，而自己只承担抚养的责任。二是对学校教育不满，与学校及教师的冲突激化。家长与教师在共同面对残疾儿童的服务问题时，由于彼此在教育、经验背景、责任及价值观上的不同，极可能在对孩子的服务观点和态度上出现冲突。

三、残疾儿童家庭教育建议

（一）正视残疾事实，理性定位目标

无论是先天残疾还是后天因病或事故致残，一旦孩子残疾，都会使父母在精神上受到严重的打击，使他们深为失望和内疚。因此，对残疾儿童家庭教育的第一步应该是对父母进行心理疏导，引导家庭成员坦然地接受孩子残疾的现实，为其未来进行理性定位。同时，无论是去特殊学校就读还是跟班就读，都应积极主动地与学校沟通，配合学校，有准备地为孩子制订教学计划，包括文化知识、思想教育、生活技能、康复矫正等，选择适合的课程和多层次的教育内容，选配多样化的教育方法，进行多种形式的评价，促使孩子在适宜的环境中求得最佳的发展。

（二）树立正确的教育观念

残疾是人类社会中的客观存在，随着特殊教育由慈善型向权益型发展，家长要尊重孩子的基本权益，让他们具有独立的人格，不要因为孩子的缺陷而将他们限制于封闭的家庭环境内，不要过度地保护孩子，应一起协助孩子走出自我封闭的圈子，走向社会，让他们享有与同龄人相同的一切基本权益。

残疾儿童有与健全儿童平等的受教育权。残疾儿童虽然有缺陷，但也有他们的潜能，通过教育，也能促进其潜能的发展。尽管家长的素质良莠不齐，但对自己孩子的了解，他们有着绝对的发言权，同时他们对孩子潜移默化的影响也是教师所无法替代的。家长对孩子的未来既要有设想，又不要有幻想，应根据时代发展的需要及残疾儿童自身存在的潜力来适当地调整自己的观念，把孩子培养成残而不废的人。

残疾儿童独特的教育需求，对家长而言，构成了特别的冲击与挑战。在这种重大冲击下，与其说家长对残疾儿童是漠不关心，还不如说他们是力不从心。在教养过程中经历的多次挫折会使家长的教养方式向负面发展，而这种负面的教养方式又会给特殊儿童带来消极的影响。家长应调整自己的心理状态，减轻恐惧感、自卑感和内疚感，纠正由此引发的一些不当的亲子观。

（三）进行家庭辅导

家长由于直接而深刻地了解自己子女的状况，无疑是居家教师的最佳人选，是学校教育必要而有效的补充。残疾儿童要想在学校接受教育及在社会上独立地生存，适应能力是一个基础条件。虽然适应能力的范围很广，不过对残疾儿童而言，其重心仍是以生活自理为主。在生活自理方面的能力，如饮食、衣着、如厕、个人卫生等，一般都在家庭生活中反映出来，也比较适合以家庭为本位进行训练。残疾儿童家长要从孩子的实际需要出发，不要过于低估孩子的能力，要放手让孩子做力所能及的事情，让孩子在尝试错误中获得新的生活技能。同时，训练的方法要尽量多样化，可采取做游戏、唱儿歌、讲故事的方式，让孩子在愉快的体验中获得生活技能。只有以家庭为本位训练孩子的生活自理能力，孩子才能在学校顺利地接受教育。

（四）提高母亲素养

母亲是孩子的第一任老师，母亲的教育对孩子的学习、生活习惯、态度养成及一生的发展将产生深远的影响，因此，应为残疾儿童母亲开辟多元的培训途径，全面提升母亲素养，营造良好的家庭教育氛围，努力使残障儿童的个性和各方面才能尽可能充分地发挥。

（五）参与学校教育

家长和教师都有让残疾孩子受到良好教育的愿望，这就有了合作的基础。家长可通过按时出席家长会，积极参加和协助学校的有关活动，或通过书信、电话、面谈经常跟教师交流孩子的情况，还可以向教师提供孩子的个性、成长史、孩子在家的表现、孩子对学校和教师的看法、对孩子的期望等信息，以供教师参考。家长还需要向教师了解孩子在校的学习情况、行为表现、班级的教学计划和活动安排等。通过这种双向沟通，使学校教师和家长的目标有连续性与一致性。残疾儿童的课程开发和教学安排，家长也要积极与学校合作，与学校共同制订出最适合自己孩子的课程。

（六）注重心理教育

残疾儿童更敏感，心灵更脆弱，他们渴望别人能尊重自己、保护自己、理解自己，所以，家长作为最亲的人，必须倾注更多的关爱。父母应尊重、亲近孩子，多给予孩子平等参加家庭生活的机会和权利。例如，一起说话交流，参与家庭事务，做力所能及的家务劳动，外出参加社交活动等。当然，关爱不是溺爱，不能包办代替孩子做一些力所能及的事情，即使有一定的困难，也一定要让他亲自去尝试，只有自己动手，才能从中获得成功的喜悦，增强自我成就感。对于残疾孩子，很多家长重视孩子的身体健康大于心理健康，导致孩子身体强壮却性格卑弱。如果心理得不到及时的疏导，孩子就会变得自闭孤僻、悲观厌世。所以，家长应该适时地多鼓励孩子，多跟孩子交流谈心，和他们一起分享成长的快乐与痛苦。家长应为孩子营造快乐、互助、和谐的家庭氛围，在孩子面前，家长对待事情要保持不惧艰难、乐观的心态，给孩子树立榜样。在残疾儿童成长过程中，身体力行地去做，比一味的说教更能教化孩子、引导孩子健康成长。春风化雨，润物无声，残疾的孩子是不幸的，而帮助他们战胜不幸、走向幸福的最关键的人就是他们的父母。

（七）参加专门团体

残疾孩子的家长是对社会支持系统要求最强烈的一个群体，他们总是希望在社会的支持下，他们的孩子能接受最适合的教育。但是全部依靠社会并不能满足对残疾儿童教育的所有需求，家长应依靠自己的力量组成专门团体，并力图将个人问题转化成社会所关注的议题，以便改进现有的服务设施，促使残疾儿童的特殊需求得到适当的满足。在团体中，残疾儿童家长除了代表有效的推动力量外，他们彼此间还可以交流经验，互诉心情，获得感情的共鸣，借以化解家长的心理压力。在家长的相互交流过程中，可以倾诉苦恼，互相提供资讯，以便充分地利用社会上的教育、医疗、就业及福利服务，并有助于特殊教育整体素质的提高，唤醒社会大众对特殊教育的注意力。

家庭就是学校，父母就是老师，要选择积极有效的教育态度和教育方式，让残疾儿童的未来与幸福有约。

第五节　未成年人犯罪的预防和家庭治疗

一、未成年人的定义

未成年人是相对于成年人而言的，是一个法律概念，其年龄界限由法律作出规定，各国大都以 18 周岁作为区分成年人与未成年人的年龄界限。

未成年人是祖国的希望和未来，他们的成长关系着国家的前途和命运。然而近年来，未成年人犯罪率逐年上升已经成为中国乃至世界范围内比较严重的社会问题之一。防范和遏制未成年人犯罪，是构建和谐社会必须要解决的问题。

二、未成年人犯罪的原因

（一）未成年人自身的原因

从哲学上讲，未成年人自身的原因是未成年人犯罪的内因，它是未成年人犯罪的主要原因。由于未成年人自身的原因造成未成年人犯罪，主要体现在以下三个方面。

1. 未成年人的人格不成熟

未成年人情感、情绪、心理方面不够成熟，缺乏调节和控制心理活动的能力，缺乏独立性、自觉性，因此认识事物的能力低，判断是非的能力差。未成年人精力旺盛、活动频繁、变化多端，如果找不到正确的活动途径和健康的活动内容，就很容易在其他不良因素的影响下走上违法犯罪的道路。

2. 未成年人的社会化程度低

人的社会化是指人接受社会文化的过程，即指自然人成长为社会人的过程。由于未成年人易受不良行为、不良文化的影响，也容易受家庭中人际关系障碍和学校生活不适应的影响，从而导致人格的不完全社会化和反社会化，以致不能形成正确的荣辱观，走上犯罪的道路。

3. 法律意识淡薄

法制观念的淡薄是未成年人犯罪的主要原因。尽管各级学校普遍开设法制课程，但由于该门课程不作为考试的内容，学校、教师和学生对法制课程重视不够，法制课程容易流于形式。这些原因导致现在的未成年人几乎不具有任何法律常识，罪与非罪界限不清，哪些是违法行为，哪些是合法行为，什么事可以做，什么事不可以做，以及自己的行为会产生哪些后果，这些问题在他们的心中没有清楚的认识。俗话说，无知者无畏，他们不知道自己的行为已触犯国家刑律，不知道自己行为的后果，那么，他们做起事来就毫无顾忌，为所欲为。

（二）家庭的原因

家庭是未成年人活动的最主要场所，未成年人每天有三分之二的时间都要在家庭中度过。家庭教育的好坏、家庭结构的完善及家庭成员行为的优劣对未成年人的影响是至关重要的。未成年人犯罪的家庭原因主要表现在以下三个方面。

1. 家庭教育方式不当和监护不力

有些家长对孩子百般溺爱和袒护纵容，从而使孩子无所顾忌，步入歧途；有些家长望子成龙心切，教育方法简单粗暴，动辄恶语相伤、拳脚棍棒相加，使孩子形成了逆反和报复心理；有些家长忙于挣钱和玩乐，对孩子不管不问，放任自流；有的家庭缺少温暖，家庭成员间关系冷漠；有的家庭“内战”不断，孩子终日处于硝烟弥漫之中。这些不当的教育方式和不良的家庭环境，严重违背了未成年人的生理、心理特征和成长规律，使他们养成不良的生活习惯，形成不健康的人格，为犯罪埋下了伏笔。

2. 家庭结构不健全

近年来，离婚率居高不下。父母离异后，未成年孩子要么跟随父亲生活，要么跟随母亲生活。家庭的不幸对孩子幼小的心灵是一个极大的打击，他们因缺少父爱或母爱而变得孤独、冷漠、自卑和消沉，严重地影响着未成年人的情感、意识和品格的健康发展。加之他们的心理未完全成熟，社会经验不足，这样，很容易受不良环境的影响而走上歧途。

3. 家庭成员行为不良

家庭成员的一言一行、一举一动对未成年人有着言传身教、潜移默化的作用。有些父母和其他家庭成员有赌博、酗酒、盗窃、卖淫、嫖娼等不良行为，未成年人受父母的影响，要么盲目模仿大人的行为，要么产生反感和背叛心理，从而走上犯罪的道路

（三）学校的原因

学校是培养人才、塑造人格的专业场所，是未成年人社会化的重要地方。学校教育的好坏，对未成年人的素质起着决定性的影响。良好的学校教育，可以弥补和矫正家庭教育的不足，帮助未成年人抵制和消除不良因素的影响。而学校教育的偏颇和缺陷，是导致未成年人犯罪的重要原因。

1. 片面强调升学率，歧视“差生”

一些学校不顾学生全面发展的需要，片面追求升学率，一些教师根据学生的学习成绩，将学生分为“优生”“差生”，对“差生”的学习和生活漠不关心，使“差生”受到冷落和歧视，自尊心受到伤害，从而失去进取心和自信心，造成厌学、自暴自弃、破罐子破摔、整天无所事事，很容易成为犯罪团伙的成员。

2. 忽视道德和法制教育

有的学校重智育轻德育，放松对学生思想品德和法制观念的教育，致使学生道德品质不良、法律意识淡薄。在外界不良因素的影响下，容易产生犯罪心理，走上犯罪的道路。

3. 学校管理不善

有的学校，特别是农村中小学校管理不善，对学校内以大欺小、以强欺弱现象和校外人员对校内学生勒索钱财行为治理不力，致使学校及周边环境极为恶劣。有些学生为了不受欺负而结交坏学生和校外地痞，从而走上结帮拉派、打架斗殴的犯罪之路。

（四）社会的原因

1. 对不良文化管理不到位

沉溺于上网也是诱发未成年人犯罪的一个原因。有些未成年人长期痴迷于网络，由于缺少上网费用而实施抢劫、盗窃等违法行为。近年来，尽管政府三令五申，严禁在中小学校附近开设网吧，严格限制未成年人上网时间，但这一问题仍然没有得到彻底解决。

2. 法制宣传教育不到位

我国政府一直坚持普法工作，普法工作确实对提高公民法律知识水平、增强公民的法律意识起到了一定的作用，但普法工作由于范围广、面积大等原因，效果不是十分明显。

3. 对未成年人的管理不到位

对未成年人，特别是辍学、待业的未成年人，社会有责任对他们加强管理，特别是在目前政府还不能保证充足的就业岗位和良好的社会环境的情况下，社会更应当加强对未成年人的管理。但是，目前社会对未成年人的管理严重缺位。

三、未成年人犯罪预防的建议

预防未成年人犯罪，将犯罪消灭在萌芽状态，是一项综合性的系统工程，是全社会的共同任务和责任，需要全社会共同参与、相互配合、齐抓共管。

（一）强化法制教育

依法治国的基本含义是依据法律而不是个人的意志管理国家的一切事务和社会事务。也就是说，在法治国家办理一切事情的具体要求和程序都能从法律中找出依据。因此，强化全民的法律意识，增强全民的法律知识，是依法治国的本质要求。要想增强全民的法律意识，真正普及法律知识，就应当将法律作为必修课程，从小学到初中、高中，再到大学，内容由浅到深、由简单到复杂，这样，必将大大增强未成年人的法律意识。当一个人知道自己的某种行为将会触犯国家刑律，将会给自己带来牢狱之灾，将会使自己失去自由时，他就会尽力去控制自己的行为。当一个人知道哪些行为违法、哪些行为合法、自己的合法权益受到损害时该采取怎样的合法手段来保护自己时，他就会尽力避免违法行为，而采用合法的行为。

（二）优化家庭教育

良好的家庭教育对人的一生至关重要。一方面要让父母从思想上重视对未成年子女的教育工作，从点点滴滴的生活细节入手，教育子女从小就懂家规、守国法，遵守社会秩序。另一方面，家长要重视自身素质的提高，给孩子做出遵纪守法的榜样。

（三）各级政府层层设立未成年人保护机构，加强对未成年人的管理

未成年人是社会的弱势群体，他们很容易受到伤害，很有必要成立专门的机构来对未成年人，特别是失学的未成年人进行专门的管理、引导和帮助。

第六节　超常儿童的家庭教育

一、超常儿童的定义

超常儿童主要指其智能（数理智能、言语智能、艺术智能等多种智能）发展水平显著超过常态儿童两年以上的儿童。他们是儿童群体中的一部分，具有非凡的表现。

二、超常儿童家庭教育的特点

（一）良好的教育环境

1. 家境和学习条件

根据对超常儿童父母的受教育程度、职业、经济地位等资料的调查，研究人员发现，尽管各种不同的家庭背景下都有可能出现超常儿童，但是在比较优裕的家庭中，出现超常婴幼儿的概率较大。这类家庭是指父母的受教育程度高、职业条件好、收入稳定，生活充裕的家庭。这类家庭为孩子提供充足而适宜的材料和活动，有良好的条件对婴幼儿进行早期的家庭教育。也有超常儿童来自贫穷的环境，但他们并非生活在精神贫乏的环境中。相反，他们往往是贫乏环境中的一些幸运儿，不是得到过家人感情上和智力上的充分支持，就是得到过他人的资助。

2. 家庭关系

几乎每个人都在自己的生活中切身地体会到，和谐融洽的家庭有利于孩子或家庭中任何一名成员的身心健康发展；而不和谐的家庭，尤其对孩子的身心发展具有极大的负面效应。相亲相爱的家庭才能营造最有利于孩子成长的教育气氛。

超常儿童的家庭日常生活是愉悦的、充满爱的，各成员之间一般都能够相互尊重、关心和信任，家庭气氛和谐。父母重视对孩子的教育，也善于教育，他们对孩子既严格要求，又充分信任，使他们能心情愉快地学习。父母和孩子之间是平等的。这样的家庭环境有利于培养孩子的自信心、独立性和创造性，有利于智力的发展。

（二）民主的教育方式

养育方式是指父母对待孩子、传达给孩子的一系列态度，以及由此产生的情感氛围。在这种氛围中，父母的行为得以体现。实践中，父母的养育方式是由父母的个性、智力、养育观和他们自己的童年经历等许多复杂因素造成的。父母的养育方式对孩子的性格和智力有深刻而长远的影响。现代著名儿童发展心理学家伯恩斯坦说："父母造就了人。"

超常儿童的父母在家庭教育中往往采用的是民主性的教育方式，能较好地促进孩子形成良好的个性品质和思维习惯，对孩子的智能发展大有益处。民主的养育方式有利于培养儿童的自信心和独立性，使他们敢于探索、敢于迎接挑战。

（三）注重才能培养

超常儿童的父母不仅给孩子创造良好的家庭教育环境，实施民主的教育方式，而且尤其重视才能的培养。他们对孩子有积极的期望，为孩子制订严格的教育计划，抓住一切教育机会，创造条件帮助孩子完成这些计划。在培养孩子才能的过程中，父母付出了不同寻常的心血。

三、超常儿童家庭教育建议

（一）教育要重视全面发展

我国的教育方针要求受教育者在德、智、体、美等方面得到全面发展，使年轻一代成为有理想、有道德、有文化、守纪律的一代新人。家长应按照此要求去培养超常儿童。

（二）抓住关键期进行早期教育

儿童身心的发展与品德的形成在很大程度上取决于家庭对他们的早期教育。5 岁前是智力发展最为迅速的时期，在智力发展的关键期里，智力发展 1 年的效果超过其他时期智力发展 8 ～ 10 年的效果。

（三）注意因材施教且方法得当

超常儿童具有与众不同的心理特点，他们具有特殊的兴趣、爱好和强烈的好奇心与求知欲。家庭教育必须针对他们的特殊心理，坚持因材施教且方法要得当。家庭教育既不能是强迫式，也不能是注入式，而是依据孩子的好奇心、求知欲和兴趣，首先激发孩子的学习动机，然后不断提出要求启发孩子的思维，要求“寓教于乐、寓教于趣”。

（四）提供有利于超常儿童发展的环境

丰富多彩的环境刺激是超常儿童智能发展的必要条件。家长应为孩子提供优越的环境和良好的教育，以满足孩子学习上的需要，促使其智能得到超常发展。家长和孩子之间可相互出题，这种相互激励的智力刺激方式和文化环境会大大提高孩子开动脑筋、解决问题的能力，促使其得到超常发展。

（五）重视培养儿童的创造力

儿童和青少年是最富创造性的，特别是超常儿童，在这方面的潜力更大。儿童创造力的发展取决于家长要求儿童进行探索活动的态度。父母应该非常信任和尊重自己的孩子，从小就给他们探索的充分自由，对他们早期表现的兴趣给予引导和鼓励，还可以和孩子一起讨论，充分发挥良好家庭教育的积极作用，培养人才。

第五章

家庭教育的系统修正与改变的关键点

第一节　家庭教育系统的互动

一次完全没有手机干扰的对话，和孩子一起疯狂，一次身体接触（拥抱、亲吻等），放下“教”孩子的念头跟随孩子玩，看着孩子的眼睛说“我爱你，我喜欢和你在一起”，这是美国心理学家建议家长要做到的5个“每天至少一次”。家庭教育就发生在父母与孩子的互动中，高质量的亲子沟通是家庭教育最重要的载体。

尊重是亲子互动的前提，视孩子为独立的个体才能做到尊重孩子。报告显示，部分家长在亲子互动中不能做到尊重孩子，“从不”认真听孩子把话说完，“从不”允许孩子表达与家长不同的观点。

2021年年初，80后北大留美学生写给父母一封万字绝交信，血泪控诉父母在自己成长过程中的种种控制与不尊重。虽然像他这样12年不回家、6年不和父母联系绝对是个例，但生活中也常听到许多父母发出这样的感慨：自己费尽心力照料孩子长大，却发现孩子和自己渐行渐远。在笔者看来，父母做不到尊重孩子应该是重要原因。

尊重是建立任何关系的前提，尊重孩子是家长儿童观的自然反映。只有将孩子作为独立的个体，才能真正做到尊重孩子。

把孩子当作独立的个体，意味着允许孩子表达自己的想法，而不先评判孩子想法的对错好坏；意味着不随意打断或制止孩子，不简单否定孩子的不同意见或消极情绪；意味着和孩子交流时有尊重的姿态，有温暖支持的视线接触，认真地倾听和回复；意味着尊重孩子的兴趣爱好以及对朋友的选择，不将自己的意愿强加于孩子。

但在现实生活中，“我是你爸，你得听我的”“我是为了你好，你应该按照我说的去做”是很多家长的口头语。

把孩子当作私有财产，让孩子实现自己的梦想，这样的儿童观对孩子的发展非常不利。众多心理学研究发现，在不被允许表达自己想法的“专制”型教养方式下长大的孩子，往往缺乏沟通技巧，在人际交往中比较被动，容易盲从于权威，不太自信，幸福感也较低。

就像纪伯伦的诗中所说，孩子“借你而来却不因你而有自己的思想”。所以，尊重是人与人平等相处的基本礼仪，家长能真正视孩子为独立的生命个体时，才能学会如何尊重孩子。

亲子沟通是家庭生活的日常，高质量的亲子沟通才能满足孩子的成长需求。家庭教育与学校教育最大的区别就在于其融合在每天的家庭互动中，亲子沟通状况决定家庭教育的效果与质量。报告显示，两成以上家长“从不”花时间与孩子谈心，“从不”问孩子学校或班级发生的事情，“从不”和孩子讨论身边发生的事情，“从不”和孩子讨论电影或电视节目。且与四年级相比，八年级亲子沟通频率下降，这样的结果令人心惊。

这样的亲子沟通状况显然不能满足孩子的成长需求和发展需要。孩子的成长需求是多方面的，绝不是吃饱饭学习、学习完再吃饭、读书累了睡觉。心理学研究表明，高质量的亲子沟通有利于建立亲密的亲子关系，提高孩子对家庭生活的满意度，提高孩子的幸福感；可以让孩子获得有效的社会支持，减少负面情绪，增强积极的情绪体验；可以帮助孩子建立积极的自我评价，提高自信，也有利于孩子适应各方面的情况，满足孩子的成长需要。

亲子沟通要从与孩子讨论身边的事开始，要花时间与孩子一起开展多种形式的家庭活动，还需要身体前倾、眉头舒展、目光接触、点头赞许、抚摸拥抱等积极的情感投入。但现在很多家庭只有心不在焉的沟通，家长的心思在电视、手机或工作上，这样的亲子沟通是不合格的，有时甚至起负面作用。

很多青春期孩子的家长抱怨孩子叛逆，不愿和自己沟通，想和孩子聊天却总被关在门外。这些家长要反思，是否在孩子成长的过程中，错失了本来可以走进孩子内心、与孩子建立良好亲子关系和沟通的机会。也许，在每天晚饭的沉默中，在每天睡前各自的低头玩手机中，就埋下了亲子隔阂的种子，埋下了青春期逆反和亲子冲突的种子。

第二节 家庭教育最重要的三个概念

一、观念

观念的“观”就是看的意思。你能站到多高、多远去看待现实的教育，去看待你们家的教育，去看待你自己的成长？你站到什么地方看？这里所讲的一个很重要的目的是改变你看问题的角度和高度，你觉得教育难做，教育让你难受，让你不舒服，是因为你站到了问题堆里边，站到了困难的地方。本来有很多地方是没事的，你站到没事的地方看教育，教育就没事了；你站到很幸福的地方看教育，教育就很幸福；你站到很讨厌的地方看教育，教育就很讨厌；你站到很功利的地方看教育，教育就很痛苦。

但问题在哪里？不同的人还是在努力地选择自己内心的立足点。内心的立足点决定了看问题的角度和方式，决定了判断和理解问题的方式。站在不同的角度看，就会得到不同的答案，内心就会产生不同的念想，这就是观念。

有的人比较执着，遇到事一直站在一个地方不动，换个角度看，他的坚持就有点过了。痛苦的人都有一个共同点，就是他们脚不会挪，内心的立足点不会动，看问题的角度不会变。执着的家长自己把自己绊倒，起来骂孩子。但是如果站到高处看，就会感觉很简单。

因为对人的改变，首先是对人眼光的改变。家长对教育感觉到不踏实，或者是孩子的教育让家长内心不安，最重要的原因不是没有办法，不是没有能力，而是内心没有方向和出路，不知道该往哪儿走。

二、空间

这里所说的空间，就是观念背后你站在哪儿。

先贤圣哲、经典背后都有一个空间。比如老子，老子说“道生一，一生二，二生三，三生万物”，是说内心必须站在一定的高度、站在一定的空间，而且这个空间和一般人的空间是不一样的。家长和孩子的对话，始终要琢磨的是他内心在哪个空间，你所站的空间和孩子内心立足的空间是不是能形成对话。家长要调整家长的空间和孩子对接。

一个人一辈子能做成多大的事，不是取决于他的专业技能，也不是他的学历，而是他内心空间有多大，能够承载多大的事情。心理空间小，有学历、有知识、有能力也走不远，甚至是件很可怕的事。心理空间小，他承载知识、承载能力、承载事情的空间就小，当他的知识和能力发展到一定高度的时候，危机就存在了。

众所周知有一个美好的空间让家长过得很轻松，这就是智慧空间，所以家长不要执着于方法和技巧。否则方法和技巧就会成为障碍，成为羁绊家长、阻碍家长前进的东西。

三、渐进

渐进，就是慢慢地进步。为什么强调渐进呢？因为越慢，内心生成的东西就越多。现在人做什么事快起来不难，但是慢下来不容易。当你自己求渐进的时候，这个时候的进步是飞快的，你越是想求快，你就越可能快不起来。

把“观念”“空间”“渐进”这三个词在心里存放着，像三盏灯一样每天都闪烁着。

家长内在的提升、变化和积累，不要拿一时的、外在的表现去衡量。观念、空间、渐进，这三个词，应该用后半生不断地去发展和丰富它们，以此去引领和塑造孩子。

第三节　母亲的感情温度

一、母亲的情感与孩子的心灵生发

做母亲的要用感情说话。感情虽然没用，但用感情来启发孩子的智力，智力是有用的；用感情去支撑和发展孩子的能力，能力是有用的。感情虽然是没用的，但它是有用的能力发展的基础。一个孩子要发展自己的智力和能力，他的感情和情绪是基础。这个感情最初来自哪里？就是来自母亲，这是母亲要把握好的一个关键点。

感情是最简单的，感情互动，每个人觉得很幸福了，内心很喜悦了，他就想做事，而且想做一些有意义的事。当一个人内心觉得不幸、觉得痛苦的时候，就不想做事，即使要做，也是做一些伤害和破坏的事。

所以母亲的感情是很朴素的，做母亲的不要想着用道理去引导孩子。先用母子之间的互动把孩子的内心激活，让孩子想做事。

如果把孩子的情绪养好了，孩子知道该干什么，他干的事比我们要求的还要漂亮。孩子知道作业摆在那儿，就是不想做，为什么？因为他心里难受，家里没人关心他、没人照顾他。让他难受的东西不给他拿掉，他就永远不想去做事，即使他做了也做不好。

所以母亲别上升到理性，母亲别讲道理，别计较标准和目的。妈妈生气会生在什么地方？认为孩子做事应该达到某个标准，做不到就生气。这个力量先压住，先把孩子感情的互动做好，而且要带着一定的热情。

一个家庭的情绪状态要归零。归零，就是孩子不管是上了初中、高中还是上了大学，在你看来他还是个婴儿，是没上过学的婴儿，你在这个层面上跟他情感互动。一旦你带着目的、带着标准、带着功利，你的笑都僵硬、不自然。

这是整个启动孩子内心系统、家庭教育系统的一个点，母亲要站在感情这个层面上，拿自己的感情来提升和互动孩子的感情，激发孩子内在的活力。

母亲要做的就是把理性的东西化成无形的感情，在孩子面前，千万别聪明，千万别明白，千万别知道标准，因为感情是整个家庭系统的第一个点。

二、冷暖、强弱、大小、阴暗

整个家庭系统的第二个点是温度，孩子喜欢做一件事，这个事就成了。怎么样让孩子喜欢？就是看待孩子的情绪状态要有一定的温度标准，带有一定的热情。要惊奇于孩子在任何层面的表现，就像孩子刚出生的时候，会哭会笑家长都觉得很惊奇。

家长看孩子时要努力地站到刚出生的那个点上去看，这才是一个母亲看孩子的角度、空间和时间。内在的东西启动了，外在的标准才容易实现，才容易通达到。

这是一个点，作为母亲，要想让孩子走得远，就一定要守住。在家，第一要往后退，从理性的空间退到感性的空间里来。什么意思呢？判断了这个事的对错，你内心立即给自己一个否定，对错不是我要做的事情，不是我要判断和坚持的事情，我要退到我和孩子情感互动的空间里来，让孩子能笑起来。在做的时候，不管遇到什么问题，做妈妈的第一件事是要让孩子笑起来，在你面前能笑起来。如果你笑不起来是你内心有标准，孩子好的时候不需要你笑，孩子不好的时候你的笑能把孩子的笑带动起来，剩下的事就简单了。

三、父母之间的互动

家长在家庭系统里面启动了情感与温度，这个温度够不够热，要看母亲的情感够不够高。这个感性的东西就是对孩子的感应，对孩子情绪的感觉、感应。最重要的是你的温度，能不能笑着去面对，这个温度不是取决于母亲，而是取决于父亲。

母亲的感情就是一口锅，锅里的温度取决于火，这个火就是父亲，父亲和母亲的这种互动就像火和锅的关系。光有母亲这口锅，是炖不好教育这锅汤的，得需要父亲的这把火点着。许多母亲一脸的冷漠不是因为孩子，而是因为她背后没人给她点火。所以做父亲的要和自己的妻子进行互动，让妻子面对孩子时感情升温，点燃妻子的感情温度。

第四节　父亲要从高处下来

一、父亲不要远离孩子和家庭

父亲不要离孩子和家庭太远，不要觉得那些事跟自己没关系。父亲的第一责任是判断，之后是陪伴。有了陪伴，培养才能够发生。父亲要陪得住，这个陪，既有对妻子的陪，也有对孩子的陪。父亲是儿童初级社会（家庭社会化）中最重要的一个人，没有人能取代父亲在孩子心目中的地位。在传统观念里，父亲是权力的典范、话语和榜样，其绝对作用是不言而喻的。当父亲的责任不在时，可能会极大地影响孩子日常的生活和在校学习。因此，本节将讨论父亲责任在儿童家庭生活中出现缺失的各种情况，以及他在生活中对孩子的细微方面的重要作用。

对于孩子的成长，父亲的角色和父母的参与对孩子未来的成长有显著的影响。然而，对于孩子来说，由于心智尚不成熟，他们尚未了解父亲的角色及其参与教养的重要作用，在家庭中，不能要求父亲积极参与对自己的教育，父亲对自己孩子的初步社会化未能完全发挥作用。

当家庭的第三个成员——孩子到来时，母亲、父亲不得不角色转换，尤其是父亲，不仅要照顾孩子的母亲，还应该给孩子更多的关爱，让儿童在父亲母亲一起参与照顾的环境下健康成长。在必要的时候，是需要对孩子的成长“指手画脚”的，不管是否存在价值偏离；大人们容易自以为是，以为是“成人”就有管束和要求孩子的权利，殊不知，这权力恰恰是孩子赋予的。需要传达一个重要的理念：真正了解并走进孩子的世界，是非常重要的一件事。

家庭是一个人生活和成长的重要场所，家庭环境如何，直接决定和影响着其是否能够健康成长。家庭在青少年生活中扮演最重要的社会控制角色是各种犯罪社会学派的共识。一个人的社会过程始于家庭，其早期生活经验深刻地影响着其一生的发展。每个人社会规范的接受、价值观念的形成、生活目标的确立、行为方式的养成、生活技能的掌握和社会角色的培养等，最初都是在家庭中完成的。家庭对于儿童而言，是初级社会化的重要场所，对他的一生有着巨大的影响。许多儿童的行为表现是长期家庭关系和社会环境、家庭环境共同影响的结果。

儿童处于青春期敏感阶段，是价值观和人生观正初步形成的重要阶段，父亲角色的存在对儿童的认知、情感、社会性、个性养成均有深远的影响。通过分析发现，婴幼儿家庭教育中父亲角色价值的认知错位、心理疏远及父亲自身的知识困乏等诸多原因是导致其角色隐退的主要原因，甚至可能影响到孩子的一生。两性关系不平等及处理学习上遇到的困难和问题不够理性，同时也是导致儿童存在一系列心理问题的主要因素，甚至是儿童犯罪的主要诱因。坚持终身学习，树立科学的育儿观念，保持自身独特的教育方式，以及家庭成员之间的同心协力，可以有效解决父亲角色缺失的问题。

二、父亲的家庭教育角色及其重要性

父亲是一个家庭的核心，他高度的责任感是家庭稳定的基础，因此他有绝对的发言权。父亲的高度责任感是家庭稳定繁荣的基础。父亲不应该用一个简单的概念来定义。一个父亲，不仅仅是一个父亲，而是一个生动的形象，这意味着他不是一个冷酷的概念。首先“亲”这个字，表明一个父亲和孩子有独特的血缘关系，父母和孩子之间的亲密关系是与生俱来的。除了血液，人一生还可能会有师父，可以这么去理解这个师父：“父”意味着教育，有一种作为榜样的作用，通过自己的表率能力给孩子一个良好的教育义务和责任。

一般来说，赚钱养家、家庭决策、成为家庭的重要支柱，这是每个父亲应承担的最基本责任。除此之外，父亲的角色扮演使得他必须对自己的孩子负责。父亲在儿童性别角色、人格品质、人际交往、道德行为等社会过程中所扮演的角色蕴含着独特而巨大的影响。父亲承担家庭教育角色。家庭教育关键在于家长的相互合作，缺少任何一方都是失败的教育。在日常的家庭生活中，儿童除了受母亲细腻、知性的影响外，如果有了父亲更好的陪伴，男人坚强沉着的心、坚毅的品格等也会深深地影响他们。俗话说：“子不教，父之过”，父亲在幼儿教育中起着极其重要的作用。父亲的良好品质会影响到孩子，父亲在孩子的家庭社会化过程中需要一步一个脚印，要做到言传身教，通过语言、行为等方式教会孩子为人处世的态度和方法，另外还有一个特别重要的方面，对儿童的发展是特别有益的，那就是为儿童提供一个和谐、温馨、充满爱的家庭氛围。

首先，在现代社会，收入和支出是不平等的，人们都在提前消费。当孩子的养育费用和教育的成本上涨后，父亲甚至父母都离开了孩子，为每天的生存而战。在孩子们的教育面前，在家庭的生存需要面前，教育已经在被落下了。导致父亲与孩子在家沟通接触的机会较少，交流的时间基本没有，其他的亲子活动就更不用提。

其次，不同地区，父亲对幼儿的教育程度是不一样的。城市家庭的父亲更注重孩子各方面的均衡发展，因此大多父亲对儿童的关注和教育是足够多的。大多数农村地区的父亲作为儿童的监护人，其对儿童成长的认识严重不足，有一部分甚至觉得孩子在学校受教育会比自己教得好，这是因为他们对“教育”这个词没有完全理解，不理解“教育”也要分家庭教育和学校教育，自己对孩子的教养是家庭教育的重要组成部分，谁也无法代替。此外，他们的教育水平也影响了其对儿童教育重要地位的认识。在调查中发现，他们通常只关心孩子的学业，也仅仅是关注孩子学习的最终结果——期末考试成绩。孩子平时在家里学习时，父亲不会与儿童共同探索问题、带领儿童用发散式的思维思考问题。有些父亲自己本身的问题就深深地影响儿童：他们既不耐烦又粗心，以一个成年人的角度，自觉地认为孩子自己就可以完成自己的事情。当孩子需要他们帮忙时，只顾着自己的活儿，表现出的实在不是一个父亲应有的榜样作用，父亲自己都不注意孩子的小问题，也不能帮孩子解决问题，最后的结果可想而知，儿童就不能顺利地成长。

最后，家庭和父亲对孩子有很高的要求和取向。一方面，父母因为自己的工作和事务而忽视孩子，这是自由放养教育的典型特征。放养教育，简而言之就是监护人对孩子的生活、学习、性格等方面的塑造关注度过低，方方面面都由孩子自己决定。虽然这样的孩子可以早熟，但其将会有缺陷。在这个阶段，儿童的家庭社会化是不完整的。另一方面，他们对孩子的了解不够，盲目地与其他孩子进行比较，这是最明显的情况。孩子的智慧除了遗传之外，后天的主动创造、应试教育也影响了孩子的创造力。父亲忽视了孩子的教育，但将孩子的所有缺点都归咎于孩子自己不努力，然后没有意识到父亲和母亲在教育孩子方面的责任是不同的，埋怨母亲对孩子没有用心。父亲以外部环境为主，关注的焦点已经改变，只是看到自己对孩子的要求，这是片面的，往往一点点的交流就耗尽了有限的耐心，让他们常常错误理解孩子的实际需要。

三、改进父亲家庭教育角色问题的建议

为了提高父亲承担家庭教育角色的有效性，可以从三个方面对父亲进行引导，分别是心理、情感和行动。

通过心理辅导的课程，可以让父亲们懂得一些参与性技巧，比如倾听、提问、鼓励、内容反应、情感反应和具体化技术，提高父亲的交流能力以及学习更多了解技巧。父亲应多参加专业的技术教育。技术教育是指父亲在孩子出生前主动接受活动训练、参加主题活动或参加教育课程，父亲主动地接受专业技术人员的教育，从而帮助他更全面地理解孩子的问题。一般来说，母亲是子女感情的靠山，母亲的教育影响子女的感情发育，子女感情世界的丰富、温存和崇高，往往取决于母亲；父亲是子女的精神支柱，父亲的教育影响子女的精神发育，子女精神世界的深刻、博大和理智，常常取决于父亲。情感上，通过支持的方式，可以促进父亲和孩子在生活中的交流，也可以增进父亲和孩子之间的感情。家庭的支持，是母亲对父亲参与养育孩子的支持，母亲可以减少指导孩子作业的时间，交由父亲来完成。父亲应该树立良好的形象，为孩子树立榜样。当孩子犯错误时，父亲必须站出来，阻止孩子的越轨行为，以及更多地关注他，并时刻提醒自己。对于孩子过分内向的情况，应注意与孩子说话的方式，并让他多与人相处接触，以提高他的沟通能力。

父亲教育子女的方式不当，缺乏理性，纵容或暴力倾向会刺激孩子做出越来越极端的行为。例如，有的孩子说话没有分寸，在什么情况下说什么场

合的话，爸爸要多加注意，加以引导。虽然“童言无忌”，但也会引起其他人的不满。在公共场所，要注意公共秩序，父亲不能随意向孩子说教。尊重是相互的，就像亲子关系的影响一样。父亲的坚毅性格会对孩子产生深刻的影响，但是在表达对孩子的不满时，当父亲用过于绝对和暴力的方式来制止孩子的行为时，孩子可能会害怕，还可能会沮丧或直接离开家，甚至选择结束自己的生命。这结果是最不应该出现的，育儿方式是值得人们深入思考的。同时，让父亲每天和孩子接触，一起学习。父母参与孩子的生活，是一种温暖，也是一种家庭团结。此外，父亲要支持孩子、尊重孩子，在价值、尊严、人格等方面保持平等关系，对于孩子的思想感情、内心体验、生活追求和独特性，应当很好地接纳、关注和爱护。儿童时期，性格的可塑性很强，父亲需要真挚诚恳地对待孩子的需要，不特意取悦他们，也不回避自己的失误和短处，直截了当地表达自己的想法，虽然有时候自己也有出错的地方，但是可以一起改正，真诚能换取信任和喜爱，这也是一种很好地促进父亲与孩子之间关系的途径。最后，父亲们可以借助儿童的言行，深入对方内心去体验其情感，帮助其拥有积极、乐观、向上的情绪。

行动上，改变父亲的行为方式，做到真正地承担起儿童的家庭教育责任。母亲是大多数家庭中最关心孩子的人，父亲是家庭的“隐形监护人”，很多父亲会觉得妻子在教育子女方面没有问题，做得非常棒。事实上，恰恰相反。没有发现问题不表示问题不存在，每周开个家庭交流会，尽可能创造良好的交流氛围，这是必要的。首先，倾听是第一步，这是了解家人的基本要求。倾听既可以表达对家人的关心，同时也可以听家人诉说自己的烦恼。特别是母亲诉说孩子的变化，提出有关孩子教育的建议，父亲要认真倾听。当孩子表达他们喜怒哀乐的情绪时，不能打断。性格内向的孩子，平时沉默寡言，可以在这个时候随意说，不必压抑，重要的是让孩子参与。其次，父亲也可以分享自己的事情，让孩子们也倾听他的心声，孩子也会深受影响，纠正自己的习惯。父亲可以在这个活动中更多地了解孩子的日常生活，增加亲子接触的机会。

家庭教育系统，只有建立一种互动的关系，才能够动起来，才能够成为一个体系，这个体系的能量才能够在每一个人内心形成互动，流淌起来进而相互滋养。

第五节　家庭教育的“有用”与“无用”

一、“无用”与“有用”的平衡和对称

整个家庭教育系统的定位应该在什么样的空间里？

家长要从孩子的学习空间里撤出来，去做和学习无关的事情。教育的过程中一个很重要的概念就是平衡，心平了才能具备判断和衡量问题的能力。平衡这两个字在家长内心怎么产生作用？对家长有什么样的价值？心要先放平，才能够去衡量，这叫平衡。家长怎么实现这种平衡呢？首先是有和无的平衡，学校教育是“有”——有标准，有目的，有时间；家庭教育则是“无”——无标准，无时间。学校开发的是大脑，家里培育的就是心智。

比如情绪没有用，但是它有间接的用途。情绪决定智力的张弛度，一个孩子的大脑的聪明程度能不能发挥作用，能不能显得有力量，取决于“没用”的那份东西。大脑是有用的，是有目的的。这个目的最初的动因是“没用”的东西，就是一个人的情绪。

二、无功利养心，有目的用脑

在养心这个问题上必须去掉功利，也就是养心不能带着功利的目的。带着功利的内心对孩子的内心、情绪和情感的发展是一种枷锁。

所以放下功利去养孩子的内心，孩子才可能有目的地用脑。

三、"无标准"通情，"有目的"达理

通情的时候是没有标准的。家人之间相互沟通感情的时候是没有标准的，没有什么具体的做法，这个时候你就看到他，不管做什么事你只要流露出一种内在的喜悦就够了。这里的通情主要指的是母亲，达理主要指的是父亲，因为人内心的感情饱和之后，都希望有一个明白的理让自己的内心变得更轻松。

在这个问题上爱迪生的母亲做得很好。爱迪生回家孵小鸡，我们想象不到背后还有个老母鸡在孵着爱迪生的内心，正是因为他母亲，爱迪生才成为伟大的发明家，是他母亲把他内心发明家的梦想和动力给孵出来了。家长如果也这样没有标准地去给孩子通情，也会孵化出孩子内心的理想来，而且能把他的理想变成现实。

四、"无用"的游戏，"有用"的规则

在家里做的是没有用的游戏，这个游戏千万不要想着有什么用，就放开去玩，就怕家长聪明、有目的。玩的是无用的游戏，但是留在孩子内心的是什么？是规则。当一个孩子从小自己会建立规则的时候，将来他就是这个社会的管理者。

就像玩泥巴与弹钢琴一样，泥巴是无形的，孩子能把无形的东西变成有形的东西；钢琴是有形的，有形对无形是要制约的。因此孩子最早去感受世界，玩泥巴是最好的。

第六节　情感教育与情绪管理

一、家庭情感教育

教育关乎一个社会、一个民族的存亡发展，也是培养下一代的核心手段。然而随着社会科学技术的发展，人们的教育思想也受到当代功利性因素的影响，缺乏必要的情感教育。教育逐渐注重科技而忽略人文，注重知识的掌握而忽略情感的完善和构建，这必然会导致教育中人性的缺失、爱的缺失。家庭教育是孩子们首要接触的教育，因此家庭中的情感审美教育也就必须得到最深切的关注。

情感教育是当代教育的生命与灵魂，也是家庭教育中的内核和关键。家庭教育受到社会的关注，但是家庭教育中情感与爱的教育又占有怎样的位置？这是一个值得思考的问题。

“情感”教育是孩子的心理需要，是促使孩子健康成长的必要因素，不容忽视。但是纵观我国农村和城市家庭教育中的情感教育，还是出现了很多问题，总结起来主要有我国家庭教育中父母对情感教育的意识普遍不高、父母对孩子的关注方式出现错误、父母忽略了教会孩子去爱别人等原因。

（一）要加强父母对情感教育的重视，提高家庭教育中情感教育的意识

从中国教育的历程来看，我们的教育观念往往会受到传统教育观念的影响，认为“万般皆下品，唯有读书高”，把读书看作教育的最终目的，而忽略了“情感”的教育。在现代社会中，外来思想也同样影响着我们的家庭教育。像实用主义和急功近利的思想，也让父母们忽视了给孩子人性的教育、情感的教育。而提高父母的“情感”教育意识则需要社会、学校等有关机构开展

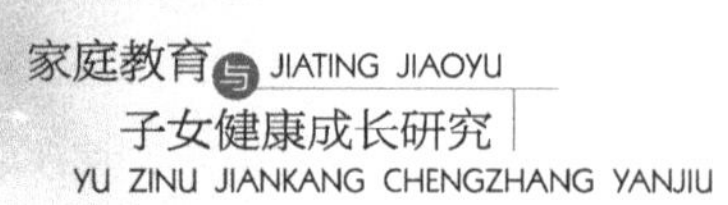

各种宣传活动、设立各种相关的机构。

（二）父母要用适当、正确的方式来付出情感

父母的情感就是孩子成长的雨露，滋润着孩子的心灵。畸形的情感必会使孩子的心灵受到创伤，畸形发展。对孩子进行情感教育，要让孩子感受父母家庭的情感和温暖，给孩子营造温馨的家庭气氛。父母要用自己的行动来给孩子做榜样，让孩子在耳濡目染中受到父母的情感教育。还要切记，不可溺爱孩子，过分的情感不会使孩子健康成长，反而适得其反，使孩子失去为别人付出情感的习惯。因此，父母对孩子进行情感教育要给予孩子情感，但又不可以是溺爱的情感，要用语言、良好的家庭环境与自身的行动来进行情感教育。

（三）情感教育要教会孩子去关心别人

情感教育的一个目的就是要教会孩子懂得帮助别人，懂得理解和感恩别人。一个没有同情心、不懂得感恩的人是没有情感的，成为不了社会需要的人。因此，父母在教育孩子的时候要不失时机地让孩子感受别人的辛苦与痛苦，唤起孩子的同情心。教会孩子去爱，首先，教会孩子爱自己，然后要教会孩子爱身边的人，包括父母、朋友、邻居等；其次是教会孩子热爱学校、社会和自己的国家。父母要在家庭教育中不失时机地给孩子引导，把孩子从错误的思想和行为中拉回来，让孩子在情感的怀抱里健康成长，也在情感的环境中学会爱生命、爱自己、爱身边的一切。

（四）要教育孩子养成良好的习惯，锻造独立健全的品格

习惯对孩子品格的培养有着潜移默化的影响，良好的习惯能伴随孩子美好的一生。孩子不是用规则教育就可以教育好的，规则总是被他们忘掉。家长觉得他们有什么必须做的事，便应该利用一切时机，甚至在可能的时候创造时机，给他们一种不可缺少的练习。这就可以使他们养成一种习惯，这种习惯一旦养成，便不用借助记忆，很容易地、很自然地就发生作用了。少儿的可塑性极强，可是也很容易出现品格上的偏差。父母必须放手让他们去经

历长期的锻炼和磨炼，孩子才能收获良好的习惯和品格。

总而言之，情感教育是家庭教育中不可缺少的部分，只有父母提高情感教育意识，把孩子教育成一个懂得情感、懂得给予别人和社会情感的人，才是成功的教育。希望更多的父母扬起情感的教育旗帜，重塑家庭环境中的情感教育。

二、家庭情绪管理

父母的情绪与孩子的成长是密切相关的，父母拥有良好的情绪管理能力，不仅有利于孩子幼时的幸福成长，还对孩子从幼儿园到小学的衔接过程有着重要的作用，甚至对孩子在求学阶段乃至工作阶段的表现也有深刻的影响。这就证明，家长的情绪管理对于孩子的家庭教育有着重要的意义。本节即浅谈家长情绪管理能力对家庭教育的影响。

家长的情绪管理能力在家庭教育中的表现主要在于对自己和孩子的情绪进行识别与理解，进而根据这些信息来调节自己的教育行为。也就是说，家长的情绪管理能力其实也是家庭教育的一种方式。

（一）家长情绪管理对家庭教育的影响

1. 对亲子关系的影响

家长的情绪管理能力与亲子关系有着最直接的影响。家长如果拥有良好的情绪管理能力，那么对于孩子来说，接触到的父母永远是和蔼可亲、温柔如玉的。幼儿时期的孩子虽然心理发育尚不完整，但是对于父母所表现出来的积极情绪却能够产生理解和回应，因此，在父母表现出良好情绪的时候，孩子的情绪也是欢愉和幸福的，他们能够从父母的情绪中体会到父母的爱意，从而与父母形成良好的亲子关系。

但是，如果家长的情绪管理能力较差，时常在孩子面前呈现坏脾气，将暴躁、易怒、郁闷、伤感等不良情绪对孩子释放，就会严重影响到孩子的身心健康。这会导致孩子在幼儿园也表现出好动、调皮、急躁、易怒、内向、忧郁等多种不良状态，导致孩子与家长的情绪相互影响，形成恶性循环，让亲子关系更加严峻。

2. 对幼儿生命力的影响

关于生命力，一般解读为生命活动的能力，或者生存发展的能力。显然对于孩子来说，家长的情绪管理能力与孩子的生存发展能力息息相关。家长的情绪管理首先决定了家长与孩子的亲子关系，而亲子关系则影响着家庭教育，家庭教育作为幼儿启蒙教育的重要部分，对孩子一生的发展有着重要的作用。

如果家长的情绪管理能力较差，就会破坏亲子关系，造成家庭教育难以施展，孩子不光会模仿家长的坏脾气，还有可能会因为缺少家庭教育而影响了在学校的学习，甚至还可能会被不良风气所影响，误入歧途，影响其一生的发展。但是，如果家长的情绪管理能力较强，亲子关系融洽，家庭教育的开展也十分顺利，孩子在上学前就能够拥有良好的素养，进入校园后的表现也一定不负众望，将来可能会成为社会建设的栋梁之材。

3. 对幼儿心理营养的影响

“心理营养”是亲子教育专家林文采博士提出的核心概念，而家长的情绪管理能力与该概念中的“五大心理营养”有着重要的关系。在“五大心理营养”的概念中，安全感是一项重要的内容，而家长的情绪管理能力恰恰能让孩子感受到足够的安全感。如果家长难以调控自己的情绪，肆意对孩子发泄情绪，就会让孩子失去安全感，从而失去了一部分“心理营养”。

（二）家长应该如何管理自己的情绪

1. 父母应当意识到消极情绪对孩子造成的负面影响

身为父母，首先要在心里明确，自己的负面情绪会对孩子造成难以估计的影响，而且这种影响是传染的、隐蔽的、持久的，甚至会因为长期积压不良情绪而导致孩子出现严重的身心健康问题。

一方面，家长的负面情绪对孩子的影响难以直接表现出来，往往是经过一点一滴的积累，慢慢地让孩子形成了恶劣的情绪表现。另一方面，家长的坏习惯很容易就会被孩子学会，比如家长爱说脏话，孩子很轻易地就会模仿和学习；家长脾气暴躁、爱生气，孩子也会因为耳濡目染变得脾气差、难以相处。这些负面的影响会被逐渐放大，从而导致孩子更加难以管理。

2. 父母需要学会在产生不良情绪之后进行反省

家长在明确自己的消极情绪会对孩子造成严重影响之后，就应该尽量避免对孩子表现出不良的情绪。但是总有意外会发生，一旦家长在孩子面前表现出不良的情绪，家长应该立刻向孩子道歉，并且帮助孩子宣泄和疏导不良情绪的影响，然后还要进行自我反思，提示自己不能再犯同样的错误。

3. 父母要积极控制自己的情绪，成为孩子的榜样

家长在建立意识和反省的基础之上，就会慢慢形成情绪管理的有效机制，拥有控制自己情绪的能力。父母不仅要自己拥有良好的情绪管理能力，还应该成为孩子的榜样，帮助孩子也能够拥有管理情绪的能力。幼儿时期的学习和模仿能力非常强大，因此，家长在成为孩子榜样的同时，也是在完成家庭教育的内容。一旦孩子拥有良好的情绪控制能力，那么他的一生都会受益无穷。

综上所述，从广义上来说，家长的情绪管理能力也属于家庭教育的一种方式，因此与家庭教育是紧密相连的。家长的情绪管理能力越好，越容易形成良好的亲子关系，还能增强孩子的生命力，完善孩子的“心理营养”。因此，家长必须学会管理自己的情绪，让这种家庭教育的方式帮助自己的孩子获得更好的发展。

第七节　家庭文化的生成与反应

一、家庭文化创生的核心概念

（一）文化创生的意蕴

文化创生实际上是指文化力可以作为一种创造生产力的工具，它是以精神形态出现在社会当中的，具有巨大、潜在的精神力量，其功能主要在于开发及创造出人潜在的意识力量并付诸实际行动。文化这类精神状态的形式生产出物质性的活动，以人类实践作为特征，即“创生”活动。创生具有的创造性与生产性相互统一的特性，是人以某种精神状态通过实践活动生成为物质现实的事物。文化创生力也就是文化具有创造力与生产力相互连接、相互贯通的特质属性，是人文性、社会性文化创造生成能力，是社会发展的根本动力。人和社会是紧密相连的，人通过文化的集聚发展，以实践活动为载体进行创生，具有社会性、物质性、精神性、文化性等多方面特性。其中，文化性是各种创生结构的前提，形成以学生为中心的创生结构，家庭文化、学校文化、社会文化三维互动的创生格局。教育生产的现实使命，就在于促进学生的全面发展，构建有利于学生发展的创生结构，激发学生的创生力。

（二）家庭文化的意蕴

家庭文化是在家庭成员经历的基础上，以个体家庭为单位，从家庭要素中为文化产出的对象。家庭文化具有产生于家庭内部、为家庭各个成员服务，即形成文化本体化、本体文化的特质属性。家庭是社会整体的基本单位，是构成整体社会的基本要素。据此，家庭文化作为社会文化的一部分存在于现代社会当中。文化通常以人类精神意识的形式呈现，是认识流动与实际活动的产物，同时也是人类创生能力的凸显，是人特有的活动。家庭作为人们流动的基本场合，也是文化消费的基源仓库，是文化创生的首要地点。文化是从人类最根本的流动场合——家庭伸展而出的，人们必然从家庭领域进入社会流动的范畴，据此，人类的文化创生活动顺其自然地从家庭文化领域展开到社会文化领域。家庭是人类文化最为根本的创生地带，也是整个社会文化的发展源头。

（三）家庭文化创生

家庭文化不仅是家庭物质生活方式的体现，而且是家庭精神生活方式的显现。家庭文化创生力也不是仅仅作为一种功能出现在家庭文化当中的，文化的创生力影响着家庭文化的发展，同时家庭文化也同样影响着文化创生力的发展，两者相互依存、相互促进。随着社会经济的发展，家庭生活质量得到前所未有的提高，这为家庭的精神文化生活发展创造了充分的物质条件。因此，家庭文化产业的发展成为社会发展的一种趋向。家庭是学生学会生活的第一个场所，家长也因此成为学生的第一任教师。家庭作为社会的组成部分，在价值观、人生观以及生活态度等方面，都成为学生最基础的教育影响点。家长的文化程度、职业以及对于协同教育的态度都对学生有着潜移默化的影响，这样缔造出来的家庭文化也独具特色。

二、家庭文化创生的内在诉求

（一）发展合作文化，共创教育新时代

首先，利用学校文化促进家庭文化创生。学校文化与家庭文化和社区文化在协同系统中作为三个支点的载体。学校文化总是处在社会文化的影响之下，社会文化的变化都会反映到学校文化中，学校文化也反映着社会文化的基本精神。同时，学校文化促进着家庭文化的创生，学校联合家庭对学生进行社会化教育，家庭文化融合学校文化服务于儿童和家庭。因此，家庭文化

创生必须结合学校文化，促进自身文化更长远发展。其次，利用社会文化促进家庭文化创生。学生处于社会化生活中，社会生活生产中的每一类文化每时每刻都影响着学生自身的文化意识。在当代，大众传媒作为最广泛的文化载体，给学生带来了各种各样的文化意识。对于这些文化的抉择，需要全社会共同协作，选择理性的、先进的社会文化，让学生得到应有的文化熏陶，营造和谐的家校共育的环境，为文化创生提供一片肥沃的土壤。

（二）关注生态文化，构建和谐新面貌

个体不是由所处文化环境完全塑造的，而是在成长过程中由多个生态文化环境共同产生影响的生命动态。个体与周围文化环境之间的影响具有双向性、互动性。据此，对学生行为的发展研究必然要将研究对象放置于赖以生存的相互联系、相互稳定、相互影响的生态文化环境中去。学生的发展处于各种社会关系之中，同时在与周围人以及自然、社会文化环境的相互作用下存在并发展着。学生个体的发展在大多数情况下来源于学生与人交互的过程中，无论是直接还是间接，交往所呈现出来的都是特定的文化关系。这些不同的文化元素组成了各异的文化系统，这些文化系统通过自行组织重构，形成影响学生发展的完善的生态文化系统。每一类人文特征都源于特定文化环境，并在该环境中展现并发展。我们有必要了解人文特征，以进一步完善家校互动、亲师互动的生态文化的内涵。

（三）明确角色文化，生成家庭新风气

社会角色理论认为，个体是经过学习、扮演其社会人的角色发展起来的，是别人对自身认识的总和，是各种角色的总和，代表对具有社会地位的人所冀望的行为。对于家庭来说，家长角色显示了个体在特定的家庭关系环境中所处的地位，折射出社会和家庭成员对家庭个体的期望以及要求，规定了家庭本体与社会地位相适应的行为准则。家长角色的主要承担者是父母。父母作为家庭中的成员，是家庭文化创生的核心力量，他们对角色的认知、角色扮演的方式和技巧，反映出本身素质，同时在子女角色交互中产生社会化影响。家长需要明确自己的角色职责，建设好家庭角色文化，促进家庭文化朝

着和谐的方向发展。提高自身素质，养成良好的品行，身正为范。明确家长角色，创造良好的家庭文化环境，与学校教育和社会教育配合，发展家庭文化，促进家庭文化创生。

第八节　守根养土

庄子说："天地有大美而不言，四时有明法而不议，万物有成理而不说。"

天地有大美而不言。美是什么呢？规律背后的秘密就是美，它以美的方式呈现。美是一种秩序，是一种规律。谁站到规律上做事了，让人觉得这事很舒服了，这人就显得美。

四时有明法而不议。在家里，我们不用说话就让孩子自觉地增减衣服，自觉地增减、收放自己的行为，收放自己的心，收放心里的情绪、情感。我们一起努力在孩子面前模拟一个季节，该开花的时候让他开，不该开花的时候还保持这个季节的规律。

万物有成理而不说。所有的东西都有它的成理存在。这个成理是什么？就是成就自我、成全自我的道理，而不跟你计较。小草有小草活的理由，草根能长成大树，你骂它是草也好，你说它是树也好，它不跟你计较。

大道无声，父母要学会言无言言。说没有语言的话，无声地传递，让孩子能够从天地的大美里去发现人活着的道理，从四时的变化里去感悟。

要能够从周围存在的大美、大道、明法、成理里面获取智慧，能够听得懂，能够和它们去沟通。

教育主要是要给生命提供一个空间，提供一个四时。今天培养的孩子要活在什么时候？二十年以后。所以不要根据今天的标准去要求明天的孩子，这样做是不明智的。

教育是自我成熟后的自然坠落，是自我内心的修行与回环，内在的修行不要用外在的表现去评价，内在的修行，它的力量强大而恒久。家长要立足于自己内在的修养、修正和修行，同时能够关注孩子内在的空间与涵养。人们守住这个地方不变，那将来孩子的生命回环会感受到我们生命存在的价值和意义。

第六章

家庭教养与亲子关系

第一节　家庭教养方式

家庭对于孩子来说是他们的天堂！父母的教养方式是他们健康成长的阳光、水和土壤。因此，家长应用心为孩子营造一个和谐适宜的家庭环境，学习适合孩子的教养方式，才能有利于孩子的发展。

家庭是指在婚姻关系、血缘关系或收养关系基础上产生的，亲属之间所构成的社会生活单位。家庭是幸福生活的一种存在，家庭是一个系统。

一、家庭教养方式概述

家庭教养方式是指父母对子女抚养教育过程中所表现出来的相对稳定的行为方式，是父母各种教养行为的特征概括。

（一）专制型

孩子必须服从父母的权威形象，无论父母的要求或行为正确与否，孩子都必须服从，否则，就会面对由此而产生的后果——责罚。这种教养方式没有把孩子当作一个个性独立的人来对待，把教养孩子当成是父母对孩子做的事，而不是父母与孩子共同学习成长的过程。父母传递给孩子的信息是“我告诉你该做什么、该怎么做”。

这种教养类型的特点是：其一，父母非常清楚自己应当承担起教养孩子的责任，树立父母的绝对权威形象，很容易让孩子明确什么是应该做的、什么是不应该做的。其二，孩子感受不到父母对他的爱，孩子会从内心深处惧怕父母，即使在严厉责罚的背后是一颗温柔的心。也同样会控制孩子的生活，使孩子没有主见，甚至会延续到孩子成年。其三，父母只专注于纠正孩子的缺点而忽略了孩子的优点。其四，孩子的行为是因为害怕被惩罚而不是从心里愿意去做，因此无法培养孩子自身内在的控制力。

（二）沟通型

强调父母对孩子的教养应该采用沟通而不是专治惩罚型的方式，认为没有所谓的坏孩子，孩子本质上都是好的，只有不好的沟通。要求父母需要学会如何倾听孩子，如何与孩子沟通。这种教养类型是把孩子当作一个行为由感情支配的人来尊重，要求父母了解支配孩子行为举止的感情是什么，用建设性的方式向孩子传递信息。用对孩子的心理研究替代了“打屁股”。父母传递给孩子的信息是“你认为那些事是该做的吗？”。

这种教养类型的特点是：其一，父母会设身处地地站在孩子的角度换位思考，用理解营造一个积极温和的家庭氛围。其二，会让父母失去必要的家长权威，会导致孩子不尊重权威，因不尊重家长且不尊重他人。其三，用多了孩子会把父母的良苦用心当成虚情假意，会把与父母之间的对话当成无懈可击的套话，根本不是真正的情感沟通。其四，由于父母总担心自己没有用“正确的心理学”的方式来反映孩子，会影响孩子的心理发展而对孩子的行为没有果断地表明自己的立场，会使孩子放任自流、任性。

（三）行为改进型

强调孩子的行为因父母如何建构孩子的成长环境而受到正面或负面的影响，为父母提供了一些不同的教养技巧，如暂时制止孩子的不良行为，正面鼓励，引导孩子分析行为背后的后果，等等。父母传递给孩子的信息是“如果你这样做就会是那样的结果”。

这种教养类型的特点是：其一，父母在教养孩子的过程中注重规范孩子的行为，为了培养孩子的良好行为规范进行必要的训练而忽略了孩子的内心世界。其二，对大多数孩子的行为改进效果良好，特别是对脾气不好的孩子更适用。其三，当父母的教养技巧用尽了，筋疲力尽的时候就很难应对孩子了。其四，父母只关注外在方法而忽略了父母与孩子之间的内在关系，把孩子当成一个项目去实施而不是作为一个有情感的人来培养。

（四）亲子依恋型

了解孩子的年龄、性格和父母自己的性格特点，在与孩子建立坚实的相互信任的亲子依恋关系的基础上进行沟通，父母和孩子同心协力共同面对和解决问题。父母传递给孩子的信息是“你可以相信我，我会帮助你懂得该做什么”。

这种教养类型的特点是：其一，要求父母既要了解孩子，也要了解自己，还要了解所处的环境，为孩子量身打造适合的教养方式。其二，这种类型的教养显性效果比起其他教养类型会慢一些，应用起来开始会不太方便，但是一旦相互信任的亲子依恋关系牢固地建立起来，教养孩子的问题会迎刃而解。其三，能够帮助孩子养成一生受用的内在自我控制力。其四，能够帮助孩子建立积极向上的人生观、价值观。

二、家庭教养方式对幼儿发展的影响

（一）帮助幼儿形成积极向上的个人价值观

心理学研究证明，3～7 岁是儿童价值观发展过程中的一个重要转折点，孩子开始将家庭的价值观转化成为他自己的价值观。孩子相信父母是绝对正确的，是值得信赖的道德权威。此时家庭的价值观与孩子的本性融为一体。因此，家长的价值趋向会对孩子起到很大的影响作用，甚至是决定性作用。

3～4 岁幼儿开始对同伴、教师等身边经常接触的人产生认同感、亲切感，开始能站在他人的立场上感受情境，理解他人的情感，在成人的启发下，会做出安慰、关心、帮助等关切他人的行为。

4～5 岁的幼儿很乐于劳动，喜欢为他人做事，表现出了最初的责任感，是价值观形成的关键期，具有一定辨别是非的能力，当看见别人的不良行为时，爱向父母和老师告状，所以，此时的父母应抓住关键期引导孩子形成关心、尊重他人的优秀品质。

5～6 岁的幼儿高级情感特别是道德感明显发展，已经能将自己的行为与行为规范相比较，产生强烈的道德体验，是非感、集体感、友谊感、爱周围人的情感已具有一定的稳定性，并且能自觉地按照道德规范调节并约束自己的行为。

（二）帮助幼儿养成良好的行为习惯

良好的行为习惯是帮助幼儿与同伴建立友谊、适应社会的一种能力。行为习惯是行为和习惯的总称，是在一定时间内逐渐养成的自动化的行为方式。每个人的生活是否合理、是否舒适，都依靠群体的风俗习惯，一半是身体习惯，一半是道德习惯。孩子只能消极地接受这些习惯，很少去形成自己的习惯，而他的大脑却接受了他观察到的周围的印象，这些印象形成了他最强烈、最持久的习惯。

3～4 岁的孩子已经能够掌握日常生活中的基本行为准则，比如基本的生活礼仪、交通规则、公共场所规则、轮流等待等，但该年龄段孩子的自我约束能力比较弱，还需要家长不间断地引导。

4～5 岁的孩子对事物开始形成自己的看法，是自我建立规则的敏感期；已经初步理解规则的意义和作用，具备了初步的是非概念；愿意主动建立并遵守规则；有意识地遵守公共场所的规则；按规则与同伴游戏。

5～6 岁的幼儿能自觉遵守基本的社会行为规范，具备了一定的是非概念；可以按约定好的规则进行游戏，并且具备与别人共同制定规则并共同遵守规则的能力。

（三）帮助幼儿养成优秀的性格品质

每个孩子都有自己与别人不同的独特性格特点，不过相同年龄的孩子也存在共同的特点。年龄越小，这种共同的特点越是明显。因为性格是后天形成的，学龄前儿童由于生理发展和生活经验的共性较多，所以性格的共同特点也比较多，也就形成了幼儿的性格年龄特点。

1. 贪玩好动

玩是学龄前幼儿的天性，他们整天不知疲倦地玩自己喜欢的各种游戏，一旦停下来，不是遇到困难停下来思考解决办法，就是身体有状况玩不动了。而且他们还特别勤快，非常愿意帮助家长做事。

2. 好奇心强

学龄前的幼儿用“十万个为什么”来形容一点都不为过，大千世界、万事万物对他们来说都是新鲜有趣的，都非常渴望了解，都会积极思考和探究，具体的表现就是爱提问，喜欢尝试没有做过的事，甚至是有危险的事。

好奇心是个体遇到新奇事物或处在新的外界条件下所产生的注意、操作、提问的心理倾向。好奇心是个体学习的内在动机之一，是个体寻求知识的动力，是创造性人才的重要特征。

3. 喜欢模仿

模仿是学龄前幼儿的一种学习方式，他们对感兴趣的一切现象都喜欢模仿，幼儿的动作、语言、技能以及行为习惯、品质等的形成和发展都离不开模仿。比如模仿动画片里的暴力打斗场面，模仿妈妈化妆穿高跟鞋，模仿爷爷躺在沙发上看电视或报纸，模仿爸爸打电子游戏，等等。

模仿是指个体通过观察自觉或不自觉地重复他人行为的过程，是改进自身技能和学会新技能的一种重要的学习方式。可分为无意识模仿和有意识模仿、外部模仿和内部模仿等多种类型。

4. 容易冲动

由于幼儿的年龄小，情绪控制能力尚在发展中，所以往往容易冲动。他们的情绪外露，喜怒哀乐都写在脸上。

冲动多指做事鲁莽、不考虑后果、感情特别强烈，是理性控制很薄弱的心理现象。可表现为行为上的，也可表现为思想意识上的。冲动是生命的一种特性，是与生俱来的，是蕴藏在人类基因中的。

三、家长教养策略

（一）发展孩子积极向上的个人价值观

家长要给予孩子持续的信任，发展他的自尊。父母是孩子个人价值观的主要来源，所以家长应帮助孩子建立健康的自尊，也就是帮助孩子对自己的能力和弱点有一个客观的认识，学会发挥自己的长处去努力克服生活中的种种困难。在日常生活中，家长应注重自身形象，用自己的实际行动让孩子知道什么该做，什么不该做，不能“光说不练”，鼓励孩子自我要求、自我创造；家长还应培养孩子健康的负疚意识，当自己的不当行为给他人或者社会造成不良后果时应鼓励孩子勇于担当的愧疚意识，帮助孩子学会根据行为后果来判断自己行为的正确性，鼓励孩子为自己的错误行为承担责任，也就是所谓的挫折教育。

（二）积极培养孩子良好的行为习惯

学龄前是培养儿童的良好行为习惯的最佳阶段。首先，家长应抓住这一重要敏感阶段帮助孩子更好地发展遵守行为规范的好习惯。其次，家长应以身作则，模范地遵守社会道德及行为规范，要求孩子做到的自己先做到，为孩子树立榜样。最后，培养孩子自觉自愿遵守行为规范的好习惯，需要家长和孩子一起长期坚持不懈地努力才能实现。

（三）积极培养孩子良好的性格特质

人的性格特质大部分是后天形成的，幼年期家庭环境和父母的养育方式对孩子性格形成的影响非常大，家长应接纳孩子的性格特点，教会孩子发现自己性格中的优势和弱点，鼓励孩子发扬优势、克服弱点，积极和孩子一起观察生活和大自然中的现象并用正确的方法去探究未知的世界，在过程中教会孩子正确的方法，避免由于性格的弱点带来的麻烦，最大限度地保护好孩子的好奇心。教会并鼓励孩子站在对方的立场思考问题，明白什么是换位思考，逐步学会自我约束，对孩子的要求要适宜，不宜过高，蹦几蹦都够不到会大大地挫伤孩子的积极性。孩子的发展是呈螺旋式上升的趋势，所以允许孩子犯错误，重要的是家长应教会孩子如何面对错误并鼓励孩子自己解决问题。

第二节　亲子依恋关系的发展

依恋关系是幼儿和他的照顾者（一般为父母亲）之间存在的一种特殊的感情关系。它产生于幼儿与其照料者依恋的相互作用过程中，是一种感情上的联结和纽带。依恋关系是人类适应生存的一个重要方面，因为它不仅提高了婴儿生存的可能性，而且建构了婴儿终生适应的特点，并帮助婴儿终生向更好地适应生存的方向发展。

依恋关系是一个人生命的一部分，指父母与孩子、孩子与父母彼此之间建立的一种跨越时空，深远、持久性的情感和心理上的联系。世界各国的许多心理学家都证实了这种依恋关系对一个人终身的身心健康发展有着深远的影响。依恋关系从母亲怀孕就开始了，一直延续到生命的各个阶段。婴儿与父母感情的联系首先是通过非语言感观接触（注视、嗅觉、味觉、听觉、触觉、摇晃、喂食、游戏、言语）互动而来的，关键期是在婴儿出生的前六个月。当这种依恋关系形成之后，即使主要照顾者（父亲或母亲）不在，孩子的依恋行为也会维持。因此，就算幼儿表面上好像抗拒父母，也不能代表他不需要或不依恋父母，实际上他的内心深处是渴望的。在依恋关系中，父母与幼儿是互为分享的伙伴。

一、幼儿依恋发展的四个阶段

阶段 1：非重点指向与符号化（出生到 3 个月）。婴儿表现出的一些行为，如哭、微笑、目光接触，引起他人的注意并将需求符号化。婴儿对每个接触他的人传递这种信号。

阶段 2：关注一个或几个人（3 ～ 6 个月）。婴儿将“到这里来”的信号传递给少数几个与他待在一起时间长的人（父母、祖父母、保姆等），对不熟悉的人反应较少。

阶段 3：安全基地行为（6 ～ 24 个月）。真正的依恋出现了，婴儿表现出“寻求接近行为”，跟随或粘住他认为是安全基地的看护人（主要看护人），特别是当他焦虑、受伤或有生理需求、饥饿的时候。

阶段 4：内部模式阶段（24 个月以后）。依恋关系的内部模式使 2 岁以上的儿童想象一个预料中的行为如何影响他们与看护人共有的联系。内部模式在早期看护人（如成年儿童和父母）后期的关系及其他关系（恋人关系）中扮演重要的角色。

二、回避型依恋

幼儿对母亲表现淡漠。幼儿回避与母亲接触，特别是在经历了母亲不在之后重新团聚时。幼儿不拒绝母亲的主动接触，但也不寻求更多的接触，对母亲没有表现出比对陌生人更喜欢。

这类幼儿在母亲离去时并无紧张或忧虑，母亲回来，也不予理会或短暂接近一下又走开，表现出忽视及躲避行为，这类幼儿接受陌生人的安慰与母亲的安慰没有差别。父母对幼儿要么不敏感，表现消极，很少满足幼儿的需求，很少从与幼儿的亲密接触中获得乐趣；要么对待幼儿过分热情，刺激过度，经常对幼儿喋喋不休，强行给幼儿制造某些需要，让幼儿很难承受。

三、依恋关系对幼儿生理和心理健康发展的重要作用

依恋关系是一个人的体格、心理、智力和社交健康发育的基础。健康的依恋关系让孩子安心探索环境，有利于孩子健康的身体、心智和社会性能力的发展。

幼儿有调节情绪的能力、安慰自己的能力，进而能有效地处理冲动、平衡情绪和管理压力或焦虑，发展结合自身资源和复原、应对压力和创伤的防卫能力。

依恋的内在功能模式是提供身份认同的基础，包括能力感、自我价值，平衡依赖和自主；建立亲社会的道德准则，包括同理心、爱心和良心；形成核心价值观，包括对自己、对父母、对他人一般生活上的评价。

四、家长教养策略

在建立健康的亲子依恋关系过程中，父母是主角、占主动地位，其他家庭成员各有分工，起着至关重要的作用。

（一）积极关注与反馈幼儿的需求

家长应及时回应 1 周岁以内的婴儿的需要，尤其是在他患病或受到情绪困扰的时候。不需要24小时陪护但要关注他的需要，并及时地满足他的需要。这样幼儿就会感到自己很重要，是个有价值的人，就会发展他的自我价值感，有自信，有安全感，能够相信自己和他人。

（二）家长要用充满爱的、共情的心情来回应孩子的情绪需要

家长用充满爱的、共情的心情回应孩子的情绪需要，这样，家长的心情与幼儿的心情才能同步。幼儿伤心的时候家长用共情来表达你明白他；当幼儿需要安抚，要用温柔的声音和抚摸让他感受到安慰；当幼儿情绪激烈的时候，要用温柔的声音让孩子安静下来，使他感受到安全和舒服、被接纳、被尊重。

（三）家长应保证在身体和情感上都满足孩子的需要

父母可以通过温柔的眼神交流、亲密的皮肤接触来传递对幼儿的爱。

（四）家长应确保给幼儿高质量的陪伴

比如无拘无束的游戏或谈话、亲子阅读等，这样高质量的陪伴才能够加强两者联系，促进两者愉快的相处。

（五）家长应注意禁止家中负面情绪的传播

当孩子不听话时，要先冷静，再面对问题，用正面引导的方式解决问题。对待幼儿的错误，父母要用这五种态度：接纳、同理心、爱、好奇和好玩的心。

（六）家长应需要关注在不健康依恋关系下长大的幼儿的需要

为幼儿提供良好的家庭环境和高质量的引导教育，帮助孩子改善亲子依恋关系。

（七）家长应该为有依恋障碍的幼儿提供一个稳定的生活环境

父母当中至少一人建立健康的依恋关系，因为父母是孩子生命中的重要人物。

第三节　引导家长走入亲子阅读教育

一、亲子阅读的基本原则

（一）激励性原则

激励是一种精神力量。这里包含了两层意思：一是指有意识地激发孩子的创造性，二是激励和帮助孩子进行创造性的思考和言行。在阅读过程中要让孩子自愿阅读、独自思考、敢于想象、有独到的创造性地表达和表现。

（二）容“错”原则

阅读材料会使孩子有着好奇心理和探究欲望，因为缺乏生活常识和经验，在阅读内容的理解和表述上会脱离实际，与家长的思维不一致，还可能光怪陆离。这时，家长应换位思考孩子的行为，尊重孩子，保护好孩子创造思维的火花，使其在幻想的世界中“枝繁叶茂”，创设一个舒适、愉快的阅读环境。

（三）期待性原则

父母在孩子阅读的过程中应给予适度的期望，积极而耐心地开启孩子的心智。运用这条时应注意以下两点：一是建立在充分了解孩子认知特点、性格特征和心理发展特点的基础上，作出较为理性的符合孩子发展趋势的期待；二是创设一个有利于孩子实现期待效应的阅读情境。

（四）启发性原则

父母在特定的环境下诱导孩子自己思考的心理状态。孩子这时的思维正处于具体的形象思维阶段，这就使得家长要根据阅读物的内容发展变化来采用丰富多变的、富有启发性的提示或问答方式来激发孩子丰富的想象力，使孩子有所领悟和理解。

（五）开放性原则

父母为孩子提供多方面、多角度的阅读情境，使孩子在开放式的思维空间里思考、发现问题、解决问题，使孩子的思维得到发展。孩子想象和创造空间的拓展远比机械呆板地记忆一些阅读内容要重要得多，父母有意识地为孩子提供想象的阅读空间和阅读氛围是很有必要的。

（六）滞后性原则

这里的“滞后”指的是评价滞后。在阅读中，当孩子出现与家长见解不一致的说法或无法准确表达他们的理解时，父母不能立即制止，更不要用成人的思维模式来要求孩子，应当推迟判断评价并和孩子一起思考、讨论，找到问题的答案，这样既保护了孩子阅读的积极性，又给孩子的发散思维发展、解决问题能力的提高提供了机会。

（七）亲子阅读方法

亲子阅读是一项父母与孩子一起阅读的活动，这项活动不是单方面的，而是父母和孩子共同参与的。亲子阅读是要授之以渔，而不是授之以鱼。通过阅读让孩子养成阅读的兴趣和习惯，将阅读变成孩子生活中必不可少的一部分，让阅读成为孩子的一种快乐、一种享受。

二、创设温馨的亲子阅读环境

首先，可以和孩子一起设计布置，把孩子自己喜欢的卡通图案的地毯铺在地上，并放置一个高度适宜孩子随意选取自己喜爱的书籍的书柜，还要准备几个颜色柔和又柔软的靠垫，以便孩子和家长阅读时可以舒适地靠在上面。家长在和孩子阅读时，年龄小的孩子，家长可以把他抱在胸前，年龄大一些的孩子可以让他坐在旁边靠着父母，家长用手抚摩孩子的手或头，用轻声的言语和深情的眼神让孩子能感受到深深的爱，产生一种安全感和亲切感，促进其对阅读活动本身产生兴趣。

其次，墙壁上可用孩子与父母共同制作的装饰物进行美化，但是环境切忌布置得太花哨，不要让孩子有凌乱的感觉，而应是美观、整洁、大方又富童趣。使整个空间充满浓郁的知识性和趣味性，让孩子喜欢上它，只要一进入这个空间就会有阅读的欲望。

选择合适的亲子阅读材料。在选择阅读材料之前，父母要清楚你的孩子处在哪个时期。3 ～ 6 岁是生命个体语言能力发展的关键期，多读书、读好书可以很好地促进孩子语言能力的发展。纯文字的图书是不适合孩子阅读的，这是因为孩子的思维以具体形象为主要特征。从语言教育的角度来看，图书是复合的承载体，而兼有图画符号和文字符号的图书是孩子从理解图画符号向文字符号，从学习口头语言向书面语言过渡的有效工具。因此，家长应选择具有情趣的、思想内容积极健康向上的图书。

3 ～ 4 岁的孩子处于直接动作思维阶段，思维依靠动作，有动作伴随的注意力会更集中和持久。对于这个年龄段的孩子，家长可以选择思想内容单主线、画面节奏较固定的图书。

4 ～ 5 岁的孩子具体形象思维非常突出，其思维逐渐摆脱动作和动作对象，而逐渐依靠表象的联想去思考问题。这时，家长可以选择文字信息较少、图画内容简单，但色彩丰富、图画表现力强的图书。

5 ～ 6 岁的孩子虽仍以具体形象思维为主，但有初步的抽象逻辑思维特征，能够从语言上进行推理。此时，家长可以选择画面复杂、故事情节丰富且包含一定文字信息量的图书。

运用合作式、对话式、互动式指导策略展开亲子阅读。

合作式的亲子阅读，是指家长与孩子围绕亲子读物开展有效交流的亲子阅读形式。在这个过程中，家长既是阅读者又是亲子阅读的指导者，要求家长合理地运用提问策略，巧妙地通过肢体语言引导孩子关注读物。

三、对话式的亲子阅读

对话式的亲子阅读方式对提高孩子的语言思维能力非常有效。对话式的亲子阅读实质上倡导的是亲子间进行简短的对话，家长通过不断提示让孩子说出读物的内容，并及时给予评价和指导。对话式亲子阅读过程中，要求家长对图书中的每页内容都进行“对等式”交流，尽量减少文字的阅读，把更多的机会和空间留给孩子。“对等式”交流是对话式亲子阅读最基本的方法。

四、互动式的亲子阅读

互动式的亲子阅读是一种能促进孩子早期阅读能力发展的模式，它不仅存在于初次的亲子阅读中，也存在于后续多次的亲子阅读中。家长应根据孩子对故事的熟悉和理解程度，采用不同的语言策略和孩子互动，从而促进孩子阅读能力的发展。

亲子阅读的过程是一个享受快乐的过程。亲子阅读过程中，成人与孩子之间创造的快乐氛围，是阅读的重要一环。比如《猜猜我有多爱》这本图画书，画面上大兔和小兔之间借用肢体语言来传递爱的信息，也可以在父子共同阅读欣赏之后通过游戏实现。最后，互相倾诉对对方的爱是从什么方面来体现的，父子之爱通过肢体语言到口头语言的表达得以升华。由于家庭之中的阅读具有相对的自由和随意性（比如边欣赏动画片边讨论，边听音乐边看书，随时相互提出问题与回答问题，等等），因而孩子更能感到舒适和快乐。亲子阅读中获得的快乐情感情绪体验，能促使孩子长期地喜欢上阅读，并视阅读为人生的最大乐趣。久而久之，家长也会与孩子一样，感受到多元文化熏陶过程中的乐趣，使自己身心健康快乐。

亲子阅读是一个爱的传递的过程。家庭成员与孩子在一起进行阅读的过程，是一个让大人和孩子充分感受爱、享受爱的过程，阅读活动成了家庭成员之间沟通情感、交流思绪、享受天伦之乐的重要桥梁。对父母和孩子本人来说，一家人在一起围绕一本优秀的读物开展相关的阅读活动，并由此获得爱和快乐，比起获得相关的知识更有意义。孩子怀着积极的心态和父母一起阅读，一边倾听父母温柔的话，一边接受父母的激励和鼓舞，在父母给予的温情和慈爱的浓厚氛围中，感受到阅读的快乐，而这种父母与子女双方在亲子阅读过程中建立起来的理解和信任，这种甜蜜的感受，恰恰是孩子在阅读过程中最需要的“阅读准备”。如果亲子阅读不是一种爱的传递，而是一种任务、一种责备，那么这种亲子阅读会是索然无味的。

亲子阅读的过程是一个良性的阅读经验积累的过程。

亲子阅读不以识字为主要目的，而是把前识字、前书写能力的培养处理成十分轻松有趣的学习活动，如与孩子一起寻找、收集与“木头”“钢铁”“流水”有关的字，了解中国汉字很多与物体形状特征有关；讲一讲中国汉字由来的故事，知道汉字的“祖先”是甲骨文，最早的汉字都是“画”出来的；在音乐背景下，与孩子一起边念儿歌“小雨点沙沙沙”边持毛笔作点的笔画练习，以认识书写工具，了解书写的基本规则。让孩子颇有兴致地了解汉字的基本特点，了解本民族语言文字的特征，掌握正确的书写姿势，养成良好的书写习惯，远比一味地要求孩子默记多少个汉字的意义重大得多。如果亲子阅读的出发点与落脚点都是让孩子在与父母的互动中喜欢阅读，形成看、听、读、写的良好习惯，那么，这种阅读就是一种纯良性状态的阅读。亲子阅读中的家长，其角色已由孩子阅读的引导人和参与者变为新的精神里程碑的接续、感应和延伸者。这种角色的提升所产生的价值与意义是值得我们珍视的。

任何一个处于特定地位的人所能获得的自我形象，都能在情感和认知上对他产生吸引力，使他渴望并期待用角色扮演以及从这种扮演中产生出来的自我认同来看待自己。在亲子阅读中，家长积极参与阅读，正确指导孩子阅读，在与孩子的互动式阅读中与孩子共同成长。我们相信，如果中国的家长在亲子阅读实践中都能拥有良好的角色意识，扮演好自己的角色，那么，培养高素质的下一代绝不会是一句空话。

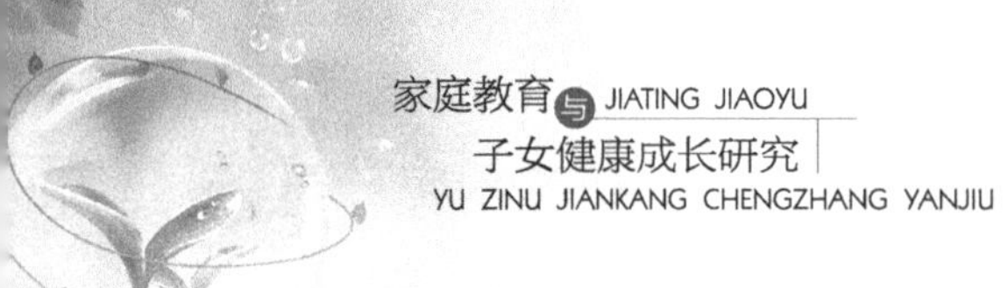

第四节　表扬中传递爱

一、儿童年龄特点

学龄前儿童正处在人格发展期，特别渴望得到父母或别人的认可，以此来建立自己的价值观，实现对自己的自我认知，建立自己对父母、对家庭的归属感。

童年时期的第一条定律是：孩子的整个身体都是感知器官，能够感知到任何东西。孩子会对周边环境很敏感，一个微笑、一个爱的表示、一句贴心的话（温暖和力量的不同来源）、颜色、形状、东西的摆放方式以及周围人积极的思想——所有这一切都能对孩子产生影响并塑造其性格。

二、家庭教养策略

表扬是鼓励，不是赞扬或赞美。鼓励，是给孩子提供机会，是培养孩子“我有能力，我能贡献，我能处理发生在我身上的事情，我能知道我该怎么做”的感知力。

用表扬代替指责、打骂，能够增强孩子的信心，加深孩子对良好行为的印象，从而养成好习惯。但是表扬幼儿也是有技巧的，随意或者过多地使用会有很多负面作用，因此父母应学点表扬孩子的策略。

第一，就事论事，有针对性地表扬。尽量不用“你很好”“你真棒”等泛泛的夸奖用语。

对于学龄前的幼儿来说，夸他们“你很好”“你真棒”会让他们很茫然，他们想不明白自己哪里好哪里棒，更不知道怎么做才能变得更好更棒，说多了幼儿就不当回事了，甚至会觉得家长虚情假意，是为了讨好他让他听话才夸他的。所以很多家长很苦恼：“我也表扬孩子了，还经常夸他你真棒，可是也没起到什么作用，开始孩子还能兴奋一下，后来连一点感觉都没了。”

家长应善于发现孩子身上的闪光点，及时加以肯定。比如孩子帮忙做家务，可以说：“宝贝你真心疼妈妈，都能帮妈妈擦桌子了，妈妈觉得特别幸福！谢谢宝贝！”这样的表扬让幼儿感到被认可的满足，同时也感受到妈妈的幸福感，体会到帮助别人给别人和自己带来的幸福感，从而激励孩子做一个有爱心、帮助人的人。

家长应善于发现幼儿对某种事物的极大热情，及时适时地表扬，并为幼儿提供良好的环境加以培养，这种热情很快便会变成孩子的天赋。比如有的幼儿整天拿着各种彩色笔在地上、墙上甚至床单上涂画各种各样的东西，有些家长会因此而惩罚孩子。建议家长用表扬的方式来解决这个问题，可以说：“儿子，你画的都是什么呀？来说给爸爸听听。”在幼儿说的过程中不管孩子说的是什么，家长要随时回应孩子，让孩子知道你是在认真地听他说，听他说完了，家长可以发表一下看法：“不错，看来你挺喜欢画画，喜欢什么样的画笔，咱们现在就去买，爸爸再给你买一些特别大的纸贴在墙上，你可以在这上面画画。走，马上就去。”这样表扬孩子，既解决了孩子到处乱画的问题，又鼓励了孩子画画的兴趣。

家长应善于发现幼儿表现出来的好习惯，及时表扬，加深幼儿好的行为印象，养成良好的习惯。比如：孩子今天按时起床，自己穿衣服，家长应该这样表扬她：“我闺女真的长大了，是大姑娘了，连起床都不用妈妈喊了，还能自己穿衣服了！明天还自己起床不用妈妈喊好不好？”这种表扬会让幼儿感到妈妈在为他自豪，幼儿内心也会油然而生一种自豪感，会让孩子感到自己是有能力照顾好自己的。

第二，先表扬幼儿的具体行为，再描述感受到的情感。家长在表扬孩子时应注意关注孩子的具体行为，因为行为是外显的，看得见摸得着，学龄前的幼儿更容易对应上自己哪些行为被表扬了；再描述感受到的情感，让幼儿体验良好的行为带来的美好感受，加深对好行为的印象。比如，家长接孩子时看到孩子在幼儿园认真负责地当值日生，帮助老师收拾碗筷、擦桌子等，应当这样表扬："毛毛，刚才我在班里看到你收拾碗筷、擦桌子，收拾得又快又干净，干得真起劲，是个爱劳动的好孩子！"这种表扬方式明确地告诉孩子，你在表扬他是个爱劳动的好孩子，传递出来的感情是你很为他的行为感动，为自己有这样的孩子自豪。

第三，家长应教会孩子发现别人的优点，并表扬别人。现在的孩子由于大环境的影响，大多数都是以自我为中心，认为自己是最好的，习惯听别人表扬自己，不会欣赏他人。家长应引导孩子对自己有一个正确的评价，学会欣赏他人，把表扬送给同伴。比如经常和孩子一起分析一下孩子做的具体的某一件事，找到自己的优势与不足，和孩子一起想办法克服不足，发扬优势，让孩子明白自己不光有优点也有缺点。有缺点也不要紧，自己努力把缺点变成优点就行了。比如家长参加幼儿园的开放口，回来和孩子分享自己的感受，多说一些班里小朋友的优点，再问问孩子小朋友们平时是不是也像你今天看到的这样，让孩子也学着观察别人的优点，真诚地表扬同伴。这样可以培养孩子包容、接纳、欣赏别人的美德。会表扬别人也是一种美德。

第四，家长应表扬努力的过程，教会孩子勇于直面挫折。孩子努力地完成一件事，本来是想做件好事，但结果却很糟糕，变成了坏事，此时孩子的心情是很沮丧的，担心被家长骂，这时孩子最需要的是家长的鼓励。家长应鼓励孩子："儿子你已经尽力了，虽然没有做好，不过你是不是在想为什么会变成这样？怎么做才能做好呢？说来给爸爸听听，帮你参谋参谋。"这样既能宽慰孩子沮丧的心情，又能鼓励孩子直面挫折，从头再来。让孩子感受的是家长的宽容和信任，激励孩子不怕失败、勇往直前。

第五节　冲突管理——惩罚

一、儿童年龄特点

特点一：学龄前的幼儿自我约束能力弱，常常会明知这种行为不对却还要去做。

特点二：学龄前是价值观形成的关键期，这个时期的幼儿对于自己认为正确的或者不正确的行为都要亲自体验一下，证实自己的判断。

特点三：学龄前是幼儿好奇心最强的阶段，大多数幼儿对自己未知的世界都十分感兴趣，特别愿意去尝试、探索，往往会在尝试和探索的过程中无意识地做错了什么。

二、家庭教养策略

家长与幼儿之间相互尊重是用惩罚方式纠正幼儿错误的基础。

成人和幼儿之间的相互尊重的质量是家长惩罚教育方法成功的关键。家长应该让孩子知道并相信你是因为爱他、关心他才惩罚他的，而不是因为不爱他、不喜欢他才这么做的。在很多家长惩罚了孩子之后，孩子会很强烈地感觉到爸爸妈妈不爱他了，有的幼儿会说爸爸妈妈不想要他了。家长总是期望幼儿听家长讲话，但从来没有思考过自己有没有认真倾听过幼儿说话？倾听幼儿最重要的是表现出家长对他们的尊重，尊重幼儿的观点，才能让幼儿尊重家长的观点，也有助于家长了解幼儿行为背后的原因。

（一）家长给予孩子的尊重比孩子给予家长的尊重少得多

比如家长教育孩子打断别人的讲话是不礼貌的行为，当孩子打断他的讲话时常常会遭到家长的训斥或惩罚，但是当孩子们讲话讲得兴致正浓的时候，家长会因为各种原因打断孩子们之间的谈话，认为幼儿的这种行为打扰到成人了。再比如，家长要求孩子早睡早起，不玩电子游戏，而自己却熬夜玩电子游戏，早晨睡懒觉；孩子把东西乱扔乱放就说孩子“邋遢”“习惯不好”，惩罚孩子东西收拾不好不许玩玩具，可是自己也没有把自己的物品收拾整齐，家里乱哄哄；家长会因为孩子不爱读书而惩罚孩子、取消周末去动物园，可是自己却不爱读书甚至从来不读书。家长们会发现自己的惩罚教育效果不明显或者根本没有效果，原因就是这种惩罚没有建立在相互尊重的基础上。孩子会觉得不公平，没有受到家长的尊重，认为：“凭什么我做就不对，就受罚，他做就是对的，就没问题。”大一点的孩子会认为家长“仗势欺人”，因此幼儿也不会尊重家长，不按照家长的要求去做，而且是“屡教不改”。

（二）家长在纠正孩子的错误行为时、批评或惩罚孩子时，要注意自己的态度

家长的声音、语气、表情流露出来的愤怒和厌恶足以颠覆精心选择的词语所表达的意义，首先会吓到孩子，特别是 4 岁以下年幼的孩子，他们会觉得父母可怕。这时的幼儿关注的是自卫而不是问题行为，他们眼睛里看到的和耳朵里听到的都是家长的愤怒和厌恶，根本不知道家长在说什么，更无从改正。其次，时间长了会让孩子不尊重家长、小看家长，会觉得家长就会吓唬小孩。家长尊重幼儿和幼儿尊重家长一样重要。

家长应该帮助幼儿理解被惩罚的原因和后果，使幼儿明白不良行为会造成什么样的后果。

1. 家长惩罚孩子的目的是帮助孩子塑造良好的行为

对于学龄前的幼儿来说，哪些行为是可以做的、是好的，哪些行为是不可以做的、是不好的，家长的判断标准与幼儿的判断标准是不一致的。比如，家长看到孩子玩弄电源插座而打孩子的手心，是因为玩这些东西是危险的、

会弄伤自己，而孩子则不明白家长的意图，孩子会觉得为什么打他？他就是想知道插座上面为什么有这么多小洞洞，它里面都有什么，并不知道触电会伤到自己。有的家长会说，我已经多次跟孩子解释这样做会有危险、会烫伤自己，可是他还是不听，还是要去摸。其实，孩子去摸某些东西并不是诚心要犯错，只是要用自己的体验去理解和验证家长的解释和标准是否是真的。所以家长的说教和惩罚没有使孩子明白不能做的原因和后果，孩子在好奇心的驱使下还会继续去探索。因此，最关键的是要帮助孩子理解他人的需要和期望与自己的需要和期望并不相同的原因。

2. 家长应该给孩子创造条件

放手让孩子充分体验、理解家长，了解不合适的行为或者错误行为会给自己带来的后果。学龄前幼儿的思维是形象思维，还没有形成抽象的推理能力，所以凡事幼儿都需要通过自己亲眼看见、亲身体验去理解和验证。比如孩子总想去摸电源插座，把自己的小手指伸进插座的小眼眼一探究竟，建议家长就可以试着接一个低压电插座，让孩子把手指头伸进去被电一下，感受又疼又麻的感觉，体验到手指头伸进去让自己很难受，以后自然就不会再去摸电源插座了。类似这种情况可以给孩子的惩罚就是让孩子体验一下，感知到行为背后的原因和后果，家长认为的错误行为自然就会消失。

3. 为幼儿提供适合年龄的选择并支持他们自主解决问题

这既是一种尊重幼儿的方式，也是教幼儿思考问题并帮助他们理解问题的方式。

当孩子出现不当或者错误行为时，家长应当和孩子一起分析行为造成的后果和换一种做法会是什么结果。比如幼儿会用撒泼打滚哭闹来要挟家长满足自己的需求（不被家长认可的需求），让家长很头痛，特别是在公共场所或者是在朋友面前，让家长很没面子。建议家长先将孩子带回家或者带到没有外人的地方，了解孩子这么做的原因是什么。告诉孩子家长不能满足他的原因是什么，再和孩子一起讨论分析什么样的要求家长可以满足，用什么样的方式提出来是家长可以接受的。

家长应鼓励孩子自己作出决定和选择，可以帮助孩子从自身的错误和成功中学习。家长的工作就是帮助孩子学会怎么作出明智的选择，而不是替他作选择。在学习规范自身行为的过程中，孩子既可以为自己作出正确的选择，也可以为自己作出不正确的选择。孩子的正确选择应该是从分析自己的错误和体验错误选择带来的后果中习得的。

第七章

家庭教育的重要性与理论

第一节　家庭与家庭教育

一、什么是家庭

家庭，简称“家”。主要含义有两层，一是居住的处所，二是一门之内共同生活的人。一家之人一定是互敬互爱、相互扶持的，有一个共同的目标就是让家人生活得更美好。家应该是一个讲爱的地方，没有爱就没有家。

家庭结构主要是指家庭成员的构成。最常见的家庭分类是以家庭代际层次和亲属关系为标准的，它包括核心家庭、主干家庭、联合家庭和其他家庭四种类型。

核心家庭是指由已婚夫妇和未婚子女或收养子女两代组成的家庭。核心家庭已成为我国主要的家庭类型。核心家庭的特点是人数少、结构简单，家庭内只有一个权力和活动中心，家庭成员间容易沟通、相处。

这种情况下的家庭教育是比较容易贯彻和实施的。因为没有了隔代人的那种溺爱，同时，给孩子的关注也是最直接的，往往非常有利于孩子的成长。缺陷在于，如果父母忙于生计，就会缺少对孩子的教育和管理，结果是要么把孩子送到长辈那里，要么请保姆来照顾孩子。

主干家庭又称直系家庭，是指由两代或两代以上夫妻组成，每代最多不超过一对夫妻，且中间无断代的家庭。在我国，主干家庭曾为主要家庭类型，但随着社会的发展，此家庭类型已不再占据主导地位。主干家庭的特点是家庭内不仅有一个主要的权力和活动中心，还有一个权力和活动的次中心存在。

在这种情况下，孩子容易受到曾祖父母和祖父母的溺爱，给孩子的家庭教育带来诸多不利。比如，父母在西屋管教孩子，打了孩子一巴掌，孩子跑到东屋去诉苦、去告状，而后就是曾祖父母或祖父母告诫孩子的爸爸："你再打孩子，我就打你！"于是孩子便形成依赖，缺乏规矩。但如果长辈们做得好，这类家庭的教育是比较容易出人才的，因为孩子从小就学会了与各类人打交道，属于步入社会较早的类型，更容易适应社会的发展变化。

联合家庭是指父母、已婚子女、未婚子女、孙子女、曾孙子女等几代居住在一起的家庭。联合家庭的特点是人数多、结构复杂，家庭内存在一个主要的权力和活动中心以及几个权力和活动的次中心。

这种家庭往往会造成爱的倾斜，未婚子女往往性格怪异，孩子们常常会对未婚的叔伯、姑姨采取疏远的态度，给家庭教育增添一些不和谐音符。

其他家庭主要包括单亲家庭、重组家庭、丁克家庭三种。下面分别介绍一下这三种家庭。

单亲家庭是指由离异、丧偶或未婚的单身父亲或母亲及其子女或领养子女组成的家庭。单亲家庭的特点是人数少、结构简单，家庭内只有一个权力和活动中心，但可能会受其他关系的影响，如缺少父爱或母爱，导致孩子性格不健全，容易有早恋倾向等。单亲家庭的孩子由于缺少父爱或母爱，有些会性格孤僻，或暴力，或抑郁，常常会把自己的不幸迁怒给别人，通过这种方式来发泄自己。此外，这类家庭经济来源相对不足，也会给孩子带来不利影响。

重组家庭是指夫妇双方至少有一人已经历过一次婚姻，并可能有一个或多个前次婚姻的子女及夫妇重组的共同子女。重组家庭的特点是人数相对较多、结构复杂。重组家庭由于成员较多，孩子之间的沟通成了最大的障碍，顾此失彼现象经常发生，让很多重组家庭陷入危机，甚至再次分崩离析。

不同家庭结构对孩子的影响是不同的，而单亲家庭和重组家庭对孩子的影响是巨大的。我国近几年未成年人犯罪率居高不下，而这些少年犯大多来自单亲家庭和重组家庭。主要是因为在这两种家庭里缺少爱与沟通，导致孩子性格上的缺陷，加上家长缺少家庭教育的方法，把孩子送上了一条不归路。

丁克家庭是指由夫妇两人组成的无子女家庭。丁克家庭的数量在我国逐渐增多。丁克家庭的特点是人数少、结构简单。

二、什么是家庭教育

什么是家庭教育？家庭教育有广义和狭义之分，广义的家庭教育是指家庭成员之间在有意或无意中对孩子施加或产生的影响孩子品行的所有行为和服务；狭义的家庭教育就是家庭成员尤其是第一监护人对孩子成长、生活和学习潜在的或施加的影响及服务。对此，每个家长也都会有自己的理解。

三、家庭教育的重要性

古人讲，修身，齐家，治国，平天下。作为家长，修身、齐家是我们义不容辞的责任，一屋不扫，何以扫天下？

孩子的表现是家长行为的一个浓缩。家长潜移默化的影响会每时每刻地反映在孩子的身上。正因为如此，家长务必要谨言慎行，家长的一言一行会折射在孩子的日常行为中。

苏联著名教育学家苏霍姆林斯基曾把儿童比作一块大理石。他说，把这块大理石塑造成一座雕像需要六位雕塑家：一是家庭；二是学校；三是儿童所在的集体；四是儿童本人；五是书籍；六是偶然出现的因素。从排列顺序上看，家庭被列在首位，可以看得出，家庭在塑造儿童的过程中起着很重要的作用，在这位教育学家心中占据相当重要的地位。为此，家长了解家庭教育的重要性是十分必要的。

家庭教育决定孩子的一生。家长对孩子的教育，很多时候是教师无法代替的。好的家庭教育，比上重点学校更重要。是否上重点小学、初中、高中跟孩子以后的发展没有太多必然的相关性，相反，家庭教育更加重要。

人生是从家庭开始的。人的一生实际上生活在四个地方，分别是母亲的子宫、家庭、学校的教室、职场。这四个场所中最长久、最重要的还是家庭，因为家庭在这四个阶段一直存在，这四个阶段与家庭都有非常密切的关系。所以，家庭对人生可以说是一个最重要的场所。人生从家庭出发，最后还要回到家庭，家庭是一个非常值得关注的地方，家庭教育也就成了人生发展台阶的第一块基石。

父母就是孩子最初的世界，他们不仅是第一任老师，实际上也是孩子终身的老师、最长久的老师。父母的价值、意义和他们对孩子的影响还没有被非常深刻地意识到。事实上，在一定程度上，孩子就是父母造就出来的，在孩子身上可以看到父母的影子。有什么样的父母，往往就有什么样的孩子。每个孩子都是一颗神奇的种子，这是毫无疑问的。但是长在不同的土地上，他可能会开出不同的花。可见父母对孩子的影响是非常深刻的，也是非常关键的。

父母亲的养育方式的确非常重要。无论在哪里，我们都离不开父母的影响和父母教育的影响。父母不教育孩子，孩子会变坏；父母用错误的方式去教育孩子，孩子会变得更坏。所以在优秀的孩子成为优秀的人才背后，总能找到和谐温馨的家庭的影子。同样，一个不健全的人格，可以在家庭中找到矛盾和冲突的因素。父母对孩子的影响是非常巨大的。

因此，苏霍姆林斯基指出："生活向学校提出的任务变得如此复杂，以至如果没有整个社会，首先是家庭的高度教育素养，那么不管教育付出多大努力，都收不到完美的效果。"

四、家庭教育的误区和盲区

在处理孩子问题上，大部分家长还是比较开明的，能够理解学校和班主任工作的难处，能够积极配合学校做好学生的家庭教育工作，至少不是用错误的家庭教育来干涉正常的学校教育。但少数家长对于家庭教育的理解存在误区和盲区，他们心中的家庭教育观念是错误的，甚至是扭曲的，给学校教育带来了不良甚至是极其恶劣的影响。

（一）家庭教育的误区

1. 把学校当成幼儿园，把老师当阿姨

在他们看来，把孩子送到学校来，孩子就是老师的了，学习的好坏是老师的事儿，与他们无关；而一旦孩子的学习到了无药可救的状态，他们就会说：只要能凑合到毕业就行了，养养身板儿，将来干点儿啥都行。

一旦这种观念形成了，孩子明确了父母的态度，在学校的表现就显得肆无忌惮，反正就是混到毕业，无所谓了。这就给学校的管理带来了沉重的压力。当孩子犯错误时，家长总能把所有责任推到学校来，甚至是班主任身上来。

2. 把报补课班、特长班当成家庭教育

每个家长都望子成龙，望女成凤。为了不让孩子输在起跑线上，开始了疯狂的补课大赛。在他们看来，给孩子报补习班、特长班就是家庭教育。课外辅导班、补习班都是以营利为目的的，老师素质参差不齐，有些也就是大专毕业，他们的所谓辅导与补课就是照本宣科，更不用说了解《课程标准》与《考试说明》了。

3. 把娇纵宠爱当悉心关爱

很多家长误认为，对孩子的要求应该一味地加以满足，只要孩子提出要求，便不加思考地想方设法满足。长期下去，养成了孩子唯我独尊的心理，认为自己是家庭中的一切，是家庭中的核心，尤其是独生子女的养尊处优，更让这一问题呈扩大化趋势。

4. 把物质给予当精神支持

经常听到有的家长说：孩子，你好好念书，就算爸妈砸锅卖铁也要供你念书！这是一种极其错误的做法。如此错位的观念，怎么能培养出合格的孩子？

在这种观念之下，孩子是不是会养成饭来张口、衣来伸手的恶习？而一旦养成这样的习惯，当家长“稍有不慎”，满足不了他们的要求时，面临的将是什么？不敢设想用物质给予代替精神支持的后果。

（二）家庭教育的盲区

如果说家庭教育的误区是家长理解不到位造成的，那么盲区则是家长缺乏家庭教育的理论造成的。一个是做错了，一个是不知道该怎么做。相比较而言，一个是主观因素，一个是客观因素。

1. 不知道孩子青春期的生理、心理特点

俗话说：“知子莫若父，知女莫若母。”可怕的是，家长并不知道这些，相反往往被“孩子还是自己的好”所迷惑。很多时候，家长宁愿相信孩子也不相信老师。于是，家长们开始忽略孩子们青春期的生理、心理特点，把逆反心理当成有性格，把叛逆当成是具有领导才能。

初中阶段的学生具有强烈的逆反心理，作为家长必须清楚这一点，并善于把这一点运用好，为孩子顺利开展学习作好准备。可惜的是，大部分家长根本不懂得这一点，在处理孩子青春期问题时，要么过分干涉，要么恣意放纵，最终导致孩子走上不归路。

只有准确把握住青春期学生的特点，才能对症下药，解决青春期的问题。盲目地用暴力和管教去约束孩子，只会让家庭教育离孩子越来越远。

2. 缺少换位思考，把自己的喜好施加给孩子

很多家长挂在嘴边的一句话就是：孩子，你要好好学习，父母这辈子没念过书，你一定要帮父母圆上这个梦。如果说是时代造成了这种悲剧，力求改变孩子的命运无可厚非，但如果是为了实现自己的理想，让孩子完成父母未能完成的夙愿，这未免太残酷了。

因为现在的孩子追求自由，有自己的梦想，而父母那个时代的梦想已不足以唤醒孩子的兴趣，这就是时代差。做父母的不妨换个角度思考一下问题：假如我是孩子，我会怎样做？这样所有的问题都会迎刃而解了。

3. 缺少与孩子沟通的技巧

常常有家长抱怨说："孩子小的时候真好，听话，什么都和父母说，大了，开始有了自己的秘密，怎么办啊？"

问题的关键就在于保持与孩子的平等，别总是用教导的口吻与孩子说话。青春期的孩子思维日趋成熟，当问题出现时，他们已经有了自己的看法，可能还很肤浅，但那是他们思考的结果，要得到应有的尊重。父母与孩子沟通的技巧在于学会倾听，学会用征求的口吻去询问，让孩子表达自己的见解。当父母感觉孩子的答案有问题时，不要一味地否定，而是要帮他们分析：如果不这么选择，还有其他的选择吗？这是不是最好的选择？这样做会带来哪些后果？这些后果你能承担吗？让孩子在辨别中思考，在思考中选择，在选择中成长。时间久了，他们会发现，父母不是上司，就知道发号施令，而是参谋，在关键的时候，能帮他们提出参考意见，助自己顺利达到目的。

一旦平等的家庭教育氛围出现了，所有的问题都不是事儿了。有时候孩子们的做法是正确的，只是站错了角度。

五、残疾儿童的家庭教育

家庭、学校和社会共同构成残疾儿童生活环境的整体，只有三方面齐心协力、互相配合，才可能取得良好的效果。目前，人们对正常孩子的家庭教育模式研究较多，对于残疾儿童的家庭教育研究却较少。鉴于家庭教育的重要性，对残疾儿童的家庭教育研究同样具有必要性。残疾儿童主要分为听力残疾、视力残疾、肢体残疾、精神残疾和智力残疾五大类。随着社会的发展，残疾儿童的家庭教育受到了人们的普遍关注。作为家长要敢于接受孩子残疾的事实，正确地认识自己的孩子。家长是接触孩子时间最长、最了解孩子情况的人，因此家长的地位及重要性绝不亚于教师或相关专业人员，家长的角色与任务也不是他人所能取代的。只有家长配合学校，采取行之有效的家庭康复教育措施，陪伴孩子一起度过特殊的成长历程，才能让残疾儿童的未来与幸福有约。

家长是孩子教育的直接监护人，家长观念的转变是家庭教育的关键。

第一，家长要敢于面对现实，树立正确的家庭教育观念。家长要以健康的心态对待自己的孩子，既不能悲观失望、自暴自弃，又不能溺爱迁就、百依百顺，更不能歧视嫌弃、任其发展。家长要树立信心，以乐观科学的态度正视现实。同时，无论是去特殊学校就读还是跟班就读，都应积极主动地与学校沟通，配合学校有效地为孩子制订教学计划，包括文化知识、思想教育、生活技能、康复矫正等，选择适合的课程和多层次的教育内容，选配多样化的教育方法，进行多种形式的评价，促使孩子在适宜的环境中求得最佳的发展。

第二，家长要热爱孩子，对孩子倾注更多的关爱。残疾儿童更敏感，心灵更脆弱，他们渴望别人能尊重自己、保护自己、理解自己，所以家长作为最亲的人，必须倾注更多的关爱。父母应尊重、亲近孩子，多给予他们平等参加家庭生活的机会和权利。如一起说话交流、参与家庭事务、做力所能及的家务劳动、外出社交活动，等等。当然，关爱不是溺爱，不能包办代替孩子做一些力所能及的事情。即使有一定的困难，也一定要让孩子亲自去尝试，只有自己动手，才能从中获得成功的喜悦，增强自我成就感。家长应为孩子营造快乐、互助、和谐的家庭氛围，在孩子面前，家长对待事情要保持不惧艰难、乐观的心态，给孩子树立榜样。在残疾儿童的成长中，身体力行地去做，比一味地说教更能教化孩子，引导孩子健康地成长。春风化雨，润物无声，残疾的孩子是不幸的，而帮助他们战胜不幸走向幸福的最关键的人就是他们的父母。

第三，家长要配合学校，采取行之有效的教育措施。

（一）教育要有针对性

结合每个孩子存在的主要问题，一段时期一个重点地进行教育。如对刚入学的孩子进行规范作息时间，按时起床、上学，生活自理的教育，帮助孩子形成有规律的生活，指导孩子纠正不良习惯。

（二）家长要提高自身素质

作为家长，由于平时很难接触到有关特殊教育方面的知识，所以就需要翻看书籍、查阅资料，向有关特殊教育的专业人士请教，结合孩子实际给他制订一个合适的康复教育计划。家长更是要付出巨大的艰辛与努力，与孩子共同来完成对孩子的早期家庭康复教育，这一点是极其重要的。家长要从实际出发，根据自己孩子的残疾程度和接受能力，采取不同的教育方法，力求直观、形象、通俗易懂。如采取学儿歌、看图片、讲故事、做游戏等方式，寓教育于生动活泼的实践中，激发孩子的兴趣，使其体验成功的喜悦，明白道理，学会做事。

（三）家长要多鼓励和强化孩子

由于残疾儿童有感知觉迟钝、识记缓慢、注意力分散、思维想象混乱等特点，在教育方面比正常儿童要花费更多时间，下更大的功夫，因此家长要有耐心、有毅力，严格要求、训练孩子，持之以恒地进行强化训练；对孩子点滴的进步要给予肯定、鼓励，甚至一定的物质奖励，帮助孩子树立信心，不断克服、矫正身心缺陷，促进身心发展，不能简单粗暴、半途而废。

（四）家长要成为孩子的榜样

家庭教育的过程，是父母用品德、知识、情感以及良好的生活习惯长期给孩子以熏陶的过程，往往从孩子身上能体现出家长的为人。残疾儿童往往是通过模仿学习懂得一些道理，因此家长要文明举止、和睦相处，以良好的日常行为给孩子做出学习的榜样。家庭成员之间要和睦相处，民主平等，互相尊重、体贴，充满和谐的气氛，尊重孩子的兴趣爱好，耐心地与孩子沟通，倾听他们的心声，做他们的朋友，从小培养残疾孩子自尊、自信、自立、自强的优良品质。

残疾儿童的家庭教育是一门学问，更是一门艺术。为了残疾孩子的明天，我们应该抱着对国家负责、对社会负责、对子女负责的态度，同学校紧密配合，共同来完成教育、培养孩子的光荣任务，力争把残疾孩子培养成“残而不废”的社会有用之人。

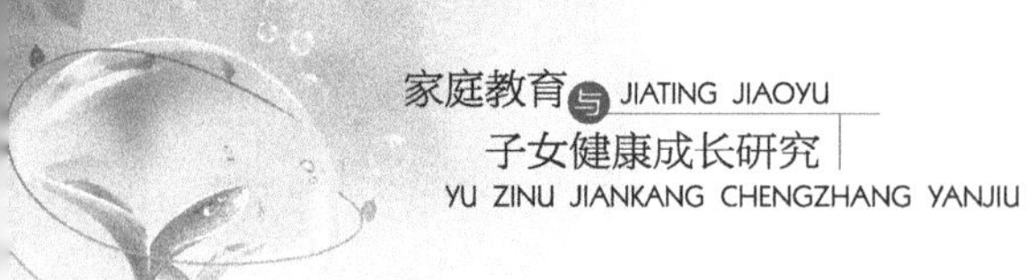

第二节　家庭教育的理论和原则

一、家庭教育的理论依据

家庭教育是教育的一个分支，与学校教育、社会教育（社区教育）共同构成了教育的三个方面，与自我教育共同构成了人的全面发展的四面体。而教育学囊括了家庭教育学、教育心理学等诸多分支学科。因此，作为教育学的一个分支学科，家庭教育学也一定要符合教育学的普遍规律。

首先谈谈家庭教育的教育学理论依据。

什么是教育？

关于教育的定义，中外的教育家、思想家和一些知名人士都有自己的见解，这里集萃如下：

孔子：大学之道，在明明德，在亲民，在止于至善。

蔡元培：教育是帮助被教育的人给他能发展自己的能力，完成他的人格，于人类文化上能尽一分子的责任，不是把被教育的人造成一种特别器具。

陶行知：教育是依据生活、为了生活的“生活教育”，培养有行动能力、思考能力和创造力的人。

钟启泉：教育是奠定“学生发展”与“人格成长”的基础。

国外对教育也有许多精彩、精辟的论述：

马克思、恩格斯：教育是促进“个人的独创的自由发展”。

康德：教育是由个体自我设计、自我选择、自我构建、自我评价的过程，是自我能力的发展，它体现着社会意志和教育者与受教育者平等自由地、审慎严肃地共同探究的机理，不是“指令”，不是“替代”，更不是让茧中的幼蝶曲意迎合或违心屈从。

爱因斯坦：什么是教育？当你把受过的教育都忘记了，剩下的就是教育。

蒙台梭利：教育就是激发生命，充实生命，协助孩子们用自己的力量生存下去，并帮助他们发展这种精神。

雅斯贝尔斯：教育是人的灵魂的教育，而非理性知识的堆积。

亚米契斯：教育是“爱的教育”。

种种释义，各有千秋，都从某一角度通向真理之门。国际21世纪教育委员会在向联合国教科文组织提交的教育研究报告中说，教育是“保证人人享有他们为充分发挥自己的才能和尽可能牢牢掌握自己的命运而需要的思想、判断、感情和想象方面的自由”。

教育就是外部的人、事、物对受教者施加一定的影响后，通过受教者的模仿、转化、认同，最终内化为促使自己发展的一种力量和素养。

那么家庭教育主要就是在接受家庭成员尤其是在第一监护人对孩子成长、生活和学习潜在的或施加的影响及服务后，引起孩子的内心变化，从而形成孩子自身看待人、事、物的独特视角。

因此，家庭教育务必要遵循教育的两大基本规律：一是教育适应社会发展（社会制约性），二是教育适应人的身心发展（身心制约性）。

孩子不是宠物，不能总是把他关在家里，最终还是要把孩子送入社会。因为人是社会化的动物，离开了社会，人就不能称为人。而教育就是社会化的过程。孩子从出生就开始接受和父母的肌肤接触与交流，这是他能感受到的最为真切的社会，他知道一哭，你要么喂奶，要么就会抱他。再大一点，孩子们开始上学，就要学会处理与同学们之间发生的一切问题，请家长记住：大人永远不要过分地参与到孩子的世界中。

如孩子在学校受了委屈，回到家里找家长诉苦，希望为他撑腰，这时候家长要冷静，尽可能提出解决问题的方案，而不是亲自去解决问题。不妨提出这样的建议：“孩子，你已经长大了，这件事你决定怎么做？”让孩子说出解决方案，家长适时予以纠正，当引导得力后，给出肯定性语言：“我相信你一定会处理得很好！”

也有的家长见不得孩子受半点儿委屈，在这种心态下，当他的孩子与别的孩子发生矛盾时，他就会告诉孩子：“打！他踢你一脚，你就给他一拳！”

这样的孩子，很难想象长大以后会是一个什么样子。或者是家长亲自出面去和对方理论，一言不合，双方家长就会因为孩子的矛盾而发生冲突。

这就是教育的社会制约性，接下来，看看教育的身心制约性。教育的身心制约性就是教育要遵循孩子的身心发展规律，不能盲目和躁动。

教育是慢功夫，家庭教育更是慢功夫，总是在潜移默化中发生不知不觉的改变，因此就必须遵循循序渐进的规律。

除此之外，还要抓住关键期教育。中国有句古话叫“牵牛要牵牛鼻子”，说的就是想问题办事情要善于抓住关键。对孩子进行教育的关键期有两个，一个是幼儿期，一个是青春期。

伴随着计划生育政策的实施，人们的生育观念发生了变化，为了优生优育，对早教也更加重视。从妊娠开始就有胎教音乐，两三岁就开始背诵唐诗、宋词以及《三字经》《弟子规》等国学经典。

不要思考孩子能记住多少，而要通过这种诵读，培养孩子的语言表达能力，感受语言的多样性。一种是书面语言，甚至是古诗文，一种是日常生活中的通用语言，孩子就是在这种自觉不自觉中学习并掌握语言的。

大家都有这样的感受：成年人学习外语特别费劲，而 3 ～ 6 岁的孩子学习一门外语要比成年人轻松得多。有人不禁要问，小孩子懂那么多吗？孩子的理解能力远远超出了人们的想象，所以叶圣陶曾经说过：“你若以为小孩小，你比小孩还小。”

其实，相关数据表明，孩子在两三岁时就开始了第一次叛逆，用来证明自己的存在，是一个独立的个体。第二次叛逆就是青春期，这也是广大家长最为挠头的时候。

青春期时哪个家长走进了孩子的心里，他就赢得了青春期这场战争的胜利。遗憾的是，很多家长长期用自己的思维方式干预青春期的孩子，不是用心灵唤醒心灵，而是用粗暴的方式干涉孩子的成长，结果只能让这场战争逐渐升级，演变为“青春期遭遇更年期”，孩子嘲笑老爸老妈太土气，老爸老妈责怪孩子太幼稚。由此带来的一系列家庭问题影响了亲子关系，更影响了家庭关系，甚至直接影响到孩子的成长。

父母望子成龙、望女成凤的心理可以理解，但是要遵循因材施教的理论，一旦违背了这一理论，结果就会南辕北辙、适得其反。必须要承认个性差异，能做一个称职的农民的，绝不让他去尝试当医生；擅长艺术的孩子，绝不让他研究农作物的生长规律；对体育运动执着的孩子，就不要让他闷坐在房间里把书法写好。这是尊重个性，而不是任由孩子成长。

人的成长又是一个不断社会化的过程，因此更要遵循社会学理论。社会化就是由自然人到社会人的转变过程，每个人必须经过社会化才能使外在于自己的社会行为规范、准则内化为自己的行为标准，这是社会交往的基础，并且社会化是人类特有的行为，是只有在人类社会中才能实现的行为。

个体社会化的途径有两条：一是社会教化，二是个体内化。社会教化是从社会环境因素入手分析社会化，即我们通常说的教育；个体内化则是从个体能动性着眼探讨社会化，即我们通常说的自我教育。二者相辅相成，共同实现个体的社会化。

社会教化是指社会通过社会化的执行者实施社会化的过程。个体出生后，就要接受社会的驯化，按照社会要求的模式成长。但在个体成长的不同阶段，遇到的贯彻社会教化的执行者是不同的，所受到的影响也是不一样的。概括起来，进行社会教化的执行者主要有以下几种：家庭、学校、同辈群体和大众传播。

个体内化是指个体认识社会现实的内在关系，加工改造社会影响，使外部现实转化为内部意识的过程。在个体社会化的过程中，个体并不是完全被动地接受社会因素的影响，还会主动认识社会，根据自己的知识、经验，理解各种社会影响，有选择地接受影响，并内化为自己的意识。社会教化是个体社会化的外部动因，个体内化则是内部动因，外部必须通过内部才能起作用。

个体内化是一个不断增强的过程，随着个体年龄的增长，知识、经验的增多，心理发展水平的提高，社会化的外在方式逐渐为内在方式所取代，成为个体社会化的主要力量。具体地说，个体内化有以下形式：模仿学习、主观认同、认识加工、角色扮演。

因而，家庭教育要遵循社会教化的规律和特点，更要遵循个体差异性，承认个体差异的存在。

二、家庭教育的原则

家庭教育也是一种教育，所以必须遵循教育教学的一般规律。但它又是一种特殊的教育，又有着自身的独特规律。要想让家庭教育充分发挥育人功能，跟学校教育紧密配合、互为补充，实现家校共育，就必须遵守以下原则。

（一）保护原则

我国的法律法规明确规定了对未成年人实施保护的四道防线，即家庭保护、学校保护、社会保护、司法保护。第一道防线就是家庭保护，足见家庭保护的重要。

首先，家庭是孩子的第一生活环境，家庭是孩子的第一所学校，父母是孩子的第一任老师，家长理所应当对孩子进行保护。可是家长要么做得不够，要么做得过多，过犹不及，最终导致孩子在溺爱中长大，成了温室中的花朵，经不起风吹雨打。

孩子的成功固然不能缺少孩子本身付出的巨大努力，但是，如果没有了父母的保护，他的自信将化为泡影，就此沉沦下去。

但在实际生活中，家长从不缺乏对孩子的“保护”。婴儿时代，蹒跚学步的宝贝摔倒了，父母第一时间把他（她）扶起来；当自己的孩子被同学欺负了，父母会告诉孩子打回去；当孩子在学校犯错误了，老师管束稍微严格了一点儿，家长就会到学校状告老师，说老师不称职……这些保护究竟会给孩子带来什么？请家长们认真思考！

（二）理解原则

在处理一切与学生有关的问题时，不妨多换位思考一下，可能问题就会朝着另一个方面发展了，即使不能马上解决问题，但至少不会出现问题。

苏霍姆林斯基是苏联著名的大教育家，他曾在乌克兰一所乡村中学担任校长。在他担任校长期间，曾发生过这样一件事。校园的花房里开出了一朵很大的玫瑰花，全校的同学从没见过这样大的玫瑰花，就都赶来看，纷纷称赞不已。有一天早晨，苏霍姆林斯基正在花园里散步，看到幼儿园的一个小朋友跑过来把那朵玫瑰花摘下来，拿在手里，往外走。苏霍姆林斯基很想知道这个小女孩儿为什么摘下那朵玫瑰花，就弯下腰，亲切地问："小朋友，你为什么要摘那朵玫瑰花呢？"小女孩儿很认真地回答："我奶奶病了，病得很重，我告诉她学校里开了这么大的玫瑰花，她不相信，我摘下来拿回去让她看看，看完就送回来。"听了孩子天真的回答，苏霍姆林斯基的心被震撼了，就牵着小女孩儿到花房里又摘了两朵大玫瑰花，对小女孩儿说："这两朵玫瑰花一朵是奖励你的，因为你是一个有爱心的孩子，另一朵是送给你妈妈的，她养育了一个你这样好的孩子。"

在常人看来，当看到孩子把花房内最大的玫瑰花摘了，一定是劈头盖脸的批评，或是和风细雨的大道理教育，花是给人观赏的，怎么能随便摘呢？其实，在理解孩子行为背后的原因以后，就会理解他们的做法了。每一件事情背后都有一个或几个不为人知的理由，需要我们去探寻，应耐心地查找到事情的真相，而不是盲目批评或是责骂。

那么，在家庭中，对孩子的理解又体现在哪里呢？很多时候，当家长真正走进孩子的世界，就会理解孩子的真实想法和做法。

对于孩子的做法，家长不要一贯地抱着审视的态度，而要多一分理解。我想大多数家长都会发现：孩子放学后，经常愿意把自己关在屋子里，有时候甚至把房门反锁。这是孩子独立的一种表现，很多家长不理解，一个小屁孩有什么秘密？于是有的家长就偷看孩子的日记，私下检查孩子的房间，等等。作为家长要学会保护孩子的隐私权，但又不是放纵，对孩子的私事儿不管不问也是极其错误的做法。应在理解的基础上，寻求有效的沟通方法和策略，走进孩子的内心世界，做一个智慧的家长。

理解是走进孩子心灵的通道。要理解孩子，就要把孩子当成一本书去读。只有充分地理解了孩子，才知道孩子需要什么、不需要什么。

古人云："知己知彼，百战百胜。"教育孩子也是这样。真正理解孩子，建议如下。

1. 要具有一颗"同理心"

"同理心"就是指两代人都能够设身处地从对方的角度来看问题，像感受自己一样去感受对方的内心世界。做家长的要对孩子有一颗"同理心"，就是要尝试着从孩子的立场来了解孩子，与孩子产生同样的感受和体验，这是一种教育能力。“将心比心”这句话说起来容易做起来难，但作为一个称职的家长，面对孩子就必须学会换位思考。唯有如此，孩子的心灵才会向你敞开，教育才会得心应手。

2. 要有一颗“童心”

做家长的要和孩子相知相亲。在日常生活中多安排一些与孩子一同活动的时间。在与子女的共同活动中，要做到用心观察体会孩子的视角、孩子的判断、孩子的行为方法，把握孩子的动作、节奏、语音、心态等特点，建立与孩子相适应的内心世界，使自己的童心复归。

3. 树立“终身学习”的意识

家长要真正读懂孩子，就要不断地学习，切实提高自身素质。孩子的成长是一天一个样儿，天天都有新变化，随着孩子的成长，家长要不断学习，不断更新知识，研究孩子成长中的新问题、新特点，和孩子共同学习、共同提高。

（三）平等原则

想要教育一个人首先要树立平等的心态、宽容的胸怀，对事不对人，设喻服其心。凌驾他人、对立斥责只会产生相反的效果，教育孩子更是如此，逆反心理就是这样累积而成的。所以，教育学生或者孩子时不应用训斥、苛责、打骂等伤人自尊的方式，而应平心静气，换位思考，旁敲侧击，对比设喻，导化对方心理。很多时候，微笑比严酷更有力量，赏识比批评更具激励效果。滴水穿石，胜过暴雨，和言良意，默化潜移。

（四）尊重原则

尊重，古语是指将对方视为比自己地位高的人而必须重视的心态及言行，现在已逐渐引申为平等相待的心态及言行，即无条件承认并接受对方所拥有的一切，不因自己的好恶而挑剔、指责和论断。

简单说，尊重指敬重、重视。人的内心里都渴望得到他人的尊重，但只有尊重他人才能赢得他人的尊重。尊重他人是一种高尚的美德，是个人内在修养的外在表现。尊重他人是一个人的思想修养好的表现，是一种文明的社交方式，是顺利开展工作、建立良好的社交关系的基石。要想孩子健康成长，离不开尊重，因为只有尊重孩子，保持与孩子的平等地位，才能赢得孩子的理解与支持。

那么尊重的具体内容都体现在哪些方面呢？

首先，要尊重孩子的人格。每个人自从出生，就开始了个体的成长，再小他也是一个独立的人，他的人格也是独立的。因此，父母必须尊重孩子的人格，之后才可能互相尊重。孩子在 7 ～ 10 岁时，人格慢慢形成，这个时候孩子基本上是一个完全独立的人了，父母必须尊重他们，而不是蔑视他们的权利。父母不要为孩子做主，不要为他们包办。这一点做父母的最容易忽视，全部大包大揽不但不是爱孩子，还可能害了孩子。

其次，要尊重孩子的意见。孩子有权利表明自己的观点、意见、立场和态度，因为他们已经开始独立思考了，尽管有时候思考的角度可能有点偏颇。我们做父母的一定要看着孩子的眼睛用心倾听，表示足够的尊重，千万不要打断孩子的表达。有时候即便家长已经有了方案，也不妨征求孩子的意见看看，拿出来与孩子讨论讨论，这样孩子就会更加理解家长的某些做法，从而让家庭教育顺利开展。

再次，要尊重孩子的差异性。尊重孩子的差异性就是尊重孩子的独特性。“记住，没有人能替代你！因为你是独一无二的！”强迫孩子改变他的兴趣爱好只能适得其反，不应该让孩子成为“标准化生产下的普通产品”。

最后，勇于在孩子面前认错。“家长”一词，很容易让人想到专制，让人想到家长制作风。“我是老子，我的一切说法和做法都是对的，你只有服从的分儿。”这样的教育方式只能越来越损害孩子的自尊，同时，孩子也养成了妄自尊大的人格。家长是不是也有这种情况呢？一次外出，答应给孩子买礼物，可是一回到家才想起来忘记买了。当孩子哭闹着要礼物时，家长就又开始随意地承诺了。信守承诺也是一种家庭美德。即便忘了也一定要给孩子一个合理的解释，而不是搪塞或推脱。如果家长不信守承诺，久而久之，孩子也就养成了不诚信的习惯，或者总是为自己的失误和失败找借口。

有了对孩子当下生活的尊重，对孩子本身作为人的尊重，我们的很多教育方式自然就会变化。所以在一定程度上，教育是一种信仰。一些基本理念的建立，对儿童的基本认识，或者正确的儿童观，是我们教育的一个起点，也是我们整个家庭教育的起点。

对于这一点，应提倡：把孩子当成孩子，把孩子不当成孩子！到底是什么意思？这里面就有一个教育学、心理学的问题了。

把孩子不当成孩子，看似不尊重孩子，实则是对孩子最大的尊重。很多家长都有这样一个感受，现在的孩子真的是早熟了，什么都懂。不仅如此，孩子们作为网络时代的原住民，对于智能工具的使用有着得天独厚的天赋。常听家长说："我手机用不明白了，孩子一鼓捣就好了！"

作为家长，在处理某些问题时，真的不妨示示弱。如果家长已经有了处理问题的方法，但又害怕得不到孩子的认可，这时不妨以征求意见或寻求帮助的口吻向孩子讨教，可能就会摆脱非此即彼的两条路，从而有第三条道路可以走。时刻不要忘了，孩子是家庭的一员，既是一员，又是"议员"，有权利对于家庭问题发表自己的见解和看法。别再用"小屁孩儿懂什么，知道服从就好了"的论调看待孩子，那样孩子不但不会服从，甚至会反抗；即使表面服从，内心也还是抵触的。

很多时候，在处理亲子关系时，一定要记住：把孩子当成孩子。

有时候家长总以大人自居，但总是犯小孩子的错误。在孩子犯错误的时候，在孩子无理取闹的时候，大多数家长都无法克制自己的情绪，跟着孩子一起发脾气，甚至对孩子加以暴力。这恰恰是做家长最欠缺的东西，要把孩子当成孩子！

有句话说的是，吵架需要两个人，但停止吵架只需要一个人。当孩子发脾气的时候，家长不应该也不能像孩子一样发脾气。那样不仅于事无补，反而会把事情弄糟，越来越难以收场。虽然这是一件很难的事情，但孩子毕竟是孩子，家长不是孩子，这就需要制怒精神。学会控制自己的情绪，才配得上为人父母。这是每个家长必须反思的地方。第一，家是一个讲爱的地方，在情绪不好的时候，说话难免冲动，容易伤人，谁也听不进去；第二，连自己的情绪都控制不住，还要求孩子控制住自己的情绪，岂不是天方夜谭？

这个时候，最佳的处理方法就是"让子弹飞一会儿"。双方都冷静一下，不要多，面对面，只要三分钟，或者是双方隔离开来。再有就是转移注意力，这一点有一定难度。与其僵持不下，不如换个话题，再去寻找共同点，寻求问题的解决方案，这未尝不是一个好办法。

各位家长千万要记住：当孩子打破砂锅问到底时，没耐心的你露出厌烦的表情，烦掉了他的好奇心；当孩子慢腾腾穿衣服系鞋带时，没耐心的你上前代劳，帮掉了他的独立性；当孩子要求你陪他玩耍时，没耐心的你忙着自己的事，忙出了他的孤独感；当孩子正向你诉说苦恼时，没耐心的你打断了话语，打跑了他的亲和力；当孩子汇报不合格成绩时，没耐心的你来一顿责骂，骂掉了他的自信心；当孩子因怕挨打而说谎时，没耐心的你真给一顿打，打掉了他的诚实观；当孩子要你再讲个故事时，没耐心的你找借口推脱，推掉了他的求知欲。对孩子的尊重体现在点点滴滴！

三、家庭教育的特点与方法

家庭教育是人生的奠基教育。一定要认识家庭教育的根本特点是什么，针对特点采取最有效的教育方法，家庭教育才能取得事半功倍的效果。

（一）不教而教、不学而学是家庭教育最大的特点

作为家长，可能每个人都会有这样的体会：突然有一天，孩子说出的一句话，都不知道是从哪里学来的，问他（她）跟谁学的，他（她）说："跟你呀！""我什么时候说过这句话？"他（她）会告诉家长说这句话的具体时间和场所，令人意想不到。

相对于学校教育而言，家庭教育有其特殊性、独特性。学校教育是"为教而教，为学而学"，有着非常明确的目的性。每一个学年每一个学科每一章，甚至是每一节课都有预期的教学目标，学生学习的目的性很清楚。

但是，家庭教育则完全不同。中国教育电视台 2009 年春节录制的家庭教育节目"颠覆"了家庭教育中一个古老的故事和传统认识。主持人讲了"背篓"的故事：儿子看见爸爸和妈妈在编织背篓，问干什么，爸爸妈妈说："爷

爷和奶奶太老了，要背到山里去扔掉。因为太老了，光吃饭，不干活儿。”儿子就说：“你们别忘了回来的时候把背篓背回来，将来你们老了的时候，我也把你们背到山上去扔掉。”这个故事几代人一直把它当作道德故事来讲，父母一听，受到震动了，就改变了主意，不再扔他爷爷奶奶了。

其实，这不是一个道德故事。这个故事说明了一个什么问题呢？说明的是家庭教育的一个根本特点，即家庭教育是“不教而教，不学而学”。在家庭中，父母是不教而教，孩子是不学而学。故事反映的是儿童模仿学习的特点，儿童并不知道父母把爷爷奶奶背上山去扔掉有什么道德问题，他不是要教育父母，他是模仿父母。

（二）家庭教育是自然而然发生的，即使不教，孩子也会自发模仿

家庭教育是“与生俱来”的。通俗地说，孩子一出生，家庭教育就开始了。不管父母意识没意识到，婴儿的成长，或者说婴儿的社会化进程，是从模仿双亲开始的，这是人类成长的规律。因此，在家庭里，不存在家庭教育“有”或者“无”的区别，因为家庭中的“不教”也是“教”。区别只在于，家庭教育是“自发”的，还是“自觉”的。

绝大多数情况下，孩子是在很自然的状态下，在不知不觉中就从父母和周围的人那里学会了他所要学的东西，不是刻意地去学某些知识和能力，这就是家庭教育的“不教而教，不学而学”。

例如，父母带孩子上街，与路人相撞，父母是与人争执，还是与人谦让？父母虽然不是在“教”孩子如何为人处世，但已是“不教”而“教”，已然“不学”而“学”。今后，孩子遇到争执之类的事情，则效仿父母采取的态度和方法。

这些将内化为他对待事物的一种“模式”，影响他一生的行为方式，包括思维方式。有一句至理名言说：“习惯决定性格，性格决定命运。”即孩子有什么样的“性格”与“习惯”，就有什么样的命运和人生。

因此，这一点要明确，家长在家庭教育中承担着主体责任。

实际生活中，一些家长早已存在“孩子交学校，教育我无责”的心态和行为，更不懂得家庭教育“不教而教，不学而学”的特点，不检点自己在家庭中、在孩子面前的言行。所以，要把点醒家长在家庭教育中应当承担主体责任，作为今后我们家庭教育工作指导的重点内容之一。

需要帮助家长明确的是，“教育孩子是父母或者其他监护人的法定职责”，家长要认识和担当家庭中教育子女的“主体责任”。学校教师可以对学生家长提供家庭教育的指导，帮助树立教育子女是父母人生职责的意识。古人云：“人生之乐，无如读书；至要，无如教子。”“爱子而不教，犹为不爱也；教而不善，犹为不教也。”

（三）以身作则、言传身教是家庭教育最根本的方法

根据家庭教育“不教而教，不学而学”的根本特点，家长的主体责任可以概括成八个字：以身作则、言传身教。真正实行家庭教育的主体是家长，家长要全面学习家庭教育知识，系统掌握家庭教育的科学理念和方法，自觉地用正确思想、正确方法、正确行动教育引导孩子；不断更新家庭教育观念，坚持立德树人导向，以科学的育儿观、成人观、成才观引导孩子逐渐形成正确的世界观、人生观、价值观；不断提高自身素质，以身作则，时时处处给孩子作榜样，以自身健康的思想、良好的品行影响和帮助孩子养成好思想、好品格、好习惯，做到“家长好好学习，孩子天天向上”。

父母的言传身教永远是家庭教育最根本、最有效的方法。希望孩子成为什么人，家长首先就要做什么人。列宁的夫人克鲁普斯卡娅指出：“对双亲来说，家庭教育首先是自我教育。”身教言传，是宝贵的民间智慧。孩子是父母的影子，因为子女的教育是从模仿双亲开始的。儿童社会化的过程，就是向成人学习的过程。

在信息化社会，言传身教更有特殊意义。有人说，20 世纪五六十年代是读写一代，80 年代是视听一代，当代孩子是网络一代。孩子获得信息的渠道多元化、快速化，但是身教仍然没有过时，具有事实胜于雄辩的功能。

身教最能体现家长的信仰和价值观。诺贝尔文学奖获得者、中国作家莫言在斯德哥尔摩的第一场演讲中，首先讲到自己的母亲，一连讲了好几个故事。一次，莫言跟着母亲去卖白菜，有意无意地多算了一个买菜老人一毛钱。放学回家，母亲并没有骂他，只是流着泪轻轻说：“儿啊，你让娘丢脸了。”

母亲伤心的眼泪让莫言的心灵得到净化，鞭策他要信守诚实。还有一次，家中遭遇挫折，母亲看出莫言担心她自寻短见，就开导莫言：“儿啊你放心，尽管我活着没有一点乐趣，但只要阎王爷不叫我，我是不会去的。”母亲的从容，让莫言学会坚强。

母亲的言传身教，可以说影响了莫言一生的价值取向。莫言母亲的故事，堪称“中国好家长”的范本。

孩子人生的五大支柱为教育中的“五自”，即自我、自理、自立、自强和自信。提早地教给孩子“五自”教育，是确保孩子健康成长的基石。

第一，自我。就是教育孩子分清自我。什么叫自我？我就是我，我就是我自己，不是别人，别人不是我。这是最重要和最基础的部分。

一个从小就分得清自我和懂得自我的孩了，不但父母教育感到轻松，孩子也一生受益。

从孩子刚开始听得懂人说话，能看明白我们脸上表情表达的意思时，家长就应开始教育孩子区分自我。一个能把自我分得清楚的孩子，不但懂事，而且是非观也强，独立自理能力更容易培养。

小的时候可以跟孩子说：这是你的脸，这是妈妈的脸；这是你的衣服，这是妈妈的衣服……

孩子稍微大一点上幼儿园和小学的时候就可以告诉孩子：这是你的书，这是我的书；这是爸爸的钱，这是你的钱；学习是你的事，工作是爸爸妈妈的事；这是你的事，不是我的事；吃饭、刷牙、洗脸、洗澡、睡觉和学习是每个人自己的事情，我们要自己做好自己的事……

再大一点的时候可以告诉孩子：这是你的决定和选择，如果你认为是对的，即使有的同学不认同，你也应该坚持你的观点；不要受别人消极情绪的影响，别人消极是他的事，你仍要保持乐观，并以乐观来影响别人；他是他，你是你；有好的同学也有不好的同学，向好的同学学习，不好的同学做再多坏事也不要跟着学，要做好你自己……

这些都可以在不同的阶段告诉孩子。“别人是别人，你是你，做好你自己。”一个能分清自我的人不但容易学会独立，有个性，而且也不会轻易受到他人影响。

第二，自理。自理就是自己的事情自己做，自理是学会独立的开始。能自理，能独立，独立自立是人的标志。品德与独立是一个人生存于社会的基本素质与能力。一个人只有在品德端正和能独立的前提下才能称之为“人”，不然只能称之为“寄生虫”。一个能够独立面对困难、解决问题的孩子自然就会有自信。

第三，自立。自立的基本解释是靠自己独立生活，不需要别人的帮助。自立背后的两大支柱是勇敢和坚强。自立为生存之本，如果一个人连自己都不能养活，你还能指望他什么呢？可见从小培养孩子的自立自主有多么重要。

如何培养孩子的自立自理能力，让孩子自己的事情自己做？

三个字：让、教、鼓。分三步：第一步，让孩子做；第二步，孩子不会做和做不好时，教孩子做；第三步，鼓励孩子继续做。

爱劳动是人生来就有的品质。不管做得好不好、说得对不对，孩子都会模仿大人做事和说话。每个孩子生下来都愿意尝试去做自己不懂和不会的事情，如出生不久就会用手抓东西、扯衣服；会把手和脚放到嘴里看看能不能吃；所有的这一切，无论做任何事情，只要没接触和尝试过的事物，孩子都会出于好奇、好玩、好学和好动的天性而模仿着做。每一个人都会经历由非独立到独立的过程，所以每个孩子从小看到别人做什么，都想自己尝试着做，不想别人帮他做。这里最关键的是做父母的要“让”机会给孩子做，多找事情给他做，让他从做事情中得到赞许与快乐，让他从做事情中获得能力，提高内心对自己的肯定。孩子事情做得越多，内心就会产生“很多事情我都会做”的自我肯定，就会产生内在的自信心。

孩子懒惰是父母宠爱、事事帮忙、不给孩子留机会结下的果。

孩子小的时候几乎对任何事情都充满好奇和兴趣。一般来说，孩子越小，自理能力就越容易培养，要顺应孩子好奇、好玩和好学的天性去做。年龄越大，孩子的独立自理能力和爱劳动的品质就越难培养，因为从小父母对他“宠爱”有加，习惯了衣来伸手、饭来张口的生活。

如何正确运用上面三个步骤培养孩子的独立能力？

举孩子用筷子吃饭的例子来说明。有一天，孩子看到大人拿筷子吃饭，他问：“爸爸，我能不能不用汤匙吃饭，能不能像你们一样也用筷子吃饭？”

记住，每当孩子主动想做某件事时，是培养孩子自理能力的绝妙时机，这个时候就可按上述的三个步骤来培养孩子：

第一步，让孩子做。当孩子问他能不能用筷子吃饭时，大人要毫不犹豫地说："可以啊，给你试试，看看你会不会……"说完，就给他筷子。

这就是"让"，很多父母就是在这个时候没有给孩子机会，就此剥夺了孩子尝试独立和劳动的机会，给孩子以后不勤劳、不吃苦和懒惰种下了祸根。孩子有兴趣你不让他试，孩子想做你不给他机会做，那么就是天生爱劳动的孩子也会变得懒惰。

凡是安全的、健康的，不管他会不会做、能不能做、做得好不好、能不能弄脏、需要多少时间，只要孩子想做，都让孩子尝试着做。

第二步，教孩子做。孩子第一次用筷子用不好，掉在桌子上的饭比吃进肚子里的饭还要多。这时不要责怪孩子，可以故作诧异地问："哎，你有没有发现，爸爸妈妈用筷子吃饭的时候不会把饭掉在桌上，怎么你吃的时候会呢？"

这时，可以很友好地对孩子说："因为你第一次用筷子，还不熟练，爸爸教你！"因为孩子想用筷子吃饭，教完之后，就继续让孩子自己"捣"，很显然，孩子吃饭时弄到桌上的饭就少得多了。这就是第二步"教"。当他取得一点点进步时，再用第三步"鼓"。

需要注意的是，孩子第一次做某件事情做得不好和动作慢时，切记两件事不能做：一是不要因为孩子做不好而且耗时间，就不让他做；二是不要斥责孩子，多问孩子并鼓励孩子再试试。孩子刚开始做一件事做不好是正常的，如果孩子第一次用筷子吃饭就一颗饭粒都不掉，那就不是孩子了，那是"怪兽"。可很多家长内心就是这么期望的，期望孩子第一次就做好，做得好时才放心给孩子做，殊不知没有多次的重复与锻炼，孩子根本不可能一次就做好，难道你想永远为孩子做吗？

"从小对孩子越放心，孩子就越让你安心；你对孩子越操心，孩子未来就越让你担心！"这句话是规律，它能经得起无数次验证。

第三步：鼓励孩子做。当孩子做得有一点点好时，鼓励孩子："嗯，做得真好！爸爸小时候还没你用得好呢，继续，多用几次筷子你就会了……"有了外界的鼓励，孩子就会更乐意做这件事，这时你可以进一步强化孩子的行为并提出期许："对，就这么吃，下次吃饭你就能像爸爸妈妈一样用筷子啦！"这就是第三步"鼓"，鼓励孩子一直做、持续做，孩子就能从进步中增强自信，提高对做事情的乐趣。

教孩子做别的家务也一样，都能在这三个步骤的引导下很快学会。另外有一点，孩子第一次自己吃饭，如果把饭弄在饭桌上或掉在地板上，应引导孩子自己清理好并帮忙收拾碗筷，边做边鼓励他，不要为孩子代劳，让孩子为自己的行为负起责任。第一次的教育很重要。

第四，自强。自我勉励，奋发图强。强者不倒，行者无疆。什么叫强者？强者的不倒，是每一次倒下他都能站起来，并有所作为。

第五，自信。自信就是对自己有信心，相信自己，相信自己能，相信自己行。自信为服万众之本，自信为成万事之始，自信为造万物之师。那么如何培养孩子的自信心呢？

教育就是培养孩子的自信和成就感。

一个有自信的孩子不但全身焕发活力，做事充满干劲儿，就是说起话来也是富有感染力的。一个没有自信的人，生活是消极的、没有阳光的；一个没有自信的人，一生都活在自己的阴影中；一个没有自信的人，事事对他来说都觉得不可能，他没有信心和能力来面对遇到的困难、解决遇到的问题。

培养和提高孩子的自信心，有两条途径：一是多鼓励和肯定孩子。这种自信的形成来自他人，来自外界。二是多让孩子去面对困难和解决问题，让孩子从不断解决问题的经历中增加自信。这种自信的形成来自自身，是内在的力量。

前一种形成自信的方式是不稳定的，很容易受到他人评价和外界的影响，就像有些孩子受到家长、老师或他人的批评和负面评价后，容易产生成绩下降、自卑、自闭和表现不稳定等问题。单纯依赖别人的语言建立的自信就如充满气的气球，经受不住挫折和打击，轻轻一碰就破。

后一种自信比较稳定，是一种长期的内动力。这种自信来自他自己，他坚定地相信自己。现在社会诸多的主流人士、企业家和各行各业的领军人物，他们小的时候家里很贫穷，也没读多少书，甚至从小就受人欺负和打击，受到邻居和朋友的轻视与耻笑，几乎没受到过他人的表扬和肯定，但他们很努力地做事和劳动，他们通过自己的努力解决一个又一个难题，做到了很多人认为不可能和做不到的事，从而变得越来越好、越来越强。

自信如果来自自己而非他人，那么别人的打击和负面评价就很难伤害到他，这种自信磨不灭、打不垮。他拥有自己建立起来的坚韧自信，这种人不管遇到多大的困难，都能像小草一样在岩石中攀升而出。

培养孩子自信心的第一条途径：用鼓励和表扬来增强孩子的自信心。家长对这一方法应该不陌生。孩子做得好或有进步时，不断给孩子正面的强化和积极的肯定，就能慢慢强化孩子的良好表现，孩子将变得更有自信。例如，对孩子说“你真棒”“你进步好快呀”“你变得越来越有礼貌了”等积极正面的语言。关于这一点，家长可以参看周弘的《赏识教育》和“知心姐姐”卢勤的《告诉孩子你真棒！》等书，书中对这一方法的表述较为全面。

培养孩子自信心的第二条途径：让孩子在面对困难和解决问题的过程中建立自信。这种自信有用之不竭的内动力和长久性。这是一种更好、更有效的培养方法，这种方法培养出来的孩子自信心更加稳定和坚定。这种方法不但能培养孩子良好的情商和心理素质，孩子的抗挫折能力也会明显得到增强。

在许多赞许的眼神注视下，孩子体验到的自信比父母帮他解决十个问题和说一百句鼓励他的话都要强烈。

孩子在解决问题和自己的经历中获得了自信，即使没有一句表扬和鼓励的话，他的自信心也会倍增。教育是让孩子从行为和经历当中获得自信和成就感，孩子每经历过一次自己解决问题的过程，所增长的自信会胜过我们父母鼓励的语言。

在培养孩子自信的时候，两条途径都是可用的。前者讲究的是语言，是外在的；后者讲究的是体验，是内在的。

如果培养的孩子具备了“五自”——自我、自理、自立、自强和自信，那这个孩子就能面对人生中遇到的一切问题。

四、家庭教育的拓展

正如前面所说的，家庭教育随着社会的发展也在增添着新的内容，不再单纯的是家庭给孩子的教育和影响，也越来越多地包含孩子对家庭教育的反影响，即对传统家庭教育的反哺。这一点，许多家长已经认识到，但只是不愿意承认这个事实。

（一）家庭教育的反哺

95后作为移动时代的原住民，他们天生就具备了对于移动数据工具的感知。有一段视频在YouTube上被疯转，视频里一个小婴儿拿着一本杂志，试图将杂志当成iPad用。小婴儿对着杂志敲敲点点，在看到杂志没什么反应后，小婴儿顿住了，盯着杂志，好像脑袋里想着“这个一定是坏了”。显然，新一代的人正成长为数字原生代。今天，我们得以见证数字原生代们为创造一个能与他们的需求无缝连接的智能世界而掀起的新数字革命。

也正是在这种情况下，孩子对于移动数字工具的了解已大大超出成年人的想象。同时，孩子们对于新鲜事物的接受能力往往也大大超过成年人的想象。

有一个真实的案例：微软公司在印度一个非常落后的村庄做了一个有趣的实验。他们把一台电脑连接了网络，安装在该村的大街上，并且用监控实时监测，目的是了解儿童对于从未接触过的电脑有什么反应。起初两天，孩子们都对这个新出现的怪物感到新奇，处于观望状态。过了几天，他们中有的孩子开始摆弄起来，这碰碰，那碰碰，忽然，电脑启动了。孩子们被吓跑了。过了一段时间，他们就摸清了开机和关机。实验人员在电脑桌面上安装了一款小游戏，但是所有的操控都是英文字母和键盘。起先，孩子们不会，但没过多久，他们已经能熟练掌握该款游戏的操作与实战，而且玩得不亦乐乎。

这就是兴趣的力量。这不能不说是一个奇迹，但又不难理解。经常听父母说自己的手机不好用了，孩子一鼓捣就好了，这就是家庭教育反哺的一个很好的例证。

此外，家庭教育的反哺还表现在对家庭事务的处理上，有时候孩子的思路未尝不是解决问题的一个有效途径。孩子的率真更值得每一位家长去反思。

（二）家校合作，共育新人

首先，是一个新名词的介绍：家委会。它不是家长委员会的简称，而是家校合作联合行动委员会的简称。具体说来，它的职责主要有参与学校管理，参与学校的校本教学，为学校的建设献言献策，通过家长的学习带动推进孩子的学习，等等。

其次，要谈的是家校合作的边界与志工工作。通过对家校合作的典型示范区的观摩与学习以及自身对孩子的家庭教育、学校教育的体悟，笔者发现在家校合作中存在以下几个问题。

第一，家校合作界限模糊。众所周知，新生入学一定会有许多心理上的不适应。从开始的惧怕上学，到一点点地适应学校生活，喜欢上学校。跟孩子及时沟通很重要，了解孩子害怕的是什么，帮助孩子克服恐惧心理，这自然是家长的责任，但老师也责无旁贷。这个时候，作为老师，要蹲下身来，保持与孩子一个高度，要让孩子有老师就是妈妈的感觉。

第二，中国孩子的家庭作业。对于这个家庭作业是有说法的，到底是留给孩子的，还是留给家长的？这就体现了一个边界问题。家长帮着修改对了，孩子的作业就全对了，孩子就会受到表扬；一旦出现了错误，孩子的作业就是马虎的，家长辅导孩子的工作就没做好。

第三，预习问题，到底是帮着孩子预习对，还是不要帮着预习？孩子预习会了，上课是否就不认真听讲？那么，本该在课堂上解决的问题，变成了课后；本该由老师讲授的问题，转移到家长身上，是不是越界了呢？孩子最需要的是表现自己的机会、体验成功的机会、获得赞赏的机会，不能因为孩子已经会了，就享受不到教师关注的“福利”。教育是公平的，不能为了节省时间，或者是面向全体就忽视个体的存在。久而久之，孩子缺少了表现的机会，是不是会对学习失去兴趣呢？

这就像有偿家教一样，到底怎样才能杜绝有偿家教？苏霍姆林斯基也提倡补课，但补课是补那些课堂上没有弄懂、理解不深刻的东西，而不是对教材知识的重新讲授，更不是讲授新教材。

第八章

认知发展与语言

第一节　感知觉发展

感知觉是人对客观物体和机体自身状态的整体反映。它虽然是比较低级的认知活动，但却是所有认知活动的开端。如果没有感知觉，记忆、思维、想象等高级认知活动就无法产生。因此，父母要充分发展幼儿的感知觉能力。

一、幼儿感知觉发展的特点

第一，新生儿对较弱的声音不敏感，但却具备了辨别声音的音量、持续时间、方向及频率的能力，刚出生时就可以辨认母亲的心跳声，并且对音调较高的女性声音很感兴趣。

2～3个月的婴儿已经能够分辨非常相似的发音（如pa和ba）；3～4个月的婴儿已经能对音乐表示喜欢，对强烈的声音表示不安，4个半月的时候，当婴儿听到有人叫他们的名字时，会准确地将头转向声音传来的方向；5个月的时候，只要说话者的声音足够大，婴儿甚至能在嘈杂的背景声音中分辨出自己的名字；8～9个月的时候，婴儿能分辨各种声音，对严厉与和蔼的声调能作出不同的反应。

第二，婴儿出生即能辨别各种气味和味道，并且有偏好。

新生儿能够察觉各种气味，对于不喜欢的气味，会作出一些强烈反应，如将头扭开并露出厌恶的表情等。

婴儿出生4天里，已经表现出对奶味的偏爱；吃母乳的婴儿1～2周的时候已经能够通过乳房和腋下的气味认出自己的妈妈；1岁左右，婴儿的嗅觉能力已经和成人相当。

婴儿一出生就表现出明确的味觉偏好，相比苦、酸、咸等味道，他们更喜欢甜味。

不同的味道能引发新生儿不同的面部表情，甜味能让他们发笑和咂嘴，酸味会让婴儿皱鼻子和噘嘴、伸舌头甚至吐口水。

1 岁左右的婴儿能够辨别某一种味道的浓度。

第三，触觉、温度和痛觉在婴幼儿期得到了巨大发展。

触觉是婴儿获得外部环境知识的主要方式。婴儿一出生触觉就非常敏感，对抚摸的敏感提高了婴儿对外界环境的反应性。从出生到 1.5 岁，婴儿就开始靠吮吸、咀嚼、吞咽、咬等口腔活动获得快感与满足，随后开始用双手触觉探索事物。

新生儿对温暖、寒冷以及温度变化同样非常敏感。如当牛奶太热的时候，幼儿会拒绝吸奶嘴。婴儿的痛觉在出生时就已经存在，疼痛会引起婴儿全身或局部的反应。

第四，婴儿视敏度随着年龄增长不断增强。

刚出生几分钟的新生儿就已经能利用眼睛或头来追随视觉刺激的运动，并且对人表现出明显的偏好。

2 ～ 3 个月的婴儿就能够分辨所有的基本色，4 个月的时候，就已经能够像成人一样，将有细微差别的颜色归类到同一基本色组——红色、绿色、蓝色和黄色。因此，幼儿喜欢亮度高的颜色。

尽管婴儿具备了较高的视觉能力，但他们还不能很好地处理细节差异。研究表明，6 个月婴儿的视敏度大概是成人的 20/100，而到了 12 个月的时候，他们的视力就已经和成人一样了。

第五，婴幼儿形状知觉逐步发展，8 ～ 9 个月左右获得恒常性。

儿童天生偏爱观察复杂的模式。

儿童更喜欢注意人的面部表情。

在幼儿大约 8 ～ 9 个月的时候就获得了形状知觉的恒常性。

3 ～ 6 岁，幼儿辨认图形形状的正确率随年龄的增长而上升。幼儿园小班儿童能够辨认圆形、三角形、正方形和长方形；中大班儿童进一步认识梯形、半圆形、菱形、椭圆形、六角形等平面图形以及球体、正方体、长方体等立体图形。

幼儿在辨认物体形状时配对容易，指出次之，命名最难。

形状知觉恒常性是指个体在观察熟悉物体时，当其观察角度发生变化而导致在视网膜的影像发生改变时，其原本的形状知觉保持相对不变的知觉特征。

第六，方位知觉随着幼儿年龄的增长而不断地发展完善。

方位知觉是对物体在空间所处的方向、位置的反映，是一种复杂的直觉，既有赖于儿童从生活经验中不断掌握各种方位现象，也有赖于不断掌握各种表示方位关系的词。幼儿的方位知觉随着年龄的增长而不断地发展完善。

3 岁幼儿仅能辨认上下方位；4 岁幼儿开始辨认前后方位；5 岁幼儿开始以自身为中心辨认左右方位；6 岁幼儿还只能达到完全正确地辨别上下前后四个方位的水平，以自身为中心的左右辨认尚未发展完善。

第七，深度知觉的发展可以帮助幼儿避免从高处摔下。

深度知觉是个体对立体物体或两个物体前后相对距离的知觉，包括立体知觉和距离知觉。幼儿深度知觉的发展可以帮助幼儿避免从床上等高处摔下来。

二、家长养育策略

（一）家长通过玩色彩游戏，提高幼儿对色彩的兴趣

如上所述，幼儿往往有很好的直观映象记忆，并对色彩明亮、鲜艳的东西能产生强烈的情绪反应。因此，家长可以通过玩色彩游戏，让幼儿来表达自己的情绪和欲望。如 3 岁左右的孩子，家长可以让她用大号水粉笔在大张纸上画彩条、圆圈及任意涂抹，用手指、手掌蘸色印画；4 ～ 6 岁左右的孩子在瓷砖墙上用多种材料绘画。这些活动都能激发幼儿对色彩的强烈兴趣，还能使其了解一些简单的色彩知识。另外，家长也可以让幼儿去感知不同颜色混合时会产生新的颜色，引导幼儿去思考、去观察色彩的变化。让幼儿了解三原色及间色、复色产生的过程，从而使幼儿更好地感知色彩丰富多样的变化。

（二）家长通过数图形游戏来训练幼儿对图形的认知和反应能力

家长根据上述幼儿掌握几何图形的能力，为幼儿设计数图形的游戏。家

长可以将圆形、三角形、正方形、长方形等平面图形以及球体、正方体、长方体等立体图形设计成美术图形，让幼儿在一定的时间内数出有多少个相同的图形，如有多少个三角形、多少个正方形等。

数图形游戏要求游戏者迅速准确地从给出的图形中数出某一指定图形的数目。这种游戏主要训练幼儿对同类图形的认知和反应能力。做这种游戏的关键是掌握有序的观察方法，做到既不漏数又不重复计算。

（三）通过不同的触摸游戏加深幼儿对软硬、冷热、光滑及粗糙等质地的认识

幼儿常以触觉代替视觉或听觉，即常以触觉来认识周围事物，因此更应该重视触觉。家长可以通过和幼儿进行不同的触摸游戏来加深幼儿对物体软硬、冷热、光滑及粗糙等质地的认识。

1. 触摸辨物游戏

触摸辨物游戏以“摸一摸”为主要构思，通过游戏丰富幼儿的触觉经验，加深幼儿对物体的大—小、长—短、圆—多角、光滑—粗糙、软—硬、冷—热等性质的触觉认识，提高幼儿通过这些性质特征来识别物体的能力。

设计触摸辨物游戏应把握三个难度层次。

第一个难度层次是从物体的相对特性入手。例如，在一个纸箱里放两个大小不等的球、两根长短不一的尺子、两个软硬不同的娃娃等，要求幼儿两手到箱中摸取具有相对特性的物品，如左手摸长一点的尺子，右手摸短一点的尺子，两手同时摸出即为正确。

第二个难度层次是围绕物体的相同特征进行设计。例如，在两只箱子中放上同样的物品，请幼儿两手分别从两只袋中摸出相同的物品。

第三个难度层次是以分辨物体的相似特征为主，有时还可以结合语言训练一起进行。例如，在纸箱中放入一些十分相似的物品，要求幼儿依次去摸，取出纸箱之前要描述所摸物品的特征，并说出该物品的名称。

2. 触摸分类游戏

家长可以收集一些纸盒子，在盒子上贴一个特定的形状（如△、○、□）或物品（如纽扣、手绢、纸张等）作为类别样品标志。需要多少种类就贴多

少盒子。再准备一个大纸盒，里面装满各类数量相等的物品，这些物品的种类与每一个盒子上贴的样品相对应。游戏时，发给每个幼儿一个贴有类别标志的小纸盒，蒙上眼睛，让幼儿轮流从装满各类物品的大盒子中拿一件属于自己一类的东西，放进自己的小盒子中。对幼儿园大班幼儿来说，可以进一步在此基础上请他根据触觉进行分类。

（四）通过“尝一尝”和“闻一闻”的游戏来发展幼儿的嗅觉和味觉

家长可以自行设计“尝一尝”和“闻一闻”的游戏来发展幼儿的嗅觉和味觉。通过尝，可使幼儿区别溶解在水或自己唾液中有味道的物质的甜、酸、咸、苦等；通过闻，可使幼儿从各种不同的物体所发出的特殊气味中识别物体。嗅味觉游戏所使用的分辨物可以是食物，也可以是非食物，可以是固态物质，也可以是液态物质。游戏可以单就一种感觉进行训练，也可以把两种感觉综合起来进行游戏。例如，在同样的瓶子里装上酒、醋、橘汁、水、汽油等液体，请幼儿通过闻来区分和识别这些液体。游戏训练的是幼儿的嗅觉，而在同样的杯子里装上不同浓度的糖水，请幼儿通过尝排出糖水甜度的次序，则是训练幼儿味觉的灵敏度。如果将苹果、梨、香蕉等水果切成同样大小的块，让幼儿先闻，再尝进行辨别，就是一个嗅、味觉综合训练游戏。

（五）通过一些听觉游戏来发展幼儿的听力

家长在同幼儿进行听觉游戏时，主要是完成两个方面的训练任务，一是分辨声音特征，二是判定声源声向。

1. 分辨声音特征的游戏

分辨声音特征的游戏主要是训练幼儿分辨各种声音，区别声音的性质（如音高、音强、音长、音色等）以及从物体的音响特征来识别物体的能力。例如，让幼儿闭上眼睛静坐室内，仔细倾听和分辨发生在周围的各种声音，如说话声、咳嗽声、交通工具声，等等。这种类型的游戏一方面要求幼儿去最大限度地使用他们的听觉器官，另一方面还能促使幼儿为了要听清楚那些微弱的声音而高度集中他们的注意力。游戏时，家长应注意在声音内容上有所变化。

2. **判定声源方位和声向的游戏**

判定声源声向的游戏有两种设计思路。第一种游戏设计中的发声源是固定的，可与分辨声音特征的游戏混合进行。如设计数个发声源，每个发出的声音各有其特征。让幼儿根据指定的声音特征寻找声源。第二种游戏设计中的发声源是移动的。如蒙上幼儿的眼睛，家长手持一只小铃，在幼儿的前、后、左、右各方向摇动，要求幼儿根据铃声的方位改变行走的方向，或跟着铃声走。

第二节　注意力发展

注意是心理活动对一定对象的有选择的集中，是幼儿进行一切活动的前提和基础。幼儿天生活泼好动、好奇心强，注意力不集中是这个年龄段显著的性格特征。注意力不集中会对幼儿未来的学习、情绪和人际关系等产生很多的不利影响。因此，父母必须有意识地培养幼儿的注意力。

多动症是幼儿注意力缺乏、唤起过度、活动过多、冲动性和延迟满足困难等一系列心理与行为问题的总称，其症状一般在幼儿 7 岁之前就能察觉。一般而言，父母越早发现就可以越早干预，那么对幼儿未来发展就越好，但特别需要注意的是，幼儿多动并不能等于多动症，不能给幼儿随便贴标签。

一、幼儿注意力发展的特点

（一）无意注意占优势，选择性注意能力较差

由于大脑发育不完善，神经系统兴奋性高、抑制力差等原因，0～6 岁幼儿总是“坐不住”，周围事物的任何变化都容易引起幼儿的注意。他们总是喜欢摸摸这儿，碰碰那儿，哪个地方有异样的声响，就会赶紧跑去看。到了学龄阶段，随着中枢神经系统的日益成熟，幼儿注意的稳定性和随意性会逐步发展。

1. 无意注意占优势

0～6 岁，幼儿注意力以无意注意为主。因此，鲜明、新颖、生动、直观、变化的事物都能自然而然地引起幼儿注意，而真正需要他们集中注意力的事情，如吃饭、阅读等活动反而难以吸引其注意。

无意注意也叫不随意注意，是指没有预定目的、不需要意志努力的注意，即人们平常所说的不经意。

2. 选择性注意能力较差

0～6岁，幼儿选择性注意能力较差，他们无法忽略那些无关、额外的刺激物，很容易受到环境中无关刺激物的干扰。例如，有研究表明，6岁以下幼儿在看“芝麻街”时，往往关注片中主人公的衣服、动作、长相等视觉形象，而不理会对白。6岁以上的幼儿，则不仅对视觉形象感兴趣，并同时关注对白。

选择性注意是指个体在同时呈现的两种或两种以上的刺激中选择一种进行注意，而对其他的刺激注意很少甚至忽略。

（二）有意注意逐渐发展，但稳定性差

随着大脑的发育和语言能力的发展，幼儿开始能做到使自己的行为服从成人的要求，有意注意逐步发展。但这时有意注意的稳定性较差，易受外界因素的干扰而分散、转移，能集中注意力的时间往往只有几分钟。有研究指出，1岁幼儿注意看一个玩具的时间仅能持续2秒钟，到2岁时，能注意集中地玩一个玩具的时间达8秒钟以上，而5～6岁幼儿能维持注意一个单独活动的平均时间大约是7分钟。

有意注意是指有预定目的、需要一定意志努力的注意，是注意的一种积极、主动的形式。它服从于一定的活动任务，并受人的意识的自觉调节和支配。

幼儿有意注意发展的三个阶段如下。

阶段1：幼儿的注意由成人的言语指令引起和调节。

阶段2：幼儿通过自言自语控制和调节自己的行为。

阶段3：运用内部言语指令控制、调节自己的行为。

（三）事物的类型与性质影响幼儿注意力集中程度

对比鲜明、新奇、颜色鲜艳、变化多动的事物更容易引起幼儿的注意，幼儿熟悉、喜欢或者适宜其发展水平的事物更容易引起幼儿的注意。如2～3岁幼儿不能安静地和成人一起看电视，一会儿和大人说话，一会儿走来走去，弄得大人心烦。主要原因在于节目的内容不是幼儿感兴趣的。而2～3岁的

幼儿看《天线宝宝》等，则能专注地从头看到尾。再如，1 岁 4 个月的幼儿在成人的指导下能兴致勃勃地阅读关于日常生活用品或者常见动物的彩色图画书，时间长达 10 分钟。

（四）父母的教养方式和家庭氛围影响幼儿注意力的集中程度

放任型的家长对幼儿缺少行为规范，导致幼儿可以随心所欲，自我控制能力相对较弱，无法集中注意力完成一件事情。

专制型家长通常对幼儿进行高度控制，很少考虑幼儿的发展水平，强迫幼儿根据自己的步调走，容易导致幼儿无暇细致而专心地完成一件事情。

溺爱型家长如果为幼儿提供了过多的玩具或者书籍，容易导致幼儿因为外界刺激太多而很难对某一玩具或书籍产生较长时间的兴趣，长此以往，幼儿容易形成习惯，对任何事物都只保留短暂的兴趣，而无法长时间集中精力或保持较久兴趣。

家庭氛围也会影响到幼儿的注意力发展，如家里经常吵闹或者躁动，没有为幼儿提供一个相对安静的环境，那么这样氛围中成长的幼儿也很难形成良好的注意力。

（五）好动的幼儿并非都是多动症，需要辨别“真假”

多动症全称为注意缺乏多动障碍，是幼儿注意力缺乏、唤起过度、活动过多、冲动性和延迟满足困难等一系列心理与行为问题的总称。它是儿童期最普遍、最复杂的心理与行为障碍之一。多动症对幼儿的学习、人格、心理健康、同伴交往、亲子交往等具有不可忽视的负面影响。患有多动症的幼儿由于经常坐不住、好动、不能长时间集中注意力，因此常常会伴有学习障碍、同伴关系障碍、品行障碍、协调动作障碍和情绪与行为障碍等。但多动症幼儿如果能及早发现并经过正确地干预和恰当地治疗，也是可以得到改善的。

需要特别指出的是，并非所有活泼、好动的幼儿都是多动症，有调查发现，在医院门诊中，70% 的幼儿被误诊为患有多动症。因此，请正确鉴别多动症，不要随便给幼儿贴标签。

多动症发病年龄、数量及核心症状：多动症一般在 7 岁之前就表现出来了，6～8岁为症状最明显的阶段。

经影像学研究发现，多动症患者的脑部存在结构性和功能性的病变。但由于很多患者在幼儿期没有得到及时的治疗，结果造成终身遗憾。

幼儿多动症的症状虽然很多，但主要的核心症状有四个方面：注意力障碍、活动过多、冲动性、延迟满足困难。

二、家长养育策略

（一）游戏是幼儿的主要活动形式，父母可以在平时通过游戏来发展注意的稳定性和随意性

1.“开火车”游戏

游戏目的：培养幼儿注意力，并锻炼幼儿思维的快速反应能力。

游戏准备：一家三口（越多家人参加越好）。

具体游戏：三人围坐一圈，每人报上一个站名，通过几句对话来开动“火车”。如爸爸当作北京站，妈妈当作上海站，孩子当作广州站。爸爸拍手喊：“北京的火车就要开。”大家一齐拍手喊：“往哪开？”爸爸拍手喊：“往广州开。”于是，当广州站的儿子要马上接口：“广州的火车就要开。”大家又齐拍手喊：“往哪开？”儿子拍手喊：“上海开。”这样火车开到谁那儿，谁就得马上接得上口。“火车”开得越快越好，中间不要有间歇。

2.“什么东西不见了”游戏

游戏目的：训练幼儿的注意广度。

游戏准备：3～5件玩具。

具体游戏：把玩具放在桌子上，让孩子看上1～2分钟，再让孩子闭上眼睛，拿掉其中的1～2个玩具，然后再请孩子说说什么玩具不见了。可先从少数几个玩具开始，等孩子记忆力增强后，再逐渐增加玩具的数量和拿掉的数量。

（二）日常生活中，帮助幼儿逐步养成围绕目的自觉集中注意力的习惯

幼儿对做事情的目的和意义理解得越深刻，他完成任务的意识也越强

烈，在做事的过程中，注意力也就越集中，注意力维持的时间也就越长。因此，在日常生活中，家长可以训练孩子带着目的去自觉地集中和转移注意力。如收拾玩具的时候问孩子：“桌上的玩具少了没有？”换衣服的时候可以问孩子：“妈妈的衣服哪变啦？”这样有目的地引导幼儿学会有意注意。

（三）为幼儿创造适宜的家庭氛围，让孩子能专心做事

家庭环境对幼儿注意力的培养有着极其重要的作用，父母可以从以下三个方面入手。

第一，养成有规律的生活。简单而有规律的家庭生活节奏对孩子的成长非常有好处。每天起床、吃饭、做游戏、睡觉、讲故事的时间都应该安排得较为固定。对于注意力不易集中的孩子，尤其需要父母帮助其建立规律的生活。

第二，营造安静整洁的环境。安静整洁的环境能够让孩子少受外界的干扰，可以更好地保持注意。比如，家中物品的摆放不杂乱，孩子的用品和玩具收在固定的位置，每次不给孩子过多的玩具，成人在家里不大声说话和看电视，不做孩子的干扰源，等等。

第三，多关爱孩子，及时调整孩子的情绪状态。孩子在身心状态不佳的时候，比如伤心、疲惫、有压力或者生病时，是很难集中注意力的。此时家长要多给予孩子关爱，而不是盲目地严格要求。只有在保持愉快心情的时候，孩子才更易于专心致志地做事。

（四）判断孩子是否是多动症，需寻求专业帮助

多动症的诊断是一个复杂的过程，如果家长发现自己的孩子在注意力集中方面确实与同龄孩子相比相差很大，应该到正规的医疗结构寻求专业的诊断和帮助。

多动症的症状虽然很多，但最核心的症状主要有以下四个方面。

第一，注意力障碍。多动症幼儿的注意力障碍一方面表现为随意注意能力极差，难以根据一定的要求自觉地把注意力集中在某项活动上；另一方面又表现为不随意注意功能相对亢进，非常容易被外界的任何细小变化所吸引，将注意力转向无关事物。

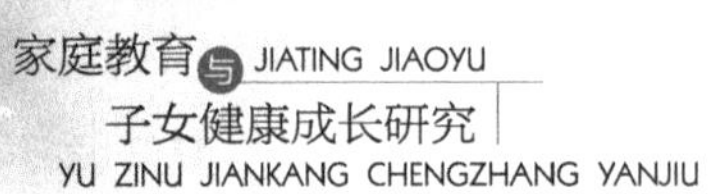

第二，活动过多。多动症幼儿通常极不安宁，过于活跃，易于唤起。如果要求他们在较长时间里安静地从事某一活动，他们常常是难以做到和控制自己的。无论是高兴还是伤心，他们情绪极端的速度与强度都比同龄儿童快。

第三，冲动性。多动症幼儿往往行动前缺乏思考，难以在做出某一行动前思考其行为的后果。并且，他们也不会对自己的行为进行反思，虽然有时候他们了解一些规则，但是却没有办法控制自己的行动。

第四，延迟满足困难。多动症幼儿缺乏耐心，不能等待，难以为一个长远的目标而工作。

第三节　记忆力发展

一、幼儿记忆发展的特点

（一）记得少，忘得快

成人的短时记忆容量为7±2个，即一般为7并在5～9之间波动。幼儿在3～6岁各个年龄段的短时记忆的广度均数分别为3.91、5.14、5.69、6.10个。

记忆受大脑皮层额叶的影响很大，而额叶的成熟要到学龄初期，因此，幼儿常常容易健忘。同时，幼儿语言能力尚在发展中，而3～4岁幼儿形象记忆优于词语逻辑记忆，因此，也容易健忘。

（二）记忆缺乏目的性，以无意记忆为主

幼儿的记忆以无意识记为主，他们只能记住形象鲜明的对象、引起兴趣的事物或引起强烈情绪体验的事。要年幼儿童将记忆专门作为有目的活动是困难的。五六岁的幼儿有意识的能力开始发展起来，如大人委托他做某件事，他会运用重复大人说的话的简单方法来记住这件事。

有意记忆是指按照一定的目的和任务，需要采取积极思维活动的记忆。

无意记忆是指没有自觉记忆目的和任务，也不需要意志努力的记忆。

（三）记忆方法呆板，策略运用较少

幼儿期的记忆多是机械记忆，即只根据材料的表现形式采用简单重复的方法进行的一种记忆。5岁以前的幼儿基本不会采取任何记忆策略，5～7岁的幼儿虽然不能主动应用策略，但是在成人的指导下可以根据外部线索来使

用一些记忆策略。

（四）记忆持久性进一步发展，但精确性差

大多数幼儿表现为记忆不完整、相互混淆、歪曲事实和易受暗示等方面。例如幼儿听了一个故事，他只记住感兴趣的某个细节，而整个故事的情节却记不住，或者把其他故事的情节也混在一起。

二、家长养育策略

（一）为幼儿提供形象、鲜明、生动、富有浓厚情绪色彩的识记材料

家长可以采用形象生动、有声有色、颜色鲜艳分明的东西作为记忆材料，用幼儿感兴趣的形式，让他在不知不觉中记住许多东西。例如，让幼儿看一张有好几种动物的图片，限定在一定时间内看完。一开始时间可以长些，逐渐缩短看的时间，将图片拿走后，让幼儿说出图片上都有哪些动物。如果他记住的不多，可以将动物分类记，如兽类有几种、鸟有几种、鱼类有几种，这样就能记得快些。为幼儿讲故事，要求他注意记住故事中人物的名字，然后让幼儿回忆每个人的名字。

（二）让幼儿发展运用多种感觉器官进行记忆

家长在教幼儿学习时，可以从熟悉的事物开始，创造直观的形象，通过看、听、摸、尝、闻等多种形式，将幼儿的五官充分地调动起来，让幼儿将新的学习内容与已经掌握的知识联系起来，从而提高幼儿的记忆水平。如当幼儿认识苹果的时候，可以让幼儿摸一摸苹果，看看是光滑的还是粗糙的，然后让幼儿看一看苹果的颜色，掂一掂苹果的重量，尝一尝苹果的味道等，从而记住苹果。

（三）通过游戏提高幼儿的记忆能力

大部分幼儿其实都很愿意与爸爸妈妈玩记忆游戏，在这些亲子的时间里，

大家都能心情放松、精神愉快，提升记忆效果。而游戏内容应根据幼儿的年龄不断调整、不断更新。

如父母可以和幼儿进行简单的拍手游戏，妈妈可以自己编排一段节奏并拍出来，然后请幼儿重复。开始的时候短一点，幼儿可以记得住并且重复拍出来，然后慢慢地增加长度。幼儿记不住的时候，就不要再加长了，以免破坏了幼儿的学习兴趣。幼儿如果做好了，一定要给一个鼓励的亲吻；幼儿如果没有记住，千万不要说他笨，直接降低难度，再来一次就可以了。

再如，父母周末带孩子出去玩的时候，可以先告诉幼儿，回来以后，要把看到了什么说出来，和妈妈比赛，看谁说得多。如果是去了动物园，就比赛说动物的名称，吃饭了就比赛看谁记得吃了什么。

（四）有意识地教幼儿一定的记忆策略

家长可以根据幼儿的实际发展情况来教给孩子一些适宜的记忆策略。

形象联想记忆法：如家长让孩子记阿拉伯数字的字形，可以形象地想成：1 像铅笔细长条，2 像小鸭水上漂，3 像耳朵听声音……

儿歌记忆法：例如，家长想要帮助孩子记住月份的日期，可以让孩子通过唱“一三五七八十腊，三十一天整不差”的儿歌来记住。再比如，想要孩子记住 10 以内数字，可以用儿歌“你拍一，我拍一，织毛衣，你拍二，我拍二，店小二，你拍三，我拍三，爬高山……”

推导法：如想要孩子记住家里每个人的生日，那么可以这样帮助孩子记住：孩子是 4 月份的生日，妈妈是 5 月份的生日，爸爸是 6 月份的生日。孩子只要记住一个人生日的所在月份，加以推导就全记住了。

逻辑顺序法：一个故事、一个物品都有其内部逻辑，家长在帮助孩子记忆的时候可以帮助其将整体进行分解，寻找一定的顺序记下来。如父母和孩子一起讲完了故事《小红帽》，不能直接问孩子刚刚的故事讲了什么，而是帮助孩子按照一定的顺序进行回忆。如“小红帽要去谁家里做客？”“大灰狼装成了谁？”等具体问题，这样就可以帮助孩子把记忆信息提取出来。

第四节　语言发展

语言是人类特有的交流工具，在儿童心理发展中起着重要的作用，儿童不断掌握语言的过程就是儿童语言发展的过程。

一、幼儿语言发展的特点

（一）语音知觉的发展先于正确语音的发展

一般而言，幼儿先能够辨别出语音的差别，之后才能够发出正确的语音。大约在 6 个月以后，婴儿能够“听懂”一些词，1 ～ 1.5 岁的幼儿能够理解的词的数量猛增。但是幼儿一般在 1 岁左右才能说出少数几个词，在 1.5 岁以后，才“开口说话”。

（二）幼儿言语发展分为前言语阶段、言语发生阶段和基本掌握口语阶段

表 8-1 幼儿言语发展阶段

阶段		年龄	具体表现
前言语阶段	简单发音阶段	0 ～ 3 个月	1. 说出词的准备：包括发出语音和说出最初的词 2. 理解词的准备：包括语音知觉和对语词的理解
	连续音节阶段	4 ～ 8 个月	
	学话萌芽阶段	9 ～ 12 个月	
言语发生阶段	理解语言迅速发展阶段	1 ～ 1.5 岁	理解的语言大量增加，但说出的语词很少，甚至出现短暂的沉默期
	积极说话发展阶段	1.5 ～ 2、3 岁	说话的积极性很高，语词大量增加，语句的掌握也迅速发展
基本掌握口语阶段		二三岁～六七岁	幼儿在掌握语音、语法和口语表达能力方面都有迅速发展，为入学后学习书面语言打下基础

（三）幼儿说话迟缓与其生理因素及父母教养方式紧密相关

1～2岁是幼儿语言发展的重要阶段，如果在这个阶段听力受损，那么幼儿的语言能力发展将会受到阻碍。

同时，父母的教养方式对幼儿语言发展也有重要影响。权威型父母经常肯定、鼓励幼儿，幼儿心理发展比较稳定，性格开朗，反应敏捷。专制型和放任型的父母会使幼儿产生不愉快的内心体验，对幼儿语言及心理发展产生不利影响。溺爱型父母，孩子就没有开口的必要了，因为想要什么用手一指甚至一个眼神就可以解决，长此以往，幼儿就会不愿意说话。

二、家长养育策略

（一）根据幼儿发展阶段，为幼儿提供科学合理的语言发展环境

幼儿期是人生语言发展的一个重要时期，作为父母应该在了解幼儿语言发展阶段的基础上，为孩子提供科学合理的语言发展环境并给予孩子科学的训练。在前言语阶段和言语发生阶段，家长应该注意观察幼儿发音的口型是否正确，对发音不准的幼儿要有耐心。在言语发生阶段和基本掌握口语阶段，还要注意幼儿发音的清楚程度、语调以及对音的强弱控制能力。同时，父母应该为孩子提供丰富的语言环境，丰富的语言环境会刺激幼儿学习语言的兴趣。作为父母，应该在平日生活中结合幼儿语言发展阶段给孩子提供多看、多听、多说的机会。只有在幼儿主体和父母提供的环境的相互作用下，幼儿才能主动地通过语言认识世界。

（二）家长选择正确的教养方式

家长的教养方式对孩子语言的发展有重要的影响，特别是当孩子处于言语发生阶段（1岁以后），父母一定不能对孩子的需求进行无条件的满足。一旦家长将孩子照顾得太周到，孩子就不需要用语言来表达自己的意愿了，自然也就不着急学说话了。如孩子想要喝水，父母千万不能直接给孩子水，可以问孩子“宝宝是想喝水吗？来，我们喝水，跟着妈妈读，水”，尽量让孩子

重复“水”这个字。

（三）借助亲子阅读的形式发展孩子语言能力

父母除了尽可能多地和孩子说话，还可以借助亲子阅读的形式发展孩子的语言能力。当孩子处于言语发生阶段，父母可以选择一些适合这个阶段孩子发展的形式，如给孩子讲故事来发展孩子的语言能力，借助这个形式增加孩子的词汇量。父母可以声情并茂地给孩子讲故事，也可以和孩子一起看绘本，指着字读给孩子听，从而提高孩子的语言兴趣和能力。当孩子处于基本掌握口语阶段，父母可以鼓励孩子背诵一些简单的或者朗朗上口的儿歌、歌谣，并且尝试引导孩子复述一些简单的故事，以利于其语言的进一步发展。

（四）多途径检查孩子说话迟缓的原因

家长一旦发现自己的孩子说话迟缓，可以多途径检查孩子是否存在以下方面的问题：其一，确定孩子是否有听力方面的问题。家长可以在孩子看不见的地方发出声响，看看孩子是否能注意到。如果确认孩子不是因为注意或其他外在原因没有反应，应带孩子去医院诊治，作听力方面的诊疗。其二，观察孩子是否能够与人进行有效的沟通。家长可以在与孩子玩耍的过程中，看看孩子能否与自己对视，如果孩子能够通过非语言线索表达自己的想法和感受，那么家长就不需要太着急，但如果孩子不能通过非语言形式实现沟通，那么家长就需要注意了。其三，确认孩子是否存在智力发展方面的问题。智力发展缓慢也可能影响孩子的语言发展。在孩子的日常生活中，家长要注意观察孩子是否和别家的孩子发展相当，如果发展迟缓，那么家长就需要注意了，并进行进一步的确认。

第九章

品质的培养

第一节 自信心的培养

在日常教育中，越来越多的家长更为重视的是孩子生活习惯和学习习惯的培养，而往往忽视了品质的培养。这样的做法，就像无源之水、无本之木，孩子很难获得持续性的发展。作为父母，也许不能给孩子富裕的物质生活，不能给他英俊美丽的外表，但是如果能让他拥有良好的品质，那么就给了他一个成功的人生。英国作家威廉·史迈尔曾经说过，良好品格是人性的最高表现。好的品性不仅是社会的良心，而且是国家的原动力。可见，拥有良好的品质，不仅是一个人价值的体现，更是一个国家甚至全世界共同发展的需要。

世界伟大的科学家，两获诺贝尔奖的居里夫人从自己的实践和成就中悟出了这样一个道理：人之智力方面的成就，很大方面依赖于高尚的品格。因此，她用自己对科学事业的执着和对祖国的热爱等美好的精神，影响、感染自己的学生和孩子。由于潜心科学研究，居里夫人三十多岁才生下自己的女儿绮瑞娜。居里夫人不仅对孩子进行智力开发，更注重对孩子品格的培养。绮瑞娜小时候非常害怕闪电和雷声，每到夏天电闪雷鸣的时候，她就会躲进棉被中，堵住自己的耳朵。居里夫人看到这一情景后，就向女儿讲解电闪雷鸣的科学原理，并教育她要有勇敢的精神。为了改变绮瑞娜的胆小，居里夫人经常陪她一起到大自然中，感受风霜雨雪，观察电闪雷鸣这些自然现象。有一次，母女二人骑车回到自己的祖国波兰，这不仅是一次勇敢和耐力的锻炼，更是一次爱国精神的培养。

居里夫人总是告诉孩子要艰苦朴素，不贪图富贵。在丈夫去世后，生活变得十分拮据，有人建议她卖掉实验室的镭，但她断然拒绝了。后来在带领女儿接受美国总统授予她的一克镭时，她深情地告诫女儿：镭永远属于科学，不属于个人。在母亲的言传身教下，绮瑞娜勇攀科学高峰，在她四十八岁的时候，也登上了诺贝尔领奖台。后来她回忆自己的母亲时说："有几件事一直深刻在我心里，对工作的热爱，不热衷于钱财，以及喜欢独立的品性，这种品性使我永远相信，在任何环境下，我都知道应该怎样去做，而不是依赖于别人的帮助。"可以说，绮瑞娜从母亲那里受益的不仅仅是智慧，更重要的是品格。

世界名人尚且如此，何况普通人呢？在物质文明高度发达的今天，很多人却开始淡漠对孩子的品格教育。他们甚至认为，吃苦耐劳、艰苦奋斗这些精神品质对现在的孩子已经没有用了。

众所周知，现代社会竞争越来越激烈，一个人、一个国家，甚至一个民族，要想在社会洪流中立住脚，并最终走向成功，拥有良好的品质最为重要。它是树的根基、鸟的双翼。可以认为，一个孩子要想在将来的社会中更好地生活，家长就应该注意从小对孩子进行良好品质习惯的培养，比如，要让孩子充满自信地生活，学会感恩，要让他们学会合作，要懂得分享，要有战胜困难的决心和勇气，等等。只有拥有了这些品质，孩子才可能战胜风雨，才能走向成功、走向幸福。

爱默生说："自信是成功的第一秘诀。"可以说，没有自信就不可能有百折不挠的精神，没有自信就不可能有乘风破浪的勇气，没有自信也不可能有柳暗花明的惊喜。唐代大诗人李白相信"长风破浪会有时，直挂云帆济沧海"，所以留下了千古名篇；杜甫相信"会当凌绝顶，一览众山小"，所以有"诗圣"的美名；毛泽东更是相信"数风流人物，还看今朝"，因此成为一代领袖。自信是一种态度，是一种豪情，是一种胸襟，更是一种品格。华罗庚是我国著名的数学家，不过，在他读小学的时候，他的学习成绩并不好，所以小学并没有拿到毕业证书，只是拿到一张修业证书。读初中一年级的时候，数学课还是经过补考才及格的，所以，同学们都讥笑他，叫他"废物"。同学们的嘲讽并没有让华罗庚灰心，他暗暗下决心一定要学好数学，他也一直相信自己能够学好数学。信心树立起来，就会产生无穷无尽的力量。他知道自己并不比别人聪明，就用以勤补拙的办法，别人学习一小时，他就学习两小时，最终成为我国著名的数学家。

拥有自信，可以获得成功；缺乏自信，可能走向失败。

春秋战国时期，一位父亲和他的儿子出征打仗。父亲已做了将军，儿子还只是马前卒。又一阵号角吹响，父亲庄严地托起一个箭囊，其中插着一支箭。父亲郑重地对儿子说："这是家传宝箭，带在身边，力量无穷，但千万不可抽出来。"那是一个极其精美的箭囊，厚牛皮打制，镶着幽幽泛光的铜边儿，再看露出的箭尾，一眼便能认出是用上等的孔雀羽毛制作的。儿子喜上眉梢，推想箭杆、箭头的模样，耳旁仿佛嗖嗖的箭声掠过，敌方的主帅应声折马而毙。果然，配着宝箭的儿子英勇非凡，所向披靡。当鸣金收兵的号角吹响时，儿子再也禁不住得胜的豪气，完全背弃了父亲的叮嘱，强烈的欲望驱赶着他呼一声就抽出宝箭，试图看个究竟。骤然间他惊呆了。一支断箭！箭囊里装着一支折断的箭！"我一直挎着断箭打仗啊！"儿子吓出了一身冷汗，意志仿佛顷刻间失去支柱的房子，轰然坍塌了。结果不言自明，儿子惨死于乱军之中。拂开蒙蒙的硝烟，父亲拣起那柄断箭，沉重地说道："不相信自己的意志，永远也做不成将军。"

真的是一支箭决定了一场战争的胜利和一个人的生死吗？显然不是。决定战争胜负和人生死的是一个人的内心，是他自信的有无。当他拥有自信的时候，他驰马疆场、所向披靡；可是当他失去信心的时候，我们看到的是一败涂地、惨死战场。古人说：狭路相逢勇者胜。其实靠的不是勇，靠的是制敌于死地的自信。其实每个人的内心都有一支箭，若要它坚韧，若要它锋利，若要它百步穿杨、百发百中，磨砺它、拯救它的都只能是自己。

那么，什么是自信？自信是指人对自己的个性心理与社会角色进行的一种积极评价。它是一种有能力或采用某种有效手段完成某项任务、解决某个问题的信念。它是心理健康的重要标志之一，也是一个人取得成功必须要具备的一项心理特质。

从自信的定义来看，它由四个因素构成。

优势认定：对自己的优势与劣势有正确的认识，并对自己的实力、优势有正确的评估。

信念：相信自己有能力实现既定目标。

敢于挑战：主动地接受挑战，将自己置于挑战性极强的环境中。

坚持不懈：即使在受到阻挠、诽谤等困难境地时，也不改变目标，直到实现预期的目的。

那么，应该怎样培养孩子的自信呢？

一、尊重鼓励，树立自信心

在日常生活中，家长应该做到“蹲下身子”与孩子对话，也就是说，要多从孩子的角度去思考问题，切不可把自己的主观想法或者成年人的感受强加给孩子。对于孩子提出的问题要耐心细心地解答，和孩子对话讲究平等，切不可因为对方是孩子，就置之不理或者淡然处之，否则，会大大打击孩子的自信心。遇到一些问题，要让孩子自己作出选择，这对培养孩子的自信心大有好处。比如，周末的时候，是去游乐园还是公园，要让孩子自己作出选择。在孩子选择的过程中，他会感觉到自己受到了尊重。尊重感是提升孩子自信心非常重要的因素。

有人说，打击孩子自信心的最好办法就是挖苦、嘲笑孩子。挖苦被列为孩子最不能接受的家长行为之首，可见其危害之大。任何一个有自尊心的人都不能忍受别人的挖苦和讽刺。家长对孩子讽刺、挖苦，会造成很多不良的后果。孩子会不再信任家长，他们不会再把自己的真实想法告诉家长。如果家长的话再重一些，孩子会觉得被当头打了一棒，失去信心，因为他们觉得父母对自己并没有信心。他们会干脆放弃努力，因为他的父母亲对他都不屑一顾。同时，孩子会觉得父母虚伪、不公平，因为他知道如果他对父母也用这种嘲讽的口气，一定会挨骂。

经常被家长挖苦、讽刺的孩子，进步非常慢，有的甚至失去信心。挖苦只会使孩子上进心、自尊心受到伤害，对孩子的精神健康造成无法挽回的严重损害。而且，家长的挖苦往往使孩子变得感情冷漠，对父母失去信赖和依靠，对家庭充满厌恶与反感，进而引发孩子的反抗和报复心理，很容易造成孩子和父母之间的感情壁垒。

而很多家长误以为讽刺挖苦是一种激将法，这种认识是极其错误的。对于孩子来说，他们的心智还不够成熟，大人的良苦用心恐怕很难体会到。

二、赏识赞扬，提升自信心

做父母的经常犯一个毛病，就是总愿意拿自己的孩子和别人家的孩子作比较。作比较的孩子往往都是身边比较熟悉而且比较优秀的孩子。往往一看到自己的孩子哪方面做得不好的时候，就马上会说："你看看人家××，比你强多了！"所以有的孩子说，自己永远有一个竞争对手，那就是"别人家的孩子"。从这句笑语中感受得更多的是孩子的落寞和无奈。家长在比较的过程中还经常犯一个错误：总是拿自己家孩子的弱项和别人家孩子的强项进行比较。

父母无休止和不顾实际的比较，让孩子感觉特别痛苦。想一想，孩子带着这种情绪，即使参加再多的补习班，恐怕也是无意义的吧。父母对自己的孩子应该有个正确的评估，不能要求自己的孩子成为一个"完人"，要多用赏识的目光去欣赏孩子，这样孩子才会找到自信。

自信原本就是一种美丽，而很多人却因为太在意外表而失去了那种富有内涵的美。无论是贫穷还是富有，无论是貌若天仙还是相貌平平，只要你内心充满自信，昂起头来，你就会变成世界上最美丽的人。

对于一个孩子来说，没有鼓励与赞赏，就没有自信，没有自信，就没有美丽与成功。

三、注重生活细节，培养自信心

在日常生活中，有很多细节需要家长注意。关注这些细节，也就是在培养孩子的自信心。比如说，孩子走路的时候，要让他挺胸抬头，切不可低头弯腰；孩子说话的时候，要让他目视对方，切不可左右游离。

平时带孩子出门的时候，有些事情尽量要让孩子自己去做，这样既锻炼了他的独立性，又培养了他的自信心。比如，去饭店就餐的时候，可以让孩子点餐；去看电影，可以让孩子买票；去听报告的时候，尽量让孩子坐在前面，鼓励孩子积极提问题；在人多的地方鼓励孩子表演……要通过这些锻炼，让孩子参与生活的主体意识渐渐增强，这样自然信心也就增强了。

四、正确面对挫折，增强自信心

挫折、失败、困难这些都是一个人成长过程中离不开的因素，尽管很多人都不愿意有这些因素的陪伴，但是，它们往往都会不期而至。对于一个人来说，适当地遭遇挫折，战胜失败，往往会变得更加优秀。对于一个孩子的成长来说，家长也应该注意通过正确面对挫折来培养孩子的自信心。可是在生活中，很多家长都试图为孩子扫除成长道路上的一切障碍，他们生怕孩子遇到困难，生怕孩子遭受失败。

当然，培养孩子自信心的方法不止以上这些，它需要家长、老师的共同努力。但愿所有的孩子都能满怀信心、斗志昂扬地去迎接属于自己的未来。

第二节　抗挫折能力的培养

当今社会，青少年自杀率逐年上升，理想的缺失、信念的泯灭、内心的脆弱等都可能成为自杀的导火索，但究其深层原因还是缺乏抗挫折能力。抗挫折能力是指当个体遇到挫折时，能积极主动地摆脱困境并使其心理和行为免于失常的能力。因为没有这种能力，所以他们承受不了一点点生活的打击。当生活的暴风雨来临时，他们不能像勇敢的海燕那样高喊“让暴风雨来得更猛烈些吧”，而只能向暴风雨妥协，向命运屈服。当他们一步步屈服的同时，也让自己一步步走向毁灭的深渊。当今社会，竞争越来越激烈，“优胜劣汰，适者生存”是人类社会向前发展的不二法则。只有那些勇于向命运挑战、勇于同困难斗争的人，才能最终走向成功。而那些唯唯诺诺、不堪生活重压的人，早晚会被社会所淘汰。可以说，培养孩子的抗挫折能力，已经成为孩子将来立足于社会洪流中的重要一环。下面从四个方面来谈如何培养孩子的抗挫折能力。

一、“再富也要苦孩子”，在生活中让孩子感受挫折

曾经很长一段时间，流传这样一句话：再穷也不能穷教育，再苦也不能苦孩子。可是随着时间的推移、社会的进步，越来越多的人发现不是那么回事儿，人们开始认识到不让孩子吃苦是一个大错误。现代很多家庭都是一个孩子，可以说全家几口人都围绕着一个孩子转。“饭来张口，衣来伸手”是许多孩子在家庭中享受的特权。他们被称为家中的“小太阳”或者“小皇帝”，被爷爷奶奶惯着，被爸爸妈妈宠着。可以说，在他们的成长过程中，没有挫折可言。即使偶尔有些想法或做法没有获得家长的支持，他们就哭几声、闹

几下，也就如愿以偿了。“绝对的权威”几乎是每个孩子在家中地位的体现。可是这样真的对孩子的成长有利吗？答案是否定的。众所周知，孩子将来走向的是社会，而每一个家长都不能陪伴其一生。试想，一个连起码自立能力都没有的人，又怎能在社会中独立生存？

家长应该注意，家庭条件再优越，也一定不要真把自己的孩子当作“小皇帝”来宠着。该让他们做什么的时候一定让他们自己去做，该让他们“受苦”的时候一定要让他们“受苦”。笔者有一个同事，家庭条件非常好，每天自己开车上下班，但他很少用车接送孩子。即使下雨下雪，他也一定“狠心”地让孩子自己走着去上学。几年下来，他的孩子明显比同龄人自立坚强得多。谁都不知道孩子未来会遭遇怎样的困苦，但要相信一点，如果孩子从小就经受生活的磨砺，那么即使有一些困苦，也不会难倒他。

在生活中，家长还要学会对孩子说“不”。要让孩子从小就懂得，不是他所有的想法都能实现，不是所有的人都要服从他的指挥。只有这样，当他有一天走向社会、遭遇周围人不认同的时候，他才会有勇气和信心继续走下去。家长一味地顺从和迁就，只会培育瘦弱的小苗，是经不起风霜雨雪的。

不一样的教育也必定决定了不一样的未来与人生。其实，家长要传给孩子的不仅仅是物质财富，更重要的是精神财富，是他们能独立面对未来的勇气与能力。

二、“再难也怕有心人”，在困境中让孩子自信乐观

培养孩子的自信乐观精神，是提升孩子抗挫折能力的重要环节。人的一生中会经历无数的困难和挫折，在教育孩子的问题上，要坚信，从困难与挫折中走出来的人会更坚强、更勇敢。要让孩子懂得，无论遇见怎样的艰难困苦，都要积极乐观地面对人生，唯有自信乐观才能让人走出困境，迎来崭新的明天。

很多家长可能读过这样一则故事：草地上有一个蛹壳，被一个小孩儿发现并带回了家。过了几天，蛹壳上出现了一道小裂缝，里面的蝴蝶挣扎了好长时间，身子似乎被卡住了，一直出不来。天真的孩子看到蛹壳中的蝴蝶痛

苦挣扎的样子十分不忍，于是，他便拿起剪刀把蛹壳剪开，帮助蝴蝶脱蛹而出。然而，由于这只蝴蝶没有经过破蛹前必须经过的痛苦挣扎，出壳后身躯臃肿，翅膀干瘪，根本飞不起来，不久就死了。把这个故事讲给孩子听，目的就是让孩子从这个故事中知道一个人生哲理：要得到欢乐就必须承受痛苦和挫折。这是对人的磨炼，也是一个人成长必经的过程。通过这样的故事也是在告诉孩子，人生道路上经历一点挫折与困难算不了什么，它是意志的磨刀石，是成功的金钥匙，要用积极阳光的心态去面对。

在生活和学习中，总免不了有一些失败与挫折。作为家长，如果只是一味批评埋怨，让孩子陷入失望沮丧的泥潭里，久而久之，就会使孩子产生自卑、颓废甚至自暴自弃的心理。面对孩子的挫折和失败，家长应当帮助孩子分析原因，从中吸取教训，教育孩子不再犯同样的错误，让孩子逐渐明白“挫折也是一种财富”，进而培养他们坚强乐观的心态。

要想培养孩子自信乐观的心态，可以从以下几方面进行。

（一）尊重赏识孩子

人最大的需要就是被了解与欣赏，孩子更是如此。父母对孩子的了解、欣赏、赞美、鼓励会增强孩子的自尊、自信。因此，每当孩子取得了哪怕是一丁点的进步时，都要对孩子竖起大拇指说：“孩子，你真棒！”这样孩子在体验到被父母鼓励的幸福感的同时，也产生了乐观向上的态度。

（二）父母在孩子面前要乐观自信

父母是孩子的榜样，不光指在行为上，在心态方面也要起到榜样示范作用。如果父母整天在孩子面前唉声叹气，孩子也会愁眉不展、心事重重；相反，如果父母乐观豁达，孩子也会自信满满。所以，作为父母，在日常生活中，要时时以自信乐观、奋发向上的精神去感染影响孩子。

（三）允许孩子宣泄情绪

当孩子遭受委屈或者感到压抑的时候，父母要让孩子发泄情绪，而不是一味地压抑。走上极端的孩子往往都有一个共同点，就是不会发泄自己的情绪。他们遇到问题的时候，容易钻牛角尖，做出不理智的举动。而那些善于发泄情绪的人，即使遇到再大的困难，哭一场、打打球、找人聊聊、唱唱歌，也就一切都烟消云散了。

（四）教会孩子说三句话

言为心声，在生活中想培养孩子的自信乐观精神，要教会孩子经常说三句话，即“太好了”“我能行”“让我来”。

“太好了”是一种赞美，是一种豁达的心态，是让孩子学会微笑地面对世间万物。学会说这句话，能让孩子有效地避免烦躁、焦虑，能让孩子感受到生活更美好。

“我能行”是对自己的一种认可，是在困难面前百折不弯的勇气。经常说这句话能让孩子更加自信。

“让我来”是一种担当，是一种先忧后乐的情怀。一个勇于担当的孩子必定会成为一个意志坚定的人。

三、“胜固可喜败亦喜”，在失败中让孩子看到希望

勇于承认失败，坦然接受失败，并能在失败中吸取教训，总结经验，继续前行，这是一个抗挫折能力强的人的突出表现。家长要善于教育孩子在失败中争取胜利，在绝望中寻求希望。历数中外有大成就者，都是因为善于在失败中酝酿希望而最终成功的。

享誉世界的居里夫人，为了提炼镭，几十年如一日地工作在实验室中。一次次的失败、一次次的危险，也不能动摇她的意志，反而更加激发了她探索的勇气，终于获得了巨大的成功。而被称为发明大王的爱迪生，不也是在经历了无数次的失败后才发明了电灯吗？那么家长应该如何引导孩子正确面对失败呢？

（一）父母应该端正态度，正确对待孩子的失败

很多时候，孩子是看父母脸色行事的。如果父母过分在意孩子的失败，那么就会给孩子造成很大的心理压力。父母面对孩子的失败，应该坦然处之。

要告诉自己，孩子的失败是正常的，也要告诉孩子，失败是每一个人必须经历的。当孩子失败的时候，父母切忌在孩子面前唉声叹气，甚至责骂。当孩子遭遇挫折的时候，有的家长总喜欢从别人身上找原因，不能让孩子正视挫折和困难。比如蹒跚学步的孩子被石头绊倒了，一些家长就会说："臭石头，打它！"

这种做法很容易让孩子遇到不痛快就去迁怒别人，不懂得宽容和自省，更不会主动去寻求解决问题的办法。其实面对这种情况，如果不严重，家长大可不必惊慌失措，要让他自己起来，可以走过去帮他揉揉，告诉他："没事，妈妈揉揉就好了。"等孩子情绪稳定了，还可以告诉孩子："你看，石头是不会动的，而你这么灵巧，所以下次走路的时候，你一定要躲开它。"这样的教育，让孩子知道了处理问题的办法，更主要的是培养了孩子从主观方面反思自己的能力。

（二）要帮助孩子找到失败的原因

坦然接受失败不是目的，家长要和孩子一起找到失败的原因和解决问题的方法。父母在孩子失败以后，应该帮助孩子分析自己失败的原因，哪些失败是可以避免的，哪些是不可避免的。只有当父母帮助孩子找到失败的原因之后，孩子才有更多超越的可能。萍萍和小君是同班同学，低年级的时候，两个人的成绩都非常优秀，家长对他们的成绩也很重视。但不同的是，每次考完试，无论好坏，萍萍的父母都一视同仁，好的时候鼓励她赞扬她，不好的时候在鼓励她的同时帮她分析考得不好的原因，并帮助她找到解决的办法。而小君每次考完试后，如果考好了，家长欢天喜地，可以满足她的任何愿望，如果考得不好，家长就会对她置之不理，甚至挖苦嘲讽。结果，随着年级的增高，萍萍学习越来越好，而且感到轻松愉快；小君的成绩不仅越来越差，甚至还产生了厌学的情绪。

（三）要学会接受失败

每个人能力有大小，不是所有的事情都一定会成功的。当孩子所做的事情超过自己的能力范畴时，就会遭遇失败。这时，父母如果让孩子接着进行，就会接二连三地遭受失败，这样就会大大挫伤孩子的自信心。所以说，很多事情要量力而行。明智地承认失败，坦然地接受失败，有时候也是人生的大智慧。

四、“为有源头活水来”，在经典中让孩子增强意志

在我国浩如烟海的文学名著中，有许多名人坚忍不拔的事例。家长可以通过这些故事来感染孩子、影响孩子，从而增强孩子的意志，提升其抗挫折能力，以古圣先贤为榜样，也做一个坚强不屈、百折不挠的人。

第三节　创新精神的培养

众所周知，一个人没有创新精神，就会故步自封；一个民族没有创新精神，就会停滞不前。可以说，个人的成长、社会的进步都离不开创新精神。那么，什么是创新？百度词条是这样解释的：创新是指以现有的思维模式提出有别于常规或常人思路的见解为导向，利用现有的知识和物质，在特定的环境中，本着理想化需要或为满足社会需求而改进或创造新的事物、方法、元素、路径、环境，并能获得一定有益效果的行为。创新的本质是突破，即突破旧的思维定式、旧的常规戒律，它的核心是“新”。

一、创设宽松平等的家庭氛围

宽松平等的家庭氛围有助于孩子的个性发展，也有助于孩子创新能力的培养。所谓的家庭平等就是指家庭成员在家中的地位是平等的，不能因为父母是大人就绝对“霸权”，也不能因为孩子小就事事迁就，而应该相互理解、相互体谅，营造出一种轻松愉悦的家庭氛围。只有在这样的氛围中，孩子才敢于表达、敢于创新。对孩子来说，平等宽松的家庭氛围主要指以下几个方面。

（一）家庭成员之间相互尊重

尊老爱幼，夫妻和睦，这是良好的家庭关系的一种表现。家中有事情需要解决，大家坐在一起，互相商量，看看谁说的对，看看还有哪些好的补充。家长在这里尤其要注意尊重孩子的个性差异和独特体验。孩子因为年龄小，考虑问题一定没有大人周全成熟。对于孩子过于幼稚的想法，家长不要嘲笑，更不要置若罔闻，而应该加以鼓励，对于好的方面要接受，有欠缺的地方可以鼓励孩子换个角度再想一想，或者让孩子听听自己的想法。这样，孩子才能开动脑筋，发展思维，提高创新意识。

（二）不要轻易阻止孩子

生活中经常看到这样的家长：时时刻刻监管自己的孩子，不让他碰这，也不让他碰那。孩子要踢球，他说踢球有危险；孩子要玩滑梯，他说滑梯太脏。试想，在这种管理之下，孩子又怎能得到发展？家长在保证孩子安全的前提下，要鼓励孩子多参与到“玩”中，更要鼓励孩子“创造性地玩”。孩子有了新玩具，很开心地这边碰碰、那边弄弄。妈妈在一边看着着急，巴不得孩子一分钟就完全学会了，尤其是看到孩子操作错误或者玩法不对的时候，就急忙说：“错了错了，这个玩具不是这样玩的，妈妈教你吧！”

你一句错了，孩子瞬间就有了挫败感。玩具不就是用来玩的吗？那为什么一定要讲究那么多的规则呢？孩子远比大人富有想象力，而且不受任何惯性思维的约束，让他安静地一个人认真研究，或许还真能玩出不少新花样呢！而且，自己研究出来总比被人手把手教会更有成就感，不是吗？

所以家长要让孩子尽量尝试自己玩，他需要帮助的时候再耐心指导就行了。孩子即使方法错了，也不必直接说“你错了”，而应委婉地说“其实也可以这样玩”，引起孩子兴趣后再演示给孩子看。

（三）尊重孩子的自由选择

现在的很多家庭都是按照父母的喜爱来设计孩子的成长。因为父母喜欢钢琴，觉得钢琴弹奏起来显得高雅，就逼着孩子去学钢琴；因为父母喜欢书法，觉得写好字特别体面，就让孩子去学写字；甚至有的家长，就因为自己特别喜欢某个大学，而自己当年没考上，就把全部的希望都放到自己孩子身上，强迫孩子去弥补自己当年的遗憾。这些家长，都是毫不顾忌孩子的感受，没有尊重孩子的好恶。很多时候，这些孩子都没有长足发展，主要就是因为这些选择都不是来自自己的意愿。让一个人去做一件自己不喜欢的事，他又怎么能做好？做好都难，又何求创新？尊重孩子的兴趣选择，对于培养孩子的创新精神极为重要。伟大的科学家爱因斯坦说过：“兴趣是最好的老师。”兴趣是孩子进行学习、进行创造活动的内在动力。孩子对事物有了浓厚的兴趣，就会全身心地、主动地去探索、去求知，并在学习上产生莫大的愉悦和积极的情感，从而不断进行新的尝试、新的探索。因此，培养孩子的创新意识，首要的是让孩子拥有创新的头脑。为孩子创设有利于发展创新能力的条件、情境和场所，创设自由宽松的家庭氛围，这些都有助于孩子创新能力的培养。同时，家长还应时刻注意对孩子进行创新兴趣培养，尊重孩子的兴趣爱好，给他们自由选择的机会，这样他们才能大胆想象，勇于创新。

二、保护孩子的好奇心和求知欲

对于孩子来说，他们的脑子里有无数个为什么。星星为什么会发光？月亮为什么会有圆缺？花儿为什么开了又谢了？这些问题放在心里，他们会觉得很难受，一定要解决。于是他们就把这些问题提出来问父母。好奇、好问能促使儿童像海绵吸水一样去寻求知识；好奇、好问能引导儿童细心观察世界，进行新的创造。因此，鼓励孩子好奇、好问，积极培养孩子的好奇心，是开发儿童智力、发展儿童创造力的重要环节。美国大发明家爱迪生在小时候就是一个特别好奇的儿童。有一天，他看到老母鸡蹲在窝里孵蛋，很好奇，就去问妈妈是怎么回事。妈妈告诉他：“母鸡在孵小鸡。”到了吃饭的时候，爱迪生不见了。全家人到处去找，最后发现他蹲在邻居的鸡窝里。妈妈问他在干什么，他一本正经地说：“我在孵小鸡。”正是由于爱迪生从小有强烈的好奇心和刻苦钻研的精神，才成长为大发明家。但是很多父母，由于不耐烦或者觉得这样的问题没有回答的必要，就置之不理，甚至责骂孩子。这种做法很显然是不对的。作为父母，要时刻保护孩子的好奇心和求知欲，要允许孩子的奇思妙想。那么如何培养孩子的好奇心呢？

（一）创设有利于培养好奇心的环境

对于孩子来说，他们往往对新鲜的事物感到好奇，因此家长要经常改变孩子的生活环境，多让孩子走出去，感受自然丰富多彩的同时，也激发他们的好奇心和求知欲。

（二）不要用固定思维来束缚孩子

成年人的思维大多是固定的，而孩子的思维则往往超出成年人的逻辑设想。在生活中要鼓励孩子多角度地观察事物，有创意地思维和表达。在一张纸上画个圆圈，如果问一个成年人这是什么，大多数的人都会说，这是数字“0”，或者是汉语拼音“o”，也有可能是英语字母“o”，除此之外，几乎没有别的答案了。而在孩子眼里，这可能是苹果，是太阳，是爸爸的眼睛，等等。可见孩子的内心世界是丰富多彩的，家长要允许孩子拥有奇异的思维，切不可用自己固定的思维来约束孩子。

（三）适当使用“不知道”刺激孩子的求知欲

对于孩子的问题要尽量解答，保护孩子的问题意识。但是，不是所有的问题都要父母来解答。适当的时候，父母要学会说“不知道”，要用这样的方式来刺激孩子自己探索的心理。比如当孩子问“一粒花的种子要多久才能开花”，家长与其给孩子一个标准的答案，不如告诉孩子说自己也不知道，然后鼓励孩子去试一试。这样孩子就会通过实践得到自己想要的答案，更关键的是，在这个过程中既保护了孩子的好奇心，又培养了孩子的科学探索精神。

三、鼓励孩子进行创造性学习

不得不承认，在应试教育的大背景下，现在的学校教育更多的是趋向于统一教育、统一的教材、统一的习题、统一的答案、统一的思维模式。其实这种统一是非常可怕的，它会令孩子思维僵化，越来越缺少创新意识。

王开东老师在他的博文《谨防〈朗读者〉中的两位老师》中曾经转述过童话大王郑渊洁先生做客《朗诵者》节目时的一段故事，颇能令家长和老师深思。现摘录如下：

先是朗读者童话大王郑渊洁。他的父亲郑洪升是一位军人，但从未打骂过他，重话也没有讲过。郑渊洁小时候犯错了，父亲就让他写检查。但是每次都要求检查写得不一样。从不打骂孩子，犯错误就让孩子写出非同一般的检查，是不是也是一种好教育？有时候，好爸爸胜过好老师。

在小学，郑渊洁被老师开除了，那个老师的粗暴令人触目惊心。有次老师布置的作文题是《早起的鸟儿有虫吃》，这个题意很清楚，就是鼓励孩子要勤奋，勤奋会得到应有的奖赏。但郑渊洁脑洞大开，把题目改成了《早起的虫儿被鸟吃》。既然鸟儿早起有虫子吃，那么虫子怎么来的？不就是因为虫子早起了吗？在这个逆向思维下，郑渊洁否定了一味的勤奋。应该说，这样的思维很好，很有思辨色彩。就算不符合命题作文，老师也应该适当引导。但老师竟勃然大怒，让郑渊洁当着全班的学生面，大声说"我郑渊洁最没出息！"而且要对每个同学说一遍。郑渊洁非常恼怒，一边说，一边在课桌底下把一串"拉炮"拧在一起，拉响了……结果可想而知，郑渊洁被老师开除了。

郑渊洁知道大事不好，早就把检查写好了。这个检查写成了一篇小说，写得很长，很感人。每一个生命中的遭遇和危机，都会给生命的成长打下烙印。晚上郑洪升劳动回来，脸上乌云密布，他已经得到信息了。郑渊洁递上检讨书，郑洪升慢慢看，脸上逐渐多云转晴，竟越看越高兴，最后只说了一句话。

"儿子，没关系，爸爸在家教你。"

郑渊洁从此在家里学习写作，他的《童话大王》，一个人，一本杂志，整整办了 32 年。他的父亲曾经问过他："你究竟想写多久？"郑源洁说："您活多久，我就写多久。"父亲非常感动，说："你写多久，我就活多久！"现在郑渊洁的父亲已经 86 岁高龄了，每天早晨 4 点钟起床刷微博，他的微博粉丝有 36 万人，活得非常带劲。

很多年后，郑渊洁在火车上读《爱迪生传》，读到爱迪生被老师骂智障，说他永远也不会有出息，爱迪生的妈妈对他说："儿子，没关系，妈妈在家教你。"郑渊洁一个人在火车上，先是泣不成声，继而号啕大哭，这是一个大男人的委屈和感恩，也是一个老师对孩子的伤害。

这是一个令人痛心又令人感动的故事，我们为那位老师简单粗暴的"教育"而痛心，但我们又为郑爸爸对孩子的理解和支持而感动。如果没有郑爸爸对孩子这种创造精神的保护，那么就不可能成就后来的童话大王。

四、培养孩子的怀疑精神

这里的怀疑精神指的是一种对权威、经验的不盲从。只有敢于怀疑才能突破束缚，进行创新。国外有位著名的教育家曾经讲过："用心呵护和极力弘扬批判性的思考力是教育情境中的灵魂。"可见，培养孩子的怀疑精神是教育过程中一件极为重要和有意义的大事。在我国古代，很多名人也非常重视培养这种怀疑精神。"学贵有疑，小疑则小进，大疑则大进。""学起于思，思源于疑。"可见，怀疑是学习的开始，有疑问才能有探索，有探索才能有创新。

1590年，伽利略在比萨斜塔上做了"两个铁球同时落地"的实验，得出了重量不同的两个铁球同时着地的结论，从此推翻了亚里士多德"物体下落速度和重量成比例"的学说，纠正了这个持续了一千九百多年的错误结论。关于自由落体，伽利略做了大量的实验，他站在斜塔上面让不同材料构成的物体从塔顶上落下来，并测定下落时间有多少差别。结果发现，各种物体都是同时落地，不分先后。也就是说，下落运动与物体的具体特征并无关系。伽利略通过反复的实验，认为如果不计空气阻力，轻重物体的自由下落速度是相同的，即重力加速度的大小都是相同的。伽利略之所以能推翻长达将近两千年的"权威定论"，靠的就是一种怀疑精神。

在日常生活中，也要注意培养孩子的这种怀疑精神。其实就是让孩子学会独立思考，不要人云亦云，更不能过分地迷信权威。怀疑精神其实是一种科学思维。当孩子表现出怀疑的时候，就会向家长提问，不仅是一个问题，有的时候还会一个接一个地进行追问。当孩子有这种表现的时候，家长一定要进行鼓励，这说明孩子具有很强的求知欲，不满足于一知半解或者肤浅的解释。对于孩子的怀疑，家长一定要有正确的认识，要认真对待，绝对不可以敷衍了事。要知道，没有怀疑，孩子就不会有探索，没有探索，孩子就不会有突破，在这样的条件下，孩子更不可能有所发展。

在平时，家长要鼓励孩子大胆地说，敢于发表自己的不同见解。就算是孩子说错了，家长也不要责怪，这样不仅会让孩子的思维活跃，还会让家长与孩子的关系更加亲密，让孩子的性格向良性发展。当然，创新精神和能力的培养是一件漫长而艰巨的工程，不是一朝一夕就能达成的，这就需要家长和老师一起努力，遵循孩子的身心发展规律，运用科学的教育方法，把孩子培养成为创新型人才。

第四节　合作意识的培养

当今社会越来越重视团队意识和合作精神，只靠个人的单打独斗就能获得成功的时代已经一去不复返，“独行快，众行远”的思想已经越来越深入人心。英国大文豪萧伯纳说：“你我是朋友，各拿一个苹果来交换，交换后仍然是各有一个苹果；倘若你有一种思想，我也有一种思想，把各自思想相互交流，那么每个人就有两种思想了。”合作可以让一个人的思想更丰盈，合作可以让一个人做起事来事半功倍。合作，就意味着取长补短，就意味着互相帮助。在合作的过程中，既能体验到帮助人的快乐，也会感受到得到别人帮助的幸福。

有一个人想知道天堂和地狱究竟有什么区别，于是他找到了上帝，请求他带自己去看看。上帝欣然答应了，他们首先来到了地狱，看到的是这样的景象：一群饥饿不堪的人正拿着一根长勺拼命往自己嘴巴里送东西，但是那根长勺实在太长了，比他们自己的手臂还要长，所以他们无法弯曲自己的手臂把食物送进自己的嘴巴里去，有人的手臂甚至弯曲得变形了，但还是没有吃到任何食物。地狱果然是一副惨象。

他们又来到了天堂，那个人被自己眼前所看到的景象惊呆了——天堂里的人们也是拿着一根同样长的长勺，但是他们每个人都吃到了食物，这是为什么呢？因为他们每个人都把获取的食物舀给了坐在他对面的那个人吃，每个人都这样做，所以每个人都吃到了食物。于是那个人明白了一个道理：帮助别人其实就是在帮助自己。

这虽然是一个寓言故事，却很好地阐释了合作的意义。合作就是一种双赢，这就要求团队中的每一个成员都要为了共同的目标和利益而努力。当前，子女从小就受到家中长辈的宠爱，这让他们很小就产生了强烈的优越感。他们几乎成了家中的“小皇帝”，从来不知道“让”，很少能体验到合作行为带来的愉悦和成功感。所以有些孩子被送到幼儿园后，很长时间融入不到集体中去，总是自己玩耍。这样的孩子往往不许别人触碰他认为是自己的东西，性格比较孤僻，也就是我们经常说的“不合群”。他们往往固守在属于自己的一小片天空，不懂得参与，也不懂得分享。如果这种情况得不到及时改正，孩子的性格就会向畸形方面发展，甚至产生扭曲的心理。

再来看一个小故事：一日，锁对钥匙埋怨道：“我每天辛辛苦苦为主人看守家门，而主人喜欢的却是你，总是每天把你带在身边。”而钥匙也不满地说：“你每天待在家里，舒舒服服的，多安逸啊！我每天跟着主人，日晒雨淋的，多辛苦啊！”

一次，钥匙也想过一过锁那种安逸的生活，于是把自己偷偷藏了起来。主人出门后回家，不见了开锁的钥匙，气急之下，把锁给砸了，并把锁扔进了垃圾堆。主人进屋后，找到了那把钥匙，气愤地说：“锁也砸了，现在留着你还有什么用呢？”说完，把钥匙也扔进了垃圾堆。

在垃圾堆里相遇的锁和钥匙，不由感叹起来：“今天我们落得如此可悲的下场，都是因为在各自的岗位上不相互配合，而是相互妒忌和猜疑啊！”

可见，合作还需要相互间的理解、支持和配合。在一个团队中，既不能盲目尊大、万事都以自己为中心，也不能妄自菲薄、事不关己高高挂起。团队合作讲究的是共同的参与和共同的努力。

但是，在现实生活中，很多家长经常忽视孩子合作能力的培养，有的即使想培养孩子的合作意识，也不知道方法，往往不得要领，半途而废。有的家长生怕自己的孩子吃亏，特意不让孩子接触别的小朋友；还有的家长特别强势，看到自己的孩子吃亏了，就会“挺身而出”。在学校教育方面，有些教师虽然能意识到孩子间合作的重要性，但对合作的含义了解不够，对孩子之间相互合作的指导也明显欠缺，这样就导致了孩子既缺乏合作的意识，又缺乏合作的能力。如我们经常看到这样的现象：当在游戏过程中发生矛盾时，孩子常以告状或攻击性行为来解决；遇到困难时，往往只会求助老师而不知从同伴那里寻求帮助；同伴遇到困难时也不会主动去帮助解决，甚至有的孩子还会幸灾乐祸。如果在可塑性很强的孩提时期，家长或老师不能注意增强他们的合作意识，培养他们初步的合作能力，就会对他们将来的学习、工作、生活带来一定的负面影响。由此可见，从小培养孩子的合作意识与能力十分必要。

那么如何培养孩子的合作意识呢？

一、父母要以身示范，发扬榜样的作用

可以说，父母的一言一行都给孩子潜移默化的影响。如果父母通情达理，与人为善，在平时的工作和生活中注重与人合作，那么孩子也往往善于交际，性格开朗，乐于和别人共处。

（一）父母在孩子面前切不可争吵，要相敬如宾

生活在一个争吵不断的家庭中的孩子，往往性格乖张，脾气暴躁，容易发怒，不善于与别的孩子相处；而在一个家庭中，如果父母之间说话和气，彼此关心，处事民主，那么孩子也会彬彬有礼，沉稳大方，善于与别人相处。可见，家庭环境对孩子的影响是非常大的。这就要求父母在家中，尤其在孩子面前，要相互谦让，懂得合作，遇到事情，无论是谁都不能独断专行。有些事情，甚至可以和孩子一起商量，和孩子一起解决，在解决的过程中，既可以培养孩子的合作意识，又可以提高孩子解决问题的能力。

（二）父母在孩子面前不能怨天尤人，尤其是抱怨身边的人

琳琳是个五岁的孩子，性格开朗活泼，在幼儿园中一直深受老师和同学的喜爱，很多小朋友都喜欢和她一起玩。可是这几天，父母突然发现一个奇怪的问题：琳琳每次从幼儿园回家后，都一脸的不高兴，一会儿抱怨丹丹抢她的玩具，一会儿抱怨朵朵弄脏她的衣服，这种表现和她以前回家后兴高采烈地讲述一天生活的情形大相径庭，父母对此感到很吃惊。自己的孩子怎么突然变得这么小气，而且怨声载道，和以前完全不一样了呢？父母经过观察、反思，终于弄清了其中的原委。原来，这几天由于单位一些烦琐的事，琳琳的妈妈感到心烦意乱，所以下班后她就经常向自己的丈夫倾诉苦水，偶尔发

发牢骚，抱怨身边的领导和同事。每当这时候，丈夫就会安慰她几句，送上几句温暖的话。没想到这种情形被在身边玩耍的琳琳看到了，并加以模仿表现出来。最开始的时候，可以想象到，琳琳只是倾听注视，她并不懂这是怎么回事。可是时间长了，她发现每次妈妈抱怨完后都会得到爸爸的安慰。对于孩子来说，她觉得这是获得大人认可和赞扬的一种办法，于是她就把它应用在自己身上表现出来了。

二、多让孩子参加集体活动，在集体中学会合作

众所周知，合作必须是至少两个人的行为，这就决定了只有使孩子置身于集体之中，孩子才能学到与人共处的方法，才能不断地积累合作的经验；只有在集体之中，他才能学会遇到困难与人商量，共同寻求解决问题的方法；也只有这样，才能培养孩子的团队意识，提高孩子与人合作的能力。

（一）鼓励孩子积极参加班级或同学间组织的活动

每一个人都不可能脱离社会群体而独自生存，孩子也一样，他必须生活在集体中才能健康成长。有时候我们会发现一个现象：很多小朋友在一起玩得特别开心，可是单单有一个孩子在旁边参与不进去，或者自己玩耍，或者冷眼旁观。这种状况多是由于父母的教育培养不当。有些父母，把自己的孩子当成“小皇帝”，生怕磕了、碰了、脏了，有时又怕受到别的孩子的欺负，所以尽量不让孩子参与到集体活动中，这样就造成了孩子性格孤僻。这种性格一旦形成很难改掉。作为父母，应该鼓励孩子多参与到集体活动中去，和小朋友一起玩耍，在这个过程中，他们就会产生合作的意识，遇到难题的时候就会一同寻找解决的办法。

（二）让孩子自行组织集体活动

随着年龄的增大，父母应该有意创造一些机会让孩子自行组织一些活动，比如外出野餐、春游，等等。父母在确保孩子安全的前提下，应该给予鼓励支持。也只有在这样一些具有挑战性的集体活动中，他们的团队意识和合作

精神才能增强。

三、指导孩子正确处理与小伙伴之间的关系

孩子既然生活在集体中，那么他就要学会处理与小伙伴之间的人际关系。这就像大人一样，好的人际关系可以使自己精神愉悦，人脉广、朋友多，有助于自己的成长和发展。家长在日常生活中应该教给孩子处理人际关系的方法和技能，使孩子成为一个受欢迎的人。

（一）让孩子学会分享

在集体生活中，学会与他人分享，不仅可以帮助别人，也可以改变自己在团队中的角色地位。现在的孩子大多是独生子，很多时候养成了一切都以自我为中心的思维习惯。家长要注意加以引导，要让孩子尽快学会与他人分享。比如，新买的玩具可以让孩子与其他小朋友一起玩；有好吃的东西可以和其他小朋友一起吃。这样做就是为了让孩子在这个过程中，体验给予别人的快乐和成就感。同时要注意引导孩子除了物品上的分享之外，还可以有精神上的分享。比如把自己最喜欢的故事讲给别人听；别人遇见困难时主动帮助别人想办法，和他一起共渡难关，等等。

家长在生活中也知道培养孩子分享意识的重要性，可是有些做法往往不仅达不到教育的效果，还会产生不好的影响。比如孩子在吃东西的时候，很多家长经常会试探性地问："你在吃什么呀？给我也吃一口好不好？"当孩子犹豫或拒绝了，家长就会说："咦，不能这么小气啊……"于是孩子战战兢兢地把手里的食物拿过来，这时的场面往往是家长笑着说："我不吃，我就是看看你肯不肯给我吃，宝宝是个懂分享的好孩子，真棒！"有的时候，面对别人的"试探"，家长就赶紧告诉孩子："他是和你逗着玩呢！"

也许你觉得你只是和孩子开玩笑，但孩子会当真，你的拒绝会使孩子失去判断力，这样的行为也无法培养孩子分享的意识，只会让孩子误解：原来大人只是要我做出分享的动作，而不是真的想要这样东西。久而久之，当有一天你真的要吃他的东西的时候，他会感觉很不好受，认为是你侵占了他独

有的物品。

无论物品有多稀少、多珍贵，当孩子分享给你的时候，一定不要拒绝，然后夸奖孩子："谢谢你，你真大方。"只有这样才能真正培养孩子的分享意识。

（二）指导孩子正确处理小纠纷

孩子在一起玩耍，产生小纠纷是正常的现象。有的父母一看见孩子产生了摩擦，就急忙让自己的孩子赶紧离开，用孩子的话说就是"不和他玩了"；有的家长则不问青红皂白，护住自己的孩子，批评训斥其他的小朋友。这两种做法都是不对的，都会导致孩子变得孤立，越来越脱离团体，这样下去培养合作意识就更无从谈起了。孩子与小朋友在活动中意见有分歧或产生纠纷，闹得不愉快时，父母应及时引导孩子，让他们相互商量采用什么方法可以让大家都玩得愉快，协调关系，确定共同的目标，使活动顺利进行。在这个过程中，家长还要引导教育自己的孩子学会谦让大度。

四、培养孩子表达和沟通的能力

父母要让孩子知道，表达与沟通能力是非常重要的。很多时候，一个人不论做了多么优秀的事情，如果表达不好，或者表达不得当，都会让人无法感受和理解，甚至有时候会令人感觉不舒服。可以说，只有注重与别人之间的交流与沟通，注重培养团队精神，才能为别人所接纳与尊重。

（一）自信地表达自己的观点

在一个团队中，要时时表达自己的观点或见解，要把自己的想法跟大家分享。孩子在表达观点时，要自信大方，说话时正视对方，字正腔圆，通顺流畅。众所周知，越自信，别人对你的话越信服。

（二）注重说话的对象和场合

我们经常在公共场合看到一些令人不舒服的场景，比如在图书馆阅览室里，孩子旁若无人地大声喧哗，乘飞机时与邻座的同伴打打闹闹，等等。这些情况的出现不仅会令周围人感到厌烦，也会令孩子的父母陷入尴尬的境地。我们在平时对孩子的培养中，要让孩子注重说话时的对象和场合。不同的对象和场合，说话的语气、语调、内容都要有所变化。比如，跟长辈说话时要有礼貌，去探望病人时要轻声细语，吃饭的时候不要声张，等等。只有注意了这些，才会彬彬有礼，成为受人欢迎的好孩子。

（三）会说礼貌用语

一个懂礼貌、通情理的孩子，必定是一个受人喜爱的孩子。在日常生活中，要让孩子学会说礼貌用语。受到别人帮助或赞美时要说“谢谢”；不小心碰坏别人东西的时候要说“对不起”；一同挤在商场门口的时候，能大度地说“您先请”，等等。能时刻把这些礼貌用语放在嘴边的孩子，无论在哪个团队中，都一定是一个深受他人喜爱的人。

第十章

家庭教育在社会生活中的地位和作用

第一节　家庭教育在现代社会生活中的地位

家庭是人类社会最普遍的现象。家庭教育的功能对促进民族优化、社会进步、家庭幸福具有重要作用。每个儿童都要从家庭中学会说话、走路和交往；然而，更重要的是从父母及其他成员那里学习价值观、信仰和处世态度。家庭教育对每个人的一生都会产生久远的影响。现代社会的家庭教育在社会生活中显示了更加引人注目的地位和作用。

全社会都要关心和保护青少年的健康成长，形成社会教育、家庭教育同学校教育密切结合的局面。家长应对社会负责，对后代负责，讲究教育方法，培养子女具有良好的品德和行为习惯。这是从我国现代社会实际出发，以培养现代化建设人才，发展青少年健全个性，使之具有改革创新意识，面对挑战承担重任的教育目标。在实现这一目标中，家庭担负着不容推卸的责任。现代社会中，身为家长应该理解这一教育目标，从现实生活出发，适应改革的需要，不断改善家庭教育，提高教育子女的水平。

新中国成立以来，我国教育普及成绩显著，教育质量也不断提高，显示了教育在国民经济发展和社会进步中的重要地位和作用。“百年大计，教育为本”的思想日益深入人心。但就家庭教育而言，虽然也获得很大发展，特别是经济发达的城市和乡镇农村，家庭教育质量有大幅度提高，而广大偏远地区的家庭教育仍很落后，与我国经济、政治体制改革和文化迅速发展的形势很不适应。因此，家庭教育在社会生活中的地位和作用尚未得到充分显示，需要在不断改善家庭教育的过程中使之得到充分发挥。

现代的家庭教育要从社会的育人目标出发，结合家庭实际，树立明确的教育目标。具体说，应注意如下几个问题。

一、引导子女德、智、体全面发展，促其身心健康

我国现代化建设要求各级各类人才都应具有高度的创造精神，并能适应经济、文化、社会的改革与发展。人才的创造性和适应性是以德、智、体全面发展，身心健康为基础的。然而目前，在我国的家庭教育中，相当普遍地存在着重保轻教、重智轻德、重知识轻智力等片面的教育导向。

家庭教育观念的陈旧导致教育目标的重仕轻商，教育内容上重知识轻能力，教育方法上重言教轻身教。

总之，当前在我国的家庭教育中，存在着片面发展的倾向。

也有一些家长，他们为子女创造了充裕的物质生活条件，也有较高的期望目标和明确的要求，但是缺乏充足的家庭教育时间和切实的教育措施，且教育方式方法不符合科学要求。

二、重视子女的个性培养

由于血缘、经济和人身依附关系，构成了家庭的稳定结构，形成了传统的社会心理。我国数千年封建传统的影响，加之新中国成立以来较长时间在教育方面坚持划一要求，反映在家庭教育中，家长的意志主宰着家庭，子女的个性和自主精神得不到应有的尊重；家长对于子女的身心特点及发展规律也不甚了解，因而形成了许多新问题。诸如：家长对子女过早定向培养，求学时追求高分、进重点学校，谋职择业讲实惠等。普遍存在父母过分宠爱子女、对子女有求必应、生活事事代劳的现象，因此使子女缺乏毅力，意志薄弱，劳动观点淡薄，生活自理能力差，缺乏自主精神。

自主精神是自我意识较高发展的反映，由于个人内化了的行为规范和自我判断、自我控制的发展，能够在思考、判断中决定个人的态度和意志；又由于个人依存于社会生活，其自主精神必须与社会化意识与行为相统一，这是良好的家庭教育应该解决的问题。

三、开阔视野，帮助子女增进全球意识

拥有 14 亿人口的中国，现代化的经济建设是置身于国际社会之中的，要自幼培养子女具有开放意识，不仅了解自己生活的本地区、本乡本土，还要了解天外之天、中国之广、世界之大。当今社会的儿童少年，正是未来世界的主人、建设者。传统观念中的“父母在不远游”的狭隘观念与时代脉搏相悖。教育子女具备以广阔的视野认识和处理社会生活与家庭生活的能力；善于同他人交往，学会同异国文化沟通，具有相应的语言能力、仪礼、知识和教养。

当前的家庭教育中，许多家长对子女的过度保护与教育，往往助长了子女自我中心意识的发展，表现出自私、霸道、不合群、娇骄二气、恋家等，严重地影响了子女社会化行为的发展，这种现象在现代家庭教育中应该引起重视。

家庭教育的目标导向、教育的重点、教育的策略方法决定了家庭教育的成败。我国关于超常儿童的追踪研究中明确指出：良好的家庭教育和环境是超常儿童成长的基础。家长的正确教育思想及方法对子女身心健康成长有重大影响。培养出超常儿童、卓越人才时，就会显示出家庭教育在社会生活中的重要作用，并体现出家庭教育的地位。家庭教育的失败也会从另一个侧面显示出家庭教育在社会生活中的地位和作用。

事实证明，不管社会如何发展、民风怎样改变，家庭教育对儿童的个性形成与发展都具有决定意义。在社会改革的过程中，传统的家庭教育目标与方法大多不适用；而新的观念与科学方法的掌握刚刚开始，以致家庭教育的功能得不到充分发挥。但是，这种现象是社会变革中的必然反映。儿童在改革条件下的家庭环境中接受的教育，仍然会成为他走向社会处世待人的原则，这正是因为家为国之本，家庭教育为一切教育之源。家庭教育在我国社会生活中具有重要的战略地位。

四、家庭教育是培养现代化建设人才的基础

每个人从一出生，就要受到家庭成员、家庭环境、家庭文化氛围的熏陶

和影响。在家庭生活与人际交往中获得知识经验，形成情绪、情感，养成伦理道德和文明行为习惯，促进身心发展。在此基础上，走出家庭，走向社会参加社会实践活动。家庭教育如何，对人们参与社会生活的态度、能力及所发挥的作用具有重要意义。受到良好家庭教育的人，对社会生活的态度是积极的，并具备一定社会生活的能力，在社会上发挥的作用也将是积极的。

五、家庭教育对提高民族素质及社会文明程度影响深远

家庭教育是最具广泛性和基础性的教育，家庭教育的改善对提高我国民族素质将产生深远的影响。同时，家庭教育对儿童学会生活、学会做人、学会学习都是奠定良好基础的教育，这一基础性工作做得好，将直接影响全社会精神文明的建设和提高。

家庭教育是最富感染力的教育，由于血缘亲情，家长能够在“以情动人”中向子女进行有效的教育。情感的积极与否所产生的教育效果截然不同，良好的家庭教育应注意以积极的情感感染子女。

家庭教育又是最具有针对性的教育。家长与子女接触最多，了解最细，更能做到从子女的实际出发，有的放矢，因材施教。

家庭教育也是最富灵活性的教育，不受任何条件限制，能够做到“遇物而诲”，随机教育，方式方法也比较灵活，容易被子女所接受。

上述家庭教育的主要特点为良好的家庭教育提供了前提条件。作为家长是否具备良好的教育行为还要受到家长本身的社会地位、性格、教育态度、人生观、角色示范的影响。

家庭的社会地位影响着家庭的文化氛围，决定人们不同的价值观，对子女的期望、教育态度和行为也会有所不同。因此，与其说家庭教育影响子女的身心素质，不如说家长的素质影响着家庭教育的质量和效果。国家、民族素质的高低直接受家庭教育的制约和影响。如日本，把家庭教育视为培养新型国民的重要事业。日本在“教育立国”的观念中，将家庭教育放在了令人瞩目的地位。家庭教育在日本的经济振兴和社会发展中显示了至关重要的作用。

家庭是社会文化的载体，家庭教育的本质在于传递社会文化。我国家庭教育促进了中华民族文化的发展。传统的儒家思想、宗法观念是家庭教育的主要内容。孔子说过："弟子入则孝，出则悌，谨而信，泛爱众，而亲仁，行有余力，则以学文。"数千年来以伦常观念为主体的家庭教育，在于教育子女学会处事待人，养成良好的生活习惯。传统的人格教育、生活教育是中国家庭教育旷日持久的特色，造就了中国的文明社会和传统文化。家庭教育在中华文明史中占有举足轻重的地位。发展到现代社会，新文化塑造了新型的家庭教育，在新旧观念的交替中，家庭教育不断更新发展，进而推动社会文化的进步，从封建专制到民主平权的社会生活可以看到家庭教育随社会发展而变迁的轨迹，同时，也充分说明了家庭教育在社会生活中不可忽视的地位和作用。

教育是社会现象，而家庭教育是一切教育的根。当前，随着社会的迅速发展，政治体制和经济体制的改革，将建立起与之相适应的教育新体制。为了造就为数众多的德、智、体全面发展的社会主义建设者和接班人，基础教育必须形成以学校为主体，以家庭教育为基础，以社会教育为依托的"三结合"教育新格局。这是因为，每一个人的思想、道德、文化、能力、个性等方面的素质，都是家庭教育、学校教育与社会教育综合作用的结果。家庭、学校、社会从不同角度对人们施加影响，基于各自不同的作用，使人们形成整统的人格。

家庭教育、学校教育和社会教育的根本目的是一致的，他们各自在社会生活中具有不同的地位，有着不同的任务和特点。它们各具优势，可互相补充，充分发挥各自作用而殊途同归；综合作用，形成培养优秀人才、促进社会进步的巨大合力。

家庭教育的优势：家长亲自实施家庭教育，内容、方法具有极大的灵活性、连续性和广泛性；家庭的亲子关系密切，家长的言传身教具有潜移默化的感染作用；家长与子女之间易于相互理解，影响互动，易于树立家长的权威；家庭教育最具有针对性，可以有效地进行因材施教，并能遇物而诲，随机教育。家庭教育对子女的人格形成及生活方式与习惯的养成产生强有力的影响。

学校教育的优势：学校教育具有明确的培养目标及教育计划，有良好的教育条件和设施，有专业训练的教师集体和同龄集体，有严格的课堂教学进度要求及计划周密的思想品德教育。

社会教育的优势：社会大课堂蕴含丰富多彩、生动感人的教育因素，信息量广泛，教育形式灵活，有广泛的“支教”力量。

家庭教育是儿童青少年接受教育的开端。学龄前家庭教育是学校的准备；儿童入学后接受良好的家庭教育成为顺利接受学校教育的补充和助手；不良的家庭教育会削弱甚至抵消学校教育的作用，家庭教育与学校教育关系密切。家庭教育好，子女能够较好地适应社会生活环境，有选择地接受社会教育和社会环境的影响；家庭教育不好，子女缺乏辨别是非善恶的能力，不能从社会生活中筛选有用的信息，社会环境中的消极影响就会在子女身上产生侵蚀作用。

只有当家庭教育同学校教育、社会教育相互结合，才会充分显示其强有力的育人效应。

第二节　家庭教育的育人效应

家庭作为教育子女的主要场所，有着漫长的历史。随着现代社会的科学发展与技术进步，学校教育成为育人的重要阵地，家庭的教育功能有所缓解。然而，孩子们仍然要从父母及家人那里学习价值观、人际交往、处世做人的态度。就对一个人成长影响深远的意义来说，家庭教育仍是一切教育的基础和源头。

如前所述，家庭教育对子女具有强烈的感染性、连续性、针对性和灵活性，因此子女最容易接受，影响也最深远，家庭教育具有其他教育影响无可替代的作用，其育人效应明显而全面。特别是早期家庭教育在培养子女学会做人、走向成才方面影响重大。我国教育家蔡元培说过：“幼儿受于家庭之教训，虽薄物细故，往往终其生而不忘。故幼儿之于长者，如枝干之于根本然。一日之气候，多定于崇朝，一生之事业，多决于婴孩，甚矣。家庭教育之不可忽也。”说明早期家庭教育会影响人的一生，其育人的后继效应是不可低估的。我国杰出的人民艺术家齐白石出身贫寒，从小祖母背他下地干活，齐白石是在祖母背上长大的，他 7 岁进了私塾，只读了半年。他常常一边放牛一边看书学画，14 岁去学木匠。母亲在艰难生活中“挤”出一些钱买笔和颜料，支持儿子学画。齐白石边做木工边学画，孜孜以求 11 年。25 岁时，走上了绘画谋生的道路，毕生奋斗，成为举世闻名的艺术家。超常儿童绝大多数都在家里受到了优越的早期教育，家长为子女提供身心发展的有利环境，善于因势利导，有目的、有计划地进行早期教育。他们重视针对子女特点，重视全面发展，采取生动、活泼、有效的方式进行教育，证明了家长正确的教育思想及方法对一个人的健康成长有重大影响。这些超常儿童在日后的学习中，身心发展始终在同龄少年中处于领先地位，83% 的项目超过全国同龄标准值。从另一角度看，由于家庭结构解体、家庭成员关系失调形成的破裂家庭，缺乏家庭的早期教育，给儿童的身心发展埋下畸形的种子；有些家庭则因教育方法不当，给子女种下了罪恶的根苗。早期家庭教育的因素及教育的失误是导致子女犯罪的主要原因。这与家长的错误引导、要求不严、期望过高、教法不良有直接关系。正如著名教育家陶行知所说："教人要从小教起。幼儿比如幼苗，必须培养得宜，方能发芽滋长。否则幼年受了损伤，即不夭折，也难成才。"早期家庭教育在育人中具有极为鲜明而深远的后继效应。

家长对子女的期望和价值导向决定了家庭教育的实施和育人的效果。家长对子女较高的期望，能够强化子女的正确反应而不断提高水平，产生罗森塔尔效应。然而，高不可攀的期望反而适得其反，产生负效应。

家长对子女明确而适当的教育期望、正确导向以及良好的教育方式方法，是教育子女，促其身心健全发展的重要影响力量。

一、育德

家长重视指导子女学习人生，寓教于日常生活之中，注意躬行身教，循循善诱，正如春雨润物，会产生修身养性、育德效应。家庭生活各方面因素对于子女身心的成长都会产生潜移默化的渗透作用。如家庭成员间的关系、家庭文化氛围、生活习惯等会在耳濡目染的过程中渗透到子女的思想行为里。而且，家长对子女的教育不拘于形式，在与子女共同生活的过程中，利用各种时机对子女灌输道德观念，培养他们的道德判断能力和道德情感，养成良好的行为习惯，结合生活遇物而诲向子女进行教育，内容具体形象，方式方法自然生动，易于被子女接受。同时，父母与子女有血缘联系，存在伦理和依赖关系，且受法律保护，建立在这种具有权威力量基础上的家庭教育的无声无形但倍觉亲切的影响力量，正是作为子女对父母的批评、责备一般都能接受的原因。家长的权威性对教育子女如何做人有着强大的感化力量。

父母与子女朝夕相处，彼此最知心，子女在家中思想作风、行为习惯表现十分自然、真实和充分，作为家长比较容易从子女的言行举止中了解他们的思想脉搏，从而及时地、具有针对性地教育子女，将问题解决在萌芽状态之中。

每个人的家庭环境不同，因此各种因素对子女的思想品德影响也不一样。研究表明：家庭结构、父母情感、家长职业以及家长对子女的教养态度、家长本人的修养等都直接影响子女的思想品德及个性发展。比如核心家庭和主干家庭以及家庭社会关系都会对子女的品德产生一定影响。家长的情感是否协调在子女道德观念、道德情感和行为等方面具有更加重要的影响。家长的职业及文化程度直接决定家庭的生活方式和文化氛围，都会或多或少地影响子女品德的发展，形成处世待人的思想行为定式。家长本人的道德面貌、品德修养是子女学习模仿的榜样，这方面对子女的人格形成影响是相当重要的。家长对子女的教养方式也是影响子女人格形成的不可忽视的因素。美国心理学家鲍德温等人的研究表明，母亲对子女的支配性态度会使子女变得消极、依赖和服从，干涉性态度会导致子女幼稚、神经质和被动，娇宠性态度会导致子女任性、幼稚、神经质和温和，否定性态度会导致子女反抗、冷淡、高傲自大，不关心态度会导致子女的攻击、不安定情绪和冷酷，专制性态度会导致子女的反抗、不安定情绪、依赖和服从，民主性态度会使子女合作、独立和直爽。由于这些结果与子女的个性品德直接有关，所以，可以肯定地说，家长的教养态度和方式是影响子女品德发展的重要因素。

二、启智

早期家庭教育具有启迪儿童聪明才智的作用。科学地对子女施加教育影响，对他们的大脑进行各种刺激，能够促进儿童的心智健康发展。

德国 19 世纪的天才卡尔威特出生时被人认为是“白痴”，反应迟钝。然而他的父亲凭着科学育人的理念，悉心地向卡尔威特施加强有力的家庭教育。由于父母双方密切配合，他们投入了全部精力，创造了良好的教育环境，终于启迪了卡尔威特的智慧曙光，使其成为世界闻名的卓越人才。我国历史上杰出的抗击帝国主义侵略的民族英雄林则徐，是在父亲林宾日良好的早期家庭教育中成长起来的。从林则徐 4 岁开始，父亲风雨无阻地每天坚持送他到学堂上学，认字读书。林宾日对林则徐十分有耐心，从不打骂斥责，在林则徐 7 岁时开始教他写文章。在父亲的精心培育下，林则徐 13 岁取得府试第一名，20 岁考中举人，30 岁当上布政使，最终成为为国立下不朽功勋的政治家、爱国的民族英雄。

把人最早引上人生之路的是家庭，是父母。无数名人、科学家都是从小受到家庭的熏陶、父母的教育影响，迈开成功之路的第一步的。家庭教育的启智效应往往与育德效应相辅相成。因为只有不但具有超常之才，而且具有坚韧不拔之志的人才能成就大事业。爱因斯坦将人才的成功列出公式：W=X+Y+Z，W 表示成功，X 表示艰苦劳动，Y 表示正确方法，Z 表示少说空话。在这个著名的公式中，反映了人才成长的普遍规律，即：人才成功 = 智力因素 + 非智力因素。家庭教育的启智与育德的功能从来就是结合发挥作用的，一个孩子意志是否坚强，品德是否优良，直接影响着聪明智慧潜能的挖掘。良好的家庭教育必然产生强有力的启智效应。

三、健体

家庭教育中注意子女的身体卫生保健和体育锻炼是每个家长应予重视的问题。

对于处于迅速生长发育中的儿童青少年来说，家庭生活中的衣、食、住、行以及家庭情绪气氛等都对健康具有重要的影响作用。从乳儿期的科学喂养到幼儿的合理膳食以至青少年儿童的饮食卫生，都应成为家长在教育子女中予以重视的问题。当前因饮食营养不合理造成的营养紊乱症，饮食习惯不良带来的厌食、偏食、挑食的现象，不仅给家长带来许多忧虑和困扰，而且直接危及子女的身心健康。因此，良好的家庭教育在增强子女的体质方面会产生积极影响。

法国思想家伏尔泰说过：“生命在于运动。”儿童教育家蒙台梭利也说过：“儿童对于活动的需要几乎比对食物的需要更为强烈。”说明了家庭教育中作为家长为子女创造活动和运动的条件是不可忽视的内容。许多国家的家庭注意为子女创造条件，组织旅游活动。儿童在大自然中充分享受阳光、空气、水的赐予，身体得到积极的锻炼。婴儿游泳、幼儿滑雪、少年儿童远足负重旅行……这是生存的教育，对增强儿童体质、促进身心健康有积极意义。我国目前对儿童少年的体育锻炼虽已开始重视，但在家庭教育中采取保护措施多于积极锻炼，特别是独生子女的家庭，对促进儿童身体健康方面的措施不够有利，这对于培养现代化建设人才来说是难以适应的。

四、审美

家庭教育包含着以家庭为中心进行的审美教育。儿童自幼在家庭中生活，家庭的环境布置、人们的言谈举止、家庭情绪气氛，都是对儿童进行美育的良好教材。家庭教育中育德、启智、健身与审美的效应是统一的，它们之间互相促进、相辅相成。

婴儿从出生开始，就要通过眼、耳、鼻、舌、身接受外部世界的各种信息。美好的色彩和图形、优美的声音和节奏、良好的气味能够引起儿童的愉快反应。有位教育家说过："美能帮助新生一代更深刻地认识周围的客观现实。"的确如此，美好的事物可以纯洁儿童的心灵，陶冶美好情操，形成优良的品德习惯，塑造理想的性格。在家庭教育中，家长重视培养子女的审美感受力、鉴赏力，审美情趣和创造美的能力，有助于发展他们的良好思想品德，开发智力。应该说良好的家庭教育必然产生美育效应。有人说"美是心灵的体操，是体魄健全的源泉"是不无道理的。审美效应的发挥在家庭教育中依赖于利用自然美、社会美和艺术美的因素。

大自然可以培养儿童的良好性格和气质，可以陶冶儿童的情操，唤起他们对祖国河山的仰羡和热爱，焕发生活热情，增长知识才干。家庭中可以引入大自然的现象，如：小动物、小植物、小矿物等；还可以带领子女到大自然中去观察日月星辰，游览江河湖海；引导子女发现大自然的色彩、形态，鼓励他们美的遐想。大自然是绚丽多姿的广阔领域，具有丰富多彩的教育内涵。

社会美存在于儿童周围的生活之中。宏伟的建筑、五光十色的商店、英雄人物、美好的言行……无时无刻不在影响和感染着人们。在家庭教育中，家长应充分挖掘和利用社会生活中引人入胜的美好事物，并为子女创造美好的家庭生活环境。社会美是充分发挥全面育人效应的最好条件，也是家庭教育的理想教材。

艺术美是最富感染力的教育因素。优美的艺术形式，以情动人，给儿童以美感的享受。与此同时，培养他们分清是非，焕发爱憎分明的道德情感。无论是音乐、绘画、舞蹈这些视听艺术，还是小说、诗歌、散文、寓言、童话等文学作品等语言艺术，对于打开儿童的心灵之窗、丰富想象力、发展情感、塑造性格都大有帮助。艺术美的形式是培养儿童审美情操，增加育人效应典型而生动的教材。

第三节　现代家庭教育的必由之路

当前，我国改革开放和现代化建设事业进入了一个新阶段，提高劳动者的素质、培养大批人才的任务刻不容缓。家庭教育的现代化是历史的要求。

现代家庭应为现代社会培养现代人，家庭教育的现代化是唯一出路。

现代化的潮流不可阻挡，家庭教育的现代化必须与社会现代化建设相适应，才能充分体现其在社会生活中的重要地位和作用。

一、家庭教育适应社会变革

我国的家庭教育受几千年封建传统的影响，无论从家长的价值观、教育观、儿童观看，还是从家庭教育的内容、方式和方法看，孔孟之道、儒家思想、宗法观念影响至深。遵从祖先遗训，顺乎父母之心，讲究长幼有序，关心宗族亲人，注重邻里和睦，学习生活技能，养成良好德性是传统家庭教育的行为规范。改革开放形成了以经济建设为中心、第三产业大发展的新格局，高科技的迅猛发展、市场经济的繁荣、民主政治的稳定、文化艺术的推陈出新，促进了现代社会的发展进程。家庭教育中传统观念及手段、方法不适应的部分应该及时废除，兴利除弊，实现变革。

首先，要在家庭生活中建立新型亲子关系。为人父母者打破唯我独尊、唯我独是的封建家长制观念，建立起民主平等的家庭关系。为人父母在现代社会中要做到：尊重爱护子女，不把家长的意志强加于子女；了解子女的特点，教育要求适当；创造良好条件，鼓励子女的创造性，充分发挥潜能；积极地正面诱导，少用限制、惩罚；不娇惯溺爱，培养子女自主自立；加强感情交流，增进亲子关系；躬行身教，加强自我修养；建立和睦家庭，避免夫妻争吵；尊重子女交友，帮助子女择业和建立家庭生活。总之，新型亲子关系的家长一方，要在抵制家长专制、建立家庭民主、探索教育规律方面作出努力。

为人子女一方更需建立新的观念，既不要受封建思想的约束，也不要抛弃正常的伦理观念。家庭自由主义应认同由血亲关系形成的家庭伦常，对父母以爱心为本，替父母着想，力尽孝道。要求自己：善待双亲，设法使父母生活愉快；尽子女照顾、赡养父母之责；保持个人的身心健康，认真学习工作，不使双亲忧虑；理解父母的心愿，加强沟通交流；父母如有错误思想行为，婉言耐心相劝；父母患有病痛，认真照顾治疗；对父母做到老有所养，颐养天年。

正常的亲子关系是家庭教育角色规范的反映。在变革的社会大背景中，家庭教育角色规范必然发生变化。目前家庭教育角色正由封闭型向开放型转变，由专制型向民主型转变，由保守向进取转变。

其次，要逐步由家庭教育的经验型向家庭教育的科学型发展。多少年来，家庭教育受社会道德的制约，教育观念、方式方法作为传统经验代代相传，决定了家庭教育的保守性特点。随着社会的全方位变革，市场经济的开放性影响着社会生活的各方面，波及各个领域。加上独生子女教育中的新问题，依靠经验改善家庭教育是不可能的。因此，需要改变家庭教育的现有格局，实现社会干预，探讨家庭教育规律。目前，我国妇联组织、妇幼保健组织、教育部门、卫生部门都从不同角度开展家庭教育的调查研究和宣传工作。同时，各地设有家庭教育研究会，许多专家投身于家庭教育的研究。家庭教育的开放，打破了多年来经验育人的局面，为实现家庭教育的现代化、科学化创造了条件。

二、家庭教育的优化

我国是一个人口众多的发展中国家，为了实现社会主义现代化建设的宏伟目标，极其重视人口质量的提高，制定了“限制人口数量，提高人口素质”的基本国策。现代社会对人口质量的高标准，对家庭教育提出了“三优”要求，即优生、优育、优教。

（一）优生

优生是一门学问，1865年美国人类学家法兰西斯·戈尔登创立了优生学。优生是依据医学、遗传学、社会学等方面的科学知识，指导人们避免或改善那些能够影响后代身心健康的不良因素，以达到生育聪明、健康、活泼、优秀后代的目的。

陈鹤琴先生说过："要知道强国必先强种，强种先强身。"说明了优生在改善人种、富国强民中的意义。只有做到优生才能保证我国人口在思想、身体、文化三方面基本素质上得到发展。

要做到优生就必须把住优婚、优孕、优娩几个重要环节。

优婚的基本条件：选择血统远、身体健康、个性协调、志趣相投的配偶。只有持正确的恋爱观、婚姻观的人才能客观地、理智地对待交友、恋爱和婚姻。志趣、个性相悖的人容易导致不美满婚姻，影响母亲孕期及产后情绪；血统太近，容易导致生育隐性遗传病儿，近亲婚育中先天畸形胎儿、婴儿死亡率、新生儿死亡率都比正常人高3～4倍。据调查，表兄妹所生的子女中，遗传性代谢疾病半乳糖血症引起的弱智儿，比正常婚配者高19倍。因此，我国婚姻法明确规定："直系亲属和三代以内的旁系亲属禁止结婚。"男女双方身体患有严重疾病，如先天性疾病、精神病等应劝阻他们结婚或生育。

优孕是指在最佳状态下怀孕，如注意怀孕年龄、身体健康及情绪，选择适宜的时间怀胎，最佳条件的孕期卫生，如合理营养，良好情绪，防止不良刺激，孕期不用药、少用药，防止各种射线，不吸烟、饮酒等。注意孕期胎教，可用语言、体育、音乐等方法进行直接胎教；也可以通过母亲情绪、神经进行间接胎教。

优娩是要作好孕妇分娩前的准备、分娩护理及产褥期保健。首先是作好产前检查，并作好分娩前的心理准备和物质准备；分娩时避免精神紧张，配合助产，作好分娩的应急处理；产褥期按要求作好保健护理；注意产妇的饮食营养及卫生保健，努力做到分娩时顺利、产后母子健康。

（二）优育

婴儿出生后，身心健康发展依赖于优育，以保证所需要的各种条件。如卫生保健、疾病预防护理、合理营养、必要的用具以及良好的生活环境等，也就是要有优营养、优保健、优环境。

优营养是指儿童根据生长发育及活动需要摄入必要的合理的营养成分，平衡膳食，即在热量及各种营养素满足生理需要、符合儿童生理的消化系统特点的基础上营养种类齐全、数量充足、比例适宜，与人体各种代谢需要维持平衡。优营养并不是营养紊乱和营养过剩。为了使儿童获得使机体平衡的优营养，必须讲究饮食卫生，做到定时定量，饭前饭后不做剧烈运动，进餐保持情绪愉快，注意口腔卫生，不偏食、不挑食等。

优保健是指注意儿童体育活动，积极锻炼身体，保证户外活动，利用自然因素如阳光、空气和水锻炼身体。还要注意讲究卫生，预防疾病，为儿童建立合理的生活制度，安排好饮食起居；注意养成良好的个人卫生、环境卫生等生活卫生习惯。此外，对儿童的卫生保健要做好传染病的预防和疾病护理、计划免疫工作。家庭中可配备常用药箱，准备常用外伤和内服药。对正常儿童来说注意自然摄入营养，无须补充滋补品。

优化环境是为子女创设良好的物质生活和精神生活环境。生活环境应方便实用，整洁美化；提供必要的学习场所，保证学习时间，配备适当的学习设备和用品；创设和谐融洽的家庭气氛。

（三）优教

要求家长按照子女生理、心理特征，以正确的指导思想和科学的方法进行教育，使子女得到正常的全面的发展，逐步成长为有理想、有道德、有文化、有纪律的社会主义现代化建设人才。

第一，要了解人的成长经历着婴幼儿、学龄童年、少年、青年等几个年龄阶段的生长发展过程。每个阶段都有其一般的、典型的身心发展特征及对教育的独特需要。家庭教育应有明确的针对性。

乳婴儿期，0～3岁，是儿童身心发展最快的时期，但身心处于脆弱幼稚阶段，需要成人的悉心关怀和照顾。他们从吃奶到断奶并逐步学会吃普通食物，从躺卧状态、完全没有随意动作过渡到用手操作、直立行走等随意动作；从不会说话到掌握一些词语，与成人交往，并学会用语言调节行动；随着语言与动作的发展，出现了最初的游戏活动，两三岁婴儿的各种心理活动都带有明显的直觉行动性。因此，这一阶段的良好的家庭教育有：适应婴儿生长发育需要的教养，如：照顾好婴儿的饮食和睡眠，不仅要满足婴儿的生理需要，也要满足他们的心理需要，家长在满足婴儿吃与睡的过程中建立了亲密的亲子关系。随着婴儿的基本动作与语言发展，注意培养他们独立活动的能力和动作技巧，加强语言沟通，促进认知发展。

幼儿期，3～六七岁，正处于神经系统发展的加速期，体格的生长发育也很快。这一阶段的孩子认知心理具有明显的具体形象性和无意性；幼儿以游戏为主要活动，开始形成了最初的个性倾向。因此，良好的幼儿家庭教育是针对幼儿身心特点，寓教于游戏，寓教于一日生活之中的。注意运用具体、生动、形象的事物促进幼儿的语言和思维发展。在满足幼儿游戏活动需要的过程中，培养他们的道德情感和社会化行为。从幼儿身体特点出发，注意卫生保健，预防传染病，在日常生活中保与教紧密结合。幼儿期是启蒙教育阶段，注意保护幼儿的求知欲，发展他们的兴趣，启迪智慧潜能；注意培养幼儿活泼开朗的性格，促进他们的个性发展。

学龄初期，小学阶段六七～十一二岁，这是儿童成长发展中的重大转折阶段，他们开始进入了义务教育的系统学习生活，学习成为儿童的主导活动。小学生的各种心理活动向有意性、自觉性发展，逐步掌握书面语言并向抽象的逻辑思维过渡。小学生参加学校的集体生活后，逐渐意识到个人在集体生活中的地位和任务，他必须学会有节奏的集体学习生活，在集体生活中形成良好的意志和性格。这一阶段的良好家庭教育在于配合学校，帮助子女适应小学生生活，培养他们的学习兴趣和自觉性，培养良好的学习习惯及独立生活的能力。家长在对子女进行学习辅导和生活辅导的过程中要注意智力和各种能力的培养，注意智力因素与非智力因素两个方面的培养训练。对于年幼的学童，家长不可作过高的不切实际的要求和强制性地增加学习负担。

少年期，十一二～十四五岁，这是儿童从儿童期向青年期过渡的阶段，这阶段的儿童是半幼稚、半成熟，依赖性和独立性，幼稚性和自觉性错综矛盾的时期。天津教育学院康万栋在《做家长的学问》一书中说明，少年期处于身体发育的高峰、性征发育的高峰，是智力、创造性、情绪行为和社会需求发展的高峰时期。少年的抽象逻辑思维迅速地发展起来；在集体生活中独立性、主动性、积极性得到发展；在家庭生活中的地位发生了明显的变化，日益成为家庭生活中独立自主的成员；性意识的萌发，需要家长和教师给予恰当的青春期卫生指导。在家庭教育中，家长要注意到少年期许多特殊的心理特点，尊重子女的独立性和人格，理解这一阶段子女由于生理的急剧生长和重大变化而产生的身体的不适、精神的不安；理解青少年子女有时产生不够理智的怪异行为，如不正常的饮食习惯、奇装异服、标新立异的表现等；充分认识这一时期因心理困惑而导致的极端现象，如逃学、离家出走、早恋等。总之，在少年时期的良好家庭教育要求为人父母者要以发展的眼光了解子女的现实表现，并预见子女的行为表现，予以适时的指导。对待青少年子女，家长不可以个人的标准论是非、衡量子女的心理和行为，更不能采用压服的、极端的办法处理子女的教育问题，要能够从角色互换的角度理解、对待这一阶段的教育心理问题。

第二，家长要树立正确的家庭教育观念和育人指导思想，使家庭教育具有正确的导向性。

既然儿童的身心健康很大程度上取决于家庭教育，就要看到优化家庭教育的关键在于家长的引导。优化家庭教育的重要前提是家长应持有正确的教育观念。包括：家庭教育必须适应社会的经济发展，为现代化建设服务，树立为国教子的观念；必须树立家庭教育也要面向世界、面向未来的观念，变封闭型的家庭教育为开放型，树立全面发展、适应未来社会人才需求的质量观；必须树立尊重子女人格，培养其独立性、自主性的儿童观念。

家长应克服对子女的占有心理，不能把子女看成个人的私有财产或“家中奴隶”，要认识到儿童是社会的希望、国家的未来，为国教子，既利国又誉家，也是子女人生价值的最充分体现。有了这种博大胸怀和正确的育儿观念，就能从狭隘的家族观念中解放出来，从而产生亲情与严师相结合的伟大情感，客观、理智地担负起教育子女的责任。

家长应克服“近因效应”心理，不以眼前发生的教育问题评价子女的未来，要从子女的生长发展看到他们的巨大潜力，预见到未来人才形象，以未来人才素质作为教育子女发展的目标。着眼于未来，着手于现在，就会摆脱世俗观念，想方设法对子女进行全面的教育。

家长应克服僵化的心理，从发展的角度认识和处理教育子女问题。既要看到子女具有迅速发展的儿童成长时期，又要看到他们是幼稚的、脆弱的，因此不提过高或过低的要求；既要理解子女作为自然人有其生理的、物质的需求，又要理解他们也是社会人有其心理的、精神的需求，由此满足子女身心两方面的合理需求；既要了解儿童有极大可塑性，又要了解他们的主观能动性，从而尊重子女的独立性、创造性和积极性。这种儿童观的树立使家长引导教育子女的时候具备了科学的、理智的态度。

第三，优化的家庭教育还要依赖于科学的教育方式和方法。

家庭教育的基本教育方式可概括为权威式、放任式和民主式。权威式的家庭教育要求子女绝对服从家长的权威和管教，经常使用命令、惩罚的手段，其结果使子女或屈服于压力，或起而反抗，无助于子女的身心健康发展。放任式的家庭教育，对子女不作任何要求，听其自然，其结果使子女认为家长不关心自己，失掉安全感而导致自私、不合群等不健康心理的滋生与发展。介于权威式、放任式之间的民主式家庭教育建立在相互尊重和沟通的基础上，使子女体会到父母的关心期望和教育要求，从而建立起对父母的最大信任和尊敬，有利于接受家庭的教育影响、促进身心健康。

家庭教育的科学方法在于优化环境，潜移默化；说服教育，循循善诱；躬行身教，榜样示范；实际锻炼，习惯养成；表扬奖励，正面鼓励；智力启蒙，因材施教。

家庭教育坚持“三优”，子女的成长便会顺应规律，茁壮成长。作为社会的细胞，家庭教育实现现代化、科学化，便能充分发挥家庭教育在社会生活中的作用，显示出不可忽视的重要地位。

参 考 文 献

[1] 陈公 . 家有儿女家庭教育读本 [M]. 合肥：安徽人民出版社，2017.

[2] 刘琪，杨雄，陈建军，等 . 家庭教育与儿童发展 [M]. 上海：上海社会科学院出版社，2017.

[3] 郑福明，骆风 . 学前儿童家庭教育 [M]. 北京：教育科学出版社，2017.

[4] 周鼎文 . 读懂孩子——周鼎文家庭教育智慧 [M]. 广州：广东旅游出版社，2017.

[5] 高学生，都荣升，王君鹏，等 . 家庭教育研究与方法 [M]. 沈阳：辽宁大学出版社，2017.

[6] 田学超，梁勤 . 家庭是孩子最好的学校：约翰•洛克的家庭教育 [M]. 北京：中国社会出版社，2017.

[7] 陈武民 . 家庭教育常见问题解答 [M]. 北京：中国财富出版社，2017.

[8] 赵灵萍，孙美红，姚欣兰 . 家庭教育指导策略：家庭教育是一切教育的基础 [M]. 北京：现代出版社，2017.

[9] 朱丹 . 爱你 365 天：积极心理学理念指导下的家庭教育 [M]. 长沙：湖南教育出版社，2017.

[10] 魏书生 . 好父母 好家教——魏书生谈家庭教育 [M]. 桂林：漓江出版社，2017.

[11] 杨雄 . 读懂孩子——家庭教育十人谈 [M]. 上海：上海人民出版社，2018.

[12] 王君瑶，吴叔君 . 教师家庭教育指导实务（小学版）[M]. 上海：上海社会科学院出版社，2018.

[13] 樊健 . 班级家庭教育共同体建设 [M]. 苏州：苏州大学出版社，2018.

[14] 蒋建敏，陈世兰 . 初中生心理发展与家庭教育 [M]. 东营：中国石油大学

出版社，2018.

[15] 刘静，李金瑞 . 教师家庭教育指导实务（高中版）[M]. 上海：上海社会科学院出版社，2018.

[16] 卡亚 • 达勒 • 尼赫斯 . 家庭教育获奖绘本：我姐姐 [M]. 李菁菁，译 . 北京：中国铁道出版社，2018.

[17] 郁琴芳，温剑青 . 教师家庭教育指导实务（学前版）[M]. 上海：上海社会科学院出版社，2018.

[18] 朱永新，孙云晓 . 科学，让家庭教育更有魅力 [M]. 长沙：湖南教育出版社，2018.

[19] 关颖 . 家庭教育指导者培训教程 [M]. 天津：天津社会科学院出版社，2018.

[20] 薛金星 . 小学家庭教育全解（二年级上）[M]. 杭州：浙江教育出版社，2018.

[21] 张蕾，曾莉 . 家庭教育 [M]. 青岛：青岛出版社，2019.

[22] 皇甫军伟 . 家庭教育的捷径 [M]. 桂林：广西师范大学出版社，2019.

[23] 杨雄 . 点亮心灵——家庭教育十人谈 [M]. 上海：上海人民出版社，2019.

[24] 姚达秋 . 家庭教育原来如此 [M]. 北京：知识产权出版社，2019.

[25] 朱梅林 . 静待花开：家庭教育指导用书 [M]. 北京：知识产权出版社，2019.

[26] 李学军 . 家庭教育指导手册（小学低段）[M]. 郑州：大象出版社，2019.

[27] 陈鹤琴 . 中华现代学术名著 7——家庭教育 [M]. 北京：商务印书馆，2019.

[28] 周振波，马营 . 家庭教育与心理健康指导手册（高中）[M]. 济南：济南出版社，2019.

[29] 陈鹤琴 . 柯小卫选 . 陈鹤琴家庭教育家长实用手册 [M]. 南京：南京师范大学出版社，2019.

[30] 李婧娟 . 家庭教育项目学校优秀案例 [M]. 苏州：苏州大学出版社，2019.